叢書・現代社会学⑦

若者の戦後史

●軍国少年からロスジェネまで

片瀬一男 著

ミネルヴァ書房

刊行のことば

人間の共同生活の科学である社会学の課題は、対象とする共同生活における連帯、凝集性、統合、関係などを一定の手続きに基づいて調査し、その内実を理解することにある。数年から十数年かけてまとめた研究成果は、江湖の批判や賛同を求めるために、ジェンダー、世代、階層、コミュニティなどの社会分析の基本軸に着眼しつつ執筆され、社会学的想像力と創造力に溢れる作品として刊行される。

「叢書・現代社会学」は、二一世紀初頭の日本社会学が到達した水準を維持し、それぞれで研鑽を積み上げた専門家が、得意なテーマを絞り、包括的な視点での書き下ろし作品を通して、現代社会と社会学が抱える諸問題に答えようとする意図をもつ。

この狙いを達成するには、一六〇年の社会学史のなかで培われてきた研究の軸となる基礎概念や基本的方法を身につけ、顕在機能と潜在機能、格差と平等、土着と流動、開放と閉鎖、包摂と排除などの視点を駆使しながら、文献や調査資料などのデータ分析からのロジカルシンキングを行うことである。これには、事例を集める、事実を確認する、定義する、指標化する、観察する、解釈する、概念を作る、推論する、原因やメカニズムを追求する、分析する、比較する、結論を下すといった科学的で普遍的な論証のための過程が含まれる。

学界の最先端の水準を維持したうえで、分かりやすく読み応えのある叢書をという目標のもと、企画会議を繰り返し、試行錯誤のなかで斬新なシリーズを誕生させることができた。叢書全体で、現代社会の抱える諸問題と真剣に格闘しつつ、社会学という学問の全体像を明らかにし、次世代による更なる探求への発展につなげたいと願っている。

その意味で、日本社会学界の今後にもささやかな貢献ができると確信する。幅広い読者の支援をお願いする次第である。

二〇〇九年九月

金子勇・盛山和夫・佐藤俊樹・三隅一人

はじめに——若者の戦後史・前史

誰もが青年期あるいは若者の時期を経験する。しかし、その経験の様相は時代によって、また階層によっても大きく異なる。たとえば、明治の「高等遊民」長井代助は、東京帝国大学を出たにもかかわらず、父親と兄の会社の資産で生活をしていた（夏目漱石『それから』新潮社ほか）。代助は、かつての恋人を譲った友人の平岡が仕事に失敗して帰京し、平岡からなぜ働かないのかと問われてこう答える。

「何故働かないって、そりゃ僕が悪いんじゃない。つまり世の中が悪いのだ。もっと大袈裟《おおげさ》に云うと、日本対西洋の関係が駄目だから働かないのだ。」（夏目　1948：102）

「働らくのも可《い》いが、働らくなら、生活以上の働《はたらき》でなくっちゃ名誉にならない。あらゆる神聖な労力は、みんな麺麭《ぱん》を離れている。」

「つまり、食う為めの職業は、誠実にゃ出来悪《にく》いと云う意味さ。」（夏目 1948：108）

この小説は一九〇九（明治四二）年に『朝日新聞』に連載され、翌年、刊行された。この時期、日本社会は日露戦争後の軍需バブルの崩壊期にあたり、一九一一（明治四四）年の東京帝国大学の卒業生でも卒業後の進路をみると、「職業未定又ハ不詳ノ者」が、法科大学（法学部）で三八・三％、文科大学（文学部）で三九・五％にのぼった（竹内 2003：92）。代助が就職できなかった背景にはこうした経済事情もあったろうが、それでも優雅な高等遊民の生活を送ることができたのは、親兄弟の資産に頼ることのできる階層――明治期の新興ブルジョア階級に所属したためであろう。

漱石が『それから』を書いた三年前、日本と同じく後発的近代化を遂げつつあったドイツでは、のちにノーベル賞作家となるヘルマン・ヘッセが出世作『車輪の下』（Hesse 1906=1951）を刊行した。この小説の主人公ハンス・ギーベンラートは、田舎町シュヴァルツヴァルトの仲買人兼代理店主の父親のもとに生まれたが、やがてその天分を認められ、シュツットガルトにある州立マウルブロン神学校に入るべく、ラテン語学校の教師や近所の牧師から古典語や数学などの特訓を受ける。この試験に受かると、官費でチュービンゲン大学で神学を修めることができ、その後は聖職者として一生が保証されるから、「その期間中は、試験の行われている都に向かって、小さな町々や村々からたくさんの家族のため息や祈願が集中されるのだった」（Hesse 1906=1951：8）とされる。

苦しい受験勉強の末、ハンスは念願かなって神学校に二番目の成績で入学することができた。そして、父親と一緒に寄宿舎に荷物を運び込むが、その時の様子をヘッセは次のように描写する（Hesse 1906=1951：74）。

> はたで見ている人でも、さとい目を持つ人なら、臆《おく》しているこの一群の少年たちが、州の少年たちの選《え》り抜きとして相当なものであることを認めえただろう。詰め込み式教育を受けてきたなとい

うことのすぐわかる凡庸な少年とならんで、さとい少年、反発力のあるしっかりした少年も乏しくなかった。（傍点引用者）

ハンスは優秀な成績で入学したが、父親が上流階級に属さず、また地方出身であることから、洗練された上流階級の文化資本（Bourdieu 1979=1986）を相続し、自然に身につけた「さとい少年」というより、「詰め込み式教育を受けてきたなということのすぐわかる凡庸な少年」すなわち過酷な受験勉強で文化資本を獲得してきた少年だった。ハンスは、寄宿舎で知り合った詩人的天分をもつハイルナーの感化もあり、「詰め込み式教育」に疑問をもち、次第に精神を病むようになる。そして、神学校を脱走し……最後は悲惨な運命をたどるのだった。

同様のことは、戦後の日本社会についてもいえる。生まれた地域や時代、また出身階層や学歴によって若者の運命は大きく左右される。本書は、こうした若者の戦後史を「社会階層と社会移動全国調査」（SSM調査）のデータを用いて実証的に論究する試みである。このSSM調査は一九五五年から一〇年おきに実施されてきた。しかも、出身階層に加えて職歴に関するデータを含んでいるので、対象者のライフコースを遡及することもできる。実際、これまでにも佐藤（粒来）（2004）や橋本（2013）らによって、優れた計量歴史社会学的な研究の成果があげられてきた。これに対して、本書は若者ないしは青年に照準して日本の戦後史を階層論の視点から実証しようとするものである。というのも、若者をめぐっては、戦後、多くの言説が産出されてきたが、そのなかには実証的な裏付けを欠いた印象論的なものや、階層社会における若者の位置づけを考慮せずに不当なラベリング――とくに心理主義的なラベリングをしたものも少なからず存在してきたからである。わけても、近年の新自由主義《ネオリベラリズム》的な風潮はリスクを個人化し、若者の構造的な苦境の原因を彼ら・彼女らの心理に帰責している。これに対して、本書ではそうした風潮に抗する若者の政治文化の成熟の必要性と可能性を探っている。

本文にも書いたように、戦後の社会学的な青年論は、一九七〇年代に本格的に始まった。「青年（期）」という語は、成人への途上にある存在という発達論的含意がある。ところが、一九八〇年代に情報消費社会が訪れると、「青年」という語に代わって発達論を前提としない「若者」という語が頻出するようになる。そして、「若者」は、新しい情報機器を自在に扱い、時代の最先端を行く「情報新人類」（逢沢 1991）として語られるようになる（その一方で「情報新人類」の裏面にいる「おたく」は否定的に語られた）。しかし、一九九〇年代初頭のバブル経済の崩壊は、若年労働市場をひっ迫させ、若者を「社会的弱者」（宮本 2002）に転落させることになる。

このように青年ないしは若者の語られ方は、時代の相を反映して転変を繰り返してきた。本書では扱っていないが、このことは明治期にもあてはまる。たとえば、冒頭に引いた漱石が帝国大学に入学し「制度化されたモラトリアム」としての青年期を始めたのは、一八九〇（明治二三）年のことだった。この明治二〇年代は、近代日本で「青年論」が語られ始めた時期でもあった。三浦（2001：8）によれば、英語のYouthに「青年」という訳語が与えられたのは、一八八〇（明治一三）年に東京基督教徒青年会（ＹＭＣＡ）が発足した時とされるが、この語は徳富蘇峰が『第一九世紀日本ノ青年及其教育』（一八八五＝明治一八年）を刊行するとまたたくまに広がっていった、という。また木村（1998）も、「ポスト自由民権運動の時代」としての明治一〇年代末から二〇年代初頭に、蘇峰が主宰した民友社の『国民之友』

を通じて、「青年」という言葉が「新日本」という語とともに全国に広がったという。それは自由民権運動における政治主体・「壮士」を否定し、「平民主義」に立った欧化政策をすすめることで、「新日本」を創出しようとする政治的主体を意味したという。

それまで若い人を指す語としては、ムラの年齢階梯制の「若者組」にみられるように「若者」という語が使われてきた。それにかわって、西欧語の訳語としての「青年」が登場したのである。ただし三浦は、「青年」の表象の萌芽が、すでに文化文政期の小説、とくに滝沢馬琴の『南総里見八犬伝』に現れているとみる。

青春という主題が靄のように立ちこめたのがまさに十九世紀初頭、……（中略）……ほかならぬ馬琴の読本の周辺からであり、さらに、それが明確な主題に転ずるのは、馬琴を暗誦するまでに熟読した世代[漱石や鴎外、逍遥など]が真っ正面から文学なるものに取り組む十九世紀末においてだからである。（三浦 2001：239 [ ]内引用者補足）

というのも、三浦によれば、『八犬伝』には、「青年《うらわかき》」といった形容詞の形をとることが多いものの、「青年」という言葉がしばしば現れるという点で「青春の書」とも言えるという。実際、この作品で活躍するのは「うら若き」八犬士たちであった。つまり馬琴は、少年と壮年の間に「青年」とでも呼ばなければ表現できない時期を、漠然とではあれ、発見しはじめていたことになる。そして、そこには、三浦が坪内逍遥の表現を借りて言うように、「次ぎに来るべき時代のある精神的微光が閃いていた」。それは幕末の志士や自由民権運動の壮士であり、近代文学の創始者であったとされる。この点では、青年を主題とする近代日本文学（夏目漱石の『三四郎』、森鴎外の『青年』、小栗風葉『青春』など）は、西欧文学の影響のもと、明治二〇年代に、突然現れたのではなく、一九世紀前半の読本の世界にすでに胚胎《はいたい》していたことになる。実際、小谷野（1995）も、漱石の小説の人物造形や恋愛の描き方において、江戸文芸（『八犬伝』や人形浄瑠璃など）の美学が、ヴィクトリア朝の文学の人物像や恋愛描写のなかに「西洋語の分厚い鎧をかぶって復活して」いると指摘している。

この「青年」概念をめぐって、三浦が近世‐近代の連続性に着目するのに対して、同じく『南総里見八犬伝』をとりあげながら、北村三子はむしろ両者の非連続的な側面を強調する。北村（1998：48-49）は、「青年」とは、たんなる一定の年齢段階や世代概念ではなく、「精神の表象作用」を基底とする「存在様式」であると規定する。そして、この「存在様式」は明治維新以降、流入した「近代の精神」すなわち「実証主義的で功利主義的な精神」を備えているという。それは、たとえば福沢諭吉の『文明之概略』にあるように、「目的」‐「術」（手段）という図式にもとづき、「独立」を最終目的として日本人の悪しき品行を改革していく、という目的合理的な精神である。またこの表象作用は自己にも向けられ、小栗風葉『青春』の主人公・欽哉にみられるように、現在の自己を否定して「あるべき自己」をめざすものである。そして、外部からの働きかけがなくても、それを主体化して、自らを規律・変革していく。この精神を北村は、ショーペンハウエルの用語を借用して「表象機械」と呼ぶ。ここであえて「表象機械」というのは、そうした近代の合理主義が、表象を媒介しない他の精神の働き――近世的＝馬琴的な青少年がもつ神秘的な美や超越的な力、共感的な関係性――を圧殺する暴力性をもっているからである。

こうした「表象機械」としての近代合理主義は、北村によれば、まず福沢諭吉によって唱えられ、徳富蘇峰の著作によって広められたという。とくに蘇峰は、「青年」という語を広めただけでなく、彼らに「あるべき自己」を知ることを求めた。それによって、自由民権運動のなかで暴走した「壮士」、さらには民権運動の鎮静化後、憂鬱となった若者を文明の気運に乗せようとした――このことが、蘇峰の「青年」概念が広く受け入れられた背景にあった、という。

ここで政治の世界に目を転じれば、一八八七（明治二〇）年には、一〇月に自由民権運動の掉尾《とうび》を飾る「三大事件建白運動」（不平等条約改正をめぐる政治的混乱のなかで、高知の民権派が言論の自由、地租軽減、不平等条約改正を要求する建白書を元老院に提出したことをめぐる事件）がおこり、この混乱を収集すべく政府が一二月に保安条例を発布して、民権運動の「壮士」の多くを逮捕・追放した。これによって自由民権運動は鎮静化に向かう。他方、この時期、蘇峰は同志社英学校を中途退学したのち、故郷・熊本で養蚕を中心とした「殖産興業」に励む一方で、民権私塾を主宰していた。彼は中央の「壮士的」民権運動とは距離をとり、その「政治至上主義」に批判的な目をむけていたのである。彼の志向する自由民権とは、「殖産興業の線の上に一貫して展開されてきた」ものであるために、「壮士」たちの「政治至上主義」とは一線を画した「平民主義」であった（飛鳥井 1994：280）。そして、東京の自由民権運動が終息に向かいつつあった一八八六（明治一九）年、蘇峰は一家をあげて上京し、その翌年、『国民之友』を創刊することになる。

この『国民之友』の創刊号の巻頭言は、「旧日本ノ老人漸ク去リテ新日本ノ少年将ニ来リ」という過去の終焉と新しい時代の到来を告げる挑発的な一文で始まる。木村（1998：40）によれば、ここには過去から未来へと続く単線的な歴史感覚があると同時に、過去にはその生まれ年から「天保の老人」と呼ばれた明治の元勲（たとえば初代総理大臣となる伊藤博文は天保一二年生まれで、『国民の友』の創刊時はまだ四六歳だった）だけでなく、幕末から西南戦争を経て「自由民権運動の高揚とその解体といった一連の出来事が、混沌とした過去の領野から選び出され、切り取られ、「旧日本」のなかに配置」されていたという。ここには、「志士」や「壮士」といった古い若者のあり方に対して新しい主体が一方的に断絶を宣告するという戦略がある――そして、この戦略を用いる主体こそが、『国民之友』では「青年」に他ならないと木村は言う。この戦略にしたがって、「青年」という語が、新しい時代を代表するものとして期待と称揚の念を込めて流通する一方で、これと背反的で否定すべき古い世代に属するものとして、とりわけ自由民権運動期の「壮士」が対置される。こうした世代論という発想そのものが、明治二〇年代に起源をもつとされるが（岡和田 1967：37）、『国民之友』はその巻頭言で「旧日本／新日本」「老人／少年（青年）」といった二項対立図式を用いて、自らを新しい世代として戦略的に自己提示する一方、民権運動の「壮士」を否定されるべき過去の「他者像」として対象化（もしくは創作）したのである（木村 1998：11-12）。しかし、木村によれば、これによって「壮士」は消滅するどころか、かえってその存在を過剰に突出させ、「壮士」と「青年」が拮抗する状況が作り出されたという。

　木村はブルデュー（Bourdieu 1980=1988）の実践《プラティーク》（慣習的行動）の概念を用いて、「壮士」の政治的実践――奇抜な風体や漢文調の「悲憤慷慨《ひふんこうがい》」的言説、「運動会」（政治集会やデモ行進であると同時に、相撲や剣舞など文字通り身体的なパフォーマンスが行われた）などを丹念に記述したのち、それらを組織化していたものが、主観性・精神性ではなく、「身体的な運動から、些細な身振りや外見に至るまでありとあらゆる「壮士」的実践を構成している形式性」すなわち「「壮士」的マナリズム」（木村 1998：125）であったことをみいだす。これに対して、『国民之友』は、「壮士的」実践からの差異化《ディスタンクション》を図ることのできる「新しい振舞い方の可能性としての「青年」的主体像を提示」することによって、「壮士」的実践の価値を無化していったという（木村 1998：129）。この「青年」的主体の実践の原理においては、政治と無媒介に対峙する「壮士」的実践を否定し、「自己に対する配慮」という〈内面〉を有する者が優れた政治家たりうることが主張される。彼らは雑誌を刊行し、互いの〈内面〉を結びつける「友情共同体」を形成することで、その「青年」的実践を将来の国家運営にあたる〈準備〉のための実践と位置づける。その〈準備〉のためには、「壮士」にみられたような政治活動への参加は当面は差し控えられる。その結果、彼らの刊行した雑誌も、次第にその政治性を失い、廃刊に追い込まれていく。その過程で非政治的主体としての「青年」が生み出され、自己の進路選択や心身の鍛錬、生活の規律が問題化されていく。こうして、未熟さを根拠に「自己に対する限りなき配慮」に関心を集中し、政治的志向を弱めていく「青年」の誕生、そして非政治化の時代の到来こそ、「「青年」的実践の政治的帰結」であった（木村 1998：266）、とされる。

　加えて一八八八（明治二一）年に発刊された『少年園』にみられるように、「青年」からさらに非政治的な「少年」が分化し、自己陶冶を志向した「青年」とは別に、親の庇護のもと〈教育〉の対象としての「少年」という独自の存在が措定されることになる。『少年園』の記述によれば、「少年」とは「教場に於て勉強するに余念なき」者たちであり、「社会に対する完全なる没交渉、非-関与性」をもち、青年以上に非政治的な存在である。すなわち、「「壮士」に対して「青年」が行った非政治化という差異化を、ふたたび今度は「青年」に対して反復し先鋭化することによって、完全なる非政治的主体としての「少年」が誕生」したのである（木村 1998：293-294）。こうして、「青年」的実践——結社の結成、雑誌の発行、演説会や討論会の実施など——もまたその体系的なまとまりを失っていく。こうした非政治化によって形成された「国民」は、近代国民国家を下支えしていくことになる。

　こうした「少年」-「青年」像の形成にあたっては、明治二〇年代に始まったアメリカの児童心理学や青年心理学の導入が少なからぬ役割を果たしたとみることができる。日本最初の児童・青少年研究は、一八九〇（明治二三）年に正則予備校（外山正一らが設立した私立学校）におかれた「日本教育研究会」に始まるとされる（北村 1998：111）。そこでは、進化論を基礎とした欧米の発達心理学を取り入れ、「延長された子ども期」という概念を根拠に、青少年を「配慮」を必要とする存在としてとらえた。とくに青年期は、理想を形成し、「自我概念」が発達する時期だが、それらは思考作用（「思慮的想像」）によるものであり、意識によって自己統制できるようになる時期であった。

　このようなアメリカ経由の科学としての青年心理学が、この時期、要請された背景にあったのは、北村（1998：121-122）によれば、日清戦争以降、近代化の進展が、青年の心身に悪影響を及ぼすとして社会問題となったことがある。いわゆる「煩悶青年《はんもんせいねん》」が社会問題として本格的に語り始められた契機は、一九〇三（明治三六）年、旧制第一高校生の藤村操が、華厳の滝に投身自殺したことであった。とりわけ、藤村が残した「巌頭《がんとう》之《の》感《かん》」と題する遺書は、小冊子として刊行され、ベストセラーとなったばかりでなく、彼の自殺を模倣して一九〇三～〇八（明治三六年～四一）年の間に、華厳の滝だけで四〇人の自殺者と六七人の自殺未遂者があったとも言われている（Kinmonth 1981=1995：191）。これほど「煩悶青年」が増えてきた背景としては、この時期、主として中等教育（旧制高校、高等女学校など）を中心に学校体系が整備され、「煩悶」しうる時間的余裕のあるエリート青年が増加したこと、またそうした教育を通じて「煩悶」する近代的な自我意識が定着したこと、さらに青年に非功利主義的な人格陶冶と徳性の修得を勧める「修養論」が誕生したことなどがあげられる（和崎 2012：26）。こうして「煩悶青年」が社会問題化されたのは、青年とりわけエリート青年とは、将来の社会国家にとって有用となるべき存在であるという前提があり、そこから自ら命を絶つことはその「有用性」が失われて国家にとって大きな「損失」になるという論理が帰結されたからであった。自由民権運動の末期には「青年」に新しい日本の創造を期待した徳富蘇峰ですら、この時期になると、将来、帝国「国民」となりえないような軟弱な「青年」が発生してきたことに危惧を表明している。こうした「煩悶青年」への対処としては、多くの論者によって、学校と家庭が連携した「保護的教育」の重要性が説かれた。こうして、日清・日露戦争を経た日本において、「青年」は、自由民権運動末期の「期待すべき存在」から、国家に役立たせるために教育によって「対処すべき存在」となったのである（和崎 2012：26–27）。先に触れた「科学的な」青年心理学を教育者たちがとりいれたのも、「青年の悩みに耳を傾け、正しく導くこと（＝既存の社会に主体化させること）が期待された」（北村 1998：237）からだ、とされる。

他方、「青年」の軟弱さを嘆いた蘇峰は、この時期に「変節」しつつあった。日清戦争に従軍記者として赴いた蘇峰は、戦後もとどまった旅順で、いわゆる「三国干渉」の報に接し、国際関係の力学を痛感させられ、次第に国家主義的思想に傾いていく。そして、国民一人ひとりの意志の源泉となる「理想」、とりわけ「国家的な理想」の重要性を強調するようになる。その理想とは、「自国の独立をすでに果たした日本が、同じアジアの同朋への義務としてアジアの独立を実現する、というものである…（中略）…この考え方は、「膨張主義」の立場から忠君愛国を具体化したものであり、アジア諸国の自治を支援するようなものではなく、福沢〔諭吉〕と同じく、啓蒙的な論理によって侵略を正当化したものである」（北村 1998：253、〔 〕内引用者補足）。この時期の蘇峰にとって、国家は有機体であり、「それゆえ、青年のあるべき姿も、理想の兵士としてイメージされた」（北村 1998：257）。この理想の兵士となる資質をもつものは、蘇峰にとって、都会の「煩悶青年」ではなく、農村の青年たちであった。

先に「煩悶青年」に対処する方策として、科学的な青年心理学が召喚されたと述べたが、当初は発達心理学に基礎をおいていた青年心理学は、日露戦争後、その軸足を集団心理学に移しつつあった。それは、群衆心理がもつネガティブな働き、すなわち個人の理性を弱め意志を操作するという作用を逆手にとって、青年の教育に利用しようとする発想である。この発想を農村青年の青年会の組織化に利用しようとしたのが、一八七三（明治六）年に広島の農家に生まれ、同県で二二年間にわたって小学校教員を務めた山本滝之助であった。北村（1998：260）によれば、国家の精神と個人の精神が同一の構造をもつものとみる点で、山本と蘇峰とは共通していたが、蘇峰が理想を鮮明にするという表象化ができればほぼ自動的に意志が形成されると考えたのに対して、山本は表象化が意志につながる回路は、集団の力を借りた青年教育によって補強されねばならないと考えた点では異なるという。そのために、山本は農村の青年会を国家によって公認させようと国に働きかけた。そして、一九一五（大正四）年の内務・文部両大臣の訓令によって、青年団体は善良な国民を養成する修養機関と認定され、名称も全国的に「青年団」に統一された。しかし、それは青年団体が天皇制国家への奉仕団体としての性格を強めていく第一歩となった。

山本は、青年団を初等教育の延長としてとらえ、中等教育機関に進学できなかった勤労青年の社会教育の教育機関、とりわけ「主体的な自己教育」（北村 1998：260）の場にしようとした。しかも、青年団が政府公認の全国組織となるにつれ、各地の青年団は集団圧力を借りてその構成員の「主体化」を一層強め、自発的同調によって逸脱を許さない組織作りに邁進する。ここに、北村（1998：262）は「主体化の一つの極限の形」をみる。すなわち、「自発的に自己のすべてを、自己アイデンティティの拠り所となる集団に埋没させてしまう」青年の誕生である。しかも、こうした「主体化」は「科学的精神」にもとづいて行われていた。一九三五（昭和一〇）年になると、勤労青年の教育機関であった実業補習学校と青年訓練所が統合され、青年学校が発足し、一九三九（昭和一四）年には義務教育化される。こうした青年の社会教育の整備において重要な役割をはたしたのが、青年心理学の導入に寄与した「日本教育研究会」に所属し、「教育科学運動」を提唱した阿部重孝であった。この阿部重孝は、本書の第1章でも重要な役割をはたすことになる。そして、本書の第1章はここから始まる——すなわち、集団の力によって「主体化」された青年が、自らすすんでその職業アスピレーションを「職業軍人」へと収斂させ、「軍国少年」が誕生する経緯から、本書の青年の物語は始まることになる。それに先立ち、序章でまず、若者をめぐる言説の戦後史を概観しておく。

若者の戦後史——軍国少年からロスジェネまで　目次

序章　若者をめぐる言説と研究の変遷

本章ではまず、戦後、注目された若者による殺人事件を題材に、階層社会の周縁を生きた若者を素描する。そして、現代の若者とりわけ非正規雇用で働かざるをえない若者が、「存在を構造的に否認されている」現状について述べる。

次に、一九七〇年代以降、日本の社会学が若者の問題をどのように論じてきたか概観する。七〇年代の若者論が、エリクソンのアイデンティティ論などをもとに展開されてきたのに対して、八〇年代になると若者論の焦点は情報化社会における「新人類論」を経由して、「おたく論」へと展開する。ところが、九〇年代初頭にバブル経済が破綻すると、「フリーター」「ニート」といった若者の存在が社会問題化する。彼らは八〇年代後半の新自由主義《ネオリベラリズム》のもと「個性重視」の教育を受け、個性的な自己実現を求めるという「文化的目標」を煽られながらも、個性を活かすための仕事という「制度的手段」を奪われてきた点で、「自己実現アノミー」とも呼ぶべき状況にある。

本書は、こうした若者をめぐる言説を、戦後五〇年間にわたって行われてきた「社会階層と社会移動全国調査（SSM調査）」のデータをもとに検証する試みである。

1　階層社会のなかの若者

階層問題としての「若者」の再登場

二〇〇八年六月八日、日曜の人出で込み合う秋葉原の歩行者天国に、二五歳（当時）の青年Kがトラックで突入した。その後、Kはトラックを飛び出すと、所持したダガーナイフで一七人を次々に殺傷した。「秋葉原無差別殺傷事件」である。この事件に関して大澤真幸は、自らの解説付きでこの年、再刊された見田宗介の『まなざしの地獄』（河出書房新社）の「解説」のなかで、一九六八年に起こったN・Nによる連続殺人事件との対比をしている。それによると、四〇年を隔てて起こった二人の若者による無差別殺人事件の表面的な共通性——二人とも青森県出身で、東京を中心として不安定な就労を繰り返した末に無関係の多くの人々を殺傷したこと——にもかかわらず、「驚くべき対照性」（大澤 2008b : 106）をもっている、という。

まず、N・Nは、見田宗介が『まなざしの地獄』で詳説したように、高度経済成長期只中の一九六五（昭和四〇）年に青森県の中学を終えてから集団就職で東京に出てきて、渋谷駅前のフルーツパーラーに就職する。N・Nにとって上京は嫌悪すべき貧しい村を棄て、都会で新たなアイデンティティと居場所を見出すことだった。しかし、大都会・東京からみると、N・Nはたんに低賃金で過酷な長時間労働に携わる「新鮮な労働力」（見田 1979 : 11. 傍点原文）にすぎない。その後、N・Nは最初の職場をささいな理由で辞めたのち、孤独のうちに職を転々とするなかで都会の「まなざし」に囚われていく。そして、自分の出自、学歴、容姿、服装、言葉づかい（訛り）などを隠蔽し、偽装しようとする。彼は洋品店で盗みを働いてまで服装やおしゃれに気を遣い、大学生の肩書きの入った名刺を偽造し、洋モク（外国製のタバコ）を吸う一方、田舎を想起させる麦飯を異様に嫌悪する。しかし、こうした必死の「演技」にもかかわらず、彼が下層の若年労働者であることは変えられない。絶望したN・Nは、ついには東京からも「密航」という形で脱出しようとするが、その過程で護身用に手に入れた拳銃で、タクシー運転手や警備員などを無差別に殺傷してしまう。

これに対して、大澤（2008b）はこのN・Nによる連続殺人事件とKによる秋葉原無差別殺傷事件の対照性を次のように指摘する。すなわち、一九六〇年代後半のN・Nにとっては、都会の「まなざしの過剰」が「地獄」であったのに対して、二〇〇〇年代のKには逆に自己に注意を払い、承認してくれる都会の「まなざしの不在」が「地獄」の苦しみを与えていたという。すなわち、まずN・Nについていえば、見田（1979：25）も指摘するように、この当時、集団就職で東京に出てきた若年の下層労働者が切望したものは、「自由時間」と「個室」であった。自分で自由になる時間と、他者（とくに都会人）のまなざしから自由になれる空間。狭い部屋に何人もが詰め込まれ、共同生活を強いられた彼らには、何よりも他者の「まなざしの地獄」から逃れるための空間と時間が必要だった。これに対して、二〇〇〇年代の孤独な無差別殺人者に必要だったものは、それがリアルな空間であれ、ヴァーチャルな世界であれ、自分を承認し、応答してくれる他者のまなざしだった。なによりKにとって秋葉原は「世界の中心」――オタク系サブカルチャーの「中心」だった。Kはこうした「世界の中心」に「まなざし」を求めたのである。

Kは、インターネットの中のまなざしに、自分がしっかりと捉えられようと、必死で呼びかけていたのである。しかし、ネットからの応答はなかった。…（中略）…だから、彼は、秋葉原に向かったのだろう。世界の中心で派手な犯罪を起こせば、「まなざし」もまた無視することはできないはずだからだ。実際、犯罪において、彼は、都市のまなざしに――たとえば周囲の人々の携帯電話のカメラに――しっかりと捉えられた。（大澤 2008b：109）

つまり、大澤（2008b：153）によれば、「Kはインターネットへの孤独な書き込みによって、そして世界の中心でのテロによって、神を呼び寄せようとした」。けれども、インターネットに「ただいまと誰もいない部屋に言ってみる」と書き込んだ「Kの「ただいま」に「おかえり」と応ずる、神も恋人も現れなかった」のである。

労働における承認と自己実現

こうして、四〇年を隔てて「世界の中心で」無差別殺人を犯した二人の青年が求めたもののベクトルは正反対であった。ともに家郷を離れ、下層の不安定就労を彷徨いながらも、他者からの「まなざし」から逃れようとした六〇年代の若者、そして他者の「まなざし」に飢えていた〇〇年代の若者。しかし、共通していたのは自らの不幸を相対化し、その原因を格差社会や階級構造に求めることなく、個人的な怒りや恨みのまま、無関係の他者の理由なき殺人へと爆発させたことである（ただし、N・Nはやがて刑務所でマルクスなど社会科学の著作を濫読し、自分の不幸の原因を階級社会の構造とそれに気づかせなかった教育に求め、『無知の涙』に代表される一連の著作を書くことになるが、多くの人からの助命嘆願にもかかわらず一九九七年に死刑が執行された）。

こうして自分を取り巻く社会構造のなかに自己のおかれた不幸の真の源泉を見出せない若者は、他者からの承認も欠いたまま孤独な殺人者への道を歩むことになる。そこで、大澤は、オタクたちの間で流行しているセカイ系アニメ――私的な世界がそのまま大きな世界や宇宙の大問題へ直結しているという想像をかきたてるアニメ――に着目しながら、彼らに欠けているものが世界からの「承認」だという。すなわち、下層の不安定就労に置かれた孤独な若者が、

その苦境から脱出しようとすれば、そのときどうしても必要なのは、世界という全体への接続の感覚である。すなわち、世界そのものを承認し肯定するまなざしの中に自らが含まれていることを、明確に自覚するしかない。（大澤 2008a：148）

実際、Kの公判をずっと傍聴した中島岳志によると公判でKは次のように述べたという。

面白いことを書いて、レスをもらいたかった。本音でネタを書き込んでいました。……返事をもらえると嬉しく「一人じゃない」と感じられました。掲示板は、私にとって、居場所。一人じゃないと感じられたんです。……私にとっては家族のような……、家族同然の人間関係でした。（中島 2011：14）

彼にとって、ネットの世界は疑似家族となっていたのである。あるいは、現実の友人とはどうしても

親密な関係が結べないKにとって「ネット上で同じネタを共有できる仲間は、自己を真に承認してくれる相手に思えた」（中島 2011：16）。しかし、彼がネタのつもりで書いた自虐話に「成りすまし」（Kに成りすましたニセ者）が登場することで、掲示板仲間は逃げ、彼は孤独になる。ここで初めて「成りすまし」を「しつける」ために（中島 2011：176）、ネタとして無差別殺人事件を起こす「予告」を行うことになる。ネット空間で「キャラ化された自己」は脆弱な存在で、自分が取り換え不能と考えていた自己は、彼を名乗る偽物（成りすまし）の登場で容易に乗っ取られ、自分であることの根拠が見失われてしまった。ここからKは過激な暴力に奔ったという（中島 2011）。

また、大澤の編著による『アキハバラ発――〈〇〇〉年代への問い』の巻末で、大澤は作家の平野啓一郎と教育社会学者の本田由紀と「〈承認〉を渇望する時代の中で」という鼎談を行っている。そこで本田は、非正規労働者の「承認」の困難について次のように述べている。[1]

現在の貧困問題は、…（中略）…単に物質的にお金がないという問題ではなく、人間としての承認の欠如につながるような問題です。収入が低いとそれだけで、他者や自分自身からの承認を奪われてしまう。自己責任論はまさにそのようなものとして機能しているわけです。お前は人間力のないダメなやつだから、モテないし、貧困なのだ、と。それを本人も受け入れてしまっている。…（中略）…経済的な格差と承認問題ががっちりからみ合っていて、分けられない状況になっている。（大澤・平野・本田 2008：222）

さらにこの鼎談のなかで、平野啓一郎もまた、仕事をめぐる承認と自己実現（やりがい）との関係について次のように述べる。

承認とやりがいは仕事をしていくうえで表裏一体だと思います。…（中略）…自分が積極的にやりたいと思うことに挑戦でき、自己実現しながら社会から認められているという感覚があれば、仮に給料が安くても意外とみんなハッピーにやっていける。消費を通じて他者から承認されるというのは、二の次でしょう。（大澤・平野・本田 2008：223-224）

2　存在の承認としてのアイデンティティ

存在を構造的に否認されていること　こうして、問題になるのは、われわれは常に他者から存在を承認されるわけではない、しかも本人の努力のせいではなく「構造的に存在を否認されている人々」が社会に存在するということである。ドイツの社会学者でフランクフルト学派を代表する論客・ホネットに「〈存在が否認されること〉が持つ社会的な力」という論文がある（Honneth 2000=2005：93-117）。このなかでホネットが問題にしたのは、まさに「構造的に存在を否認されている人々」である。彼によれば「下層に位置する人々による社会的な抵抗活動の根底にある動機は、明確に定式化された道徳原理への定位ではなく、〈直感的に与えられる正義の観念が侵害された〉という経験に由来する」（Honneth 2000=2005：106）。それは、たとえばドイツの失業者そしてネオ・ナチの若者（Honneth

2000=2005：116–117）などである。日本で言えば、失業者に加えていわゆる非正規労働者（フリーター、派遣労働者など）を考えればよいだろう。バブル崩壊後の「就職超氷河期」に就職活動をした「ロストジェネレーション」。彼ら・彼女らの多くは、けっして本人が望んで非正規労働者になったわけではない。それは若年労働市場の変動（片瀬・佐藤 2006）によって構造的に生じた非正規労働者であるにもかかわらず、「フリーター・ニートは無気力」と不当に非難されてきた（本田・内藤・後藤 2006）。彼らこそ、ホネットのいう「存在を構造的に否認された人々」だといえる。そして、彼らの怒りは秋葉原無差別殺人事件のように、思いもよらない形で噴出する。

ホネット（Honneth 1992=2003：124–175）によると、近代社会においては、身分にもとづいて社会的承認がなされた前近代社会とは異なり、人間は一般に三つの領域で承認を求めるという。一つ目は「情緒的気づかい」——親密な人間関係たとえば愛情（男女関係、家族など）や友情の領域、二番目は「認知的尊重」——法的圏域での個人の平等な法的権利が求められる領域、三番目は「社会的価値評価」——労働の領域における「個人的業績」に対する社会的評価である。ここで問題にしてきたフリーターや派遣など非正規労働者、さらにはニートといった失業者にとっては、三番目の労働の領域における社会的な価値評価（承認や評価）が失われていることが問題になる。ホネットはこう言う。

失業がもたらす心的な影響を扱う研究を少し見てみるだけで、労働の経験を際立たせ、これに中心的な位置を与えなければならないことが、誤解の余地なく分かる。なぜなら、私が社会的な価値評価と名づけた形の承認を獲得することは、現在でもなお、賃金が与えられるとともに社会的にまともなものと見なされるような労働に従事する機会の有無と結びついているからである。（Honneth 2000=2005：112-113）

実際、秋葉原無差別殺傷事件のK死刑囚（二〇一五年二月に最高裁で死刑が確定した）は、派遣先の都合で全国を転々としていたために、もっぱらネットやメールでしか交友関係を保てなかった。そして、直接のきっかけは、当時の職場で自分のつなぎの作業服がなくなっていたために、解雇される不安に苛まれての犯行であった、とも報道されたが、実際にK自身の述懐（加藤 2012：2013：2014）によれば、彼の掲示板に現れた「成りすまし」に謝らせようという「しつけ」のために事件を起こしたという。ただ、いずれにせよ彼に決定的に欠如していたものは、まさに社会からの承認であり、「成りすまし」にも無視されていたことが彼を憤怒からの無差別殺人へと駆り立てた。ホネットも次のように言う。

ある人が当然なされるべき承認を拒絶され、アイデンティティ形成全般にわたる制約が損なわれるとき、きまって当人は、存在が認められない経験にともなう道徳的な感情、つまり恥ずかしさや憤激あるいは激怒によってそれに答えるのである。（Honneth 2000=2005：107）

ホネットによれば、不正義の経験の背後には、こうした自らのアイデンティティに対する社会的承認の期待が損なわれることがあるという。それは自らの尊厳が棄損されたことを意味するからである。これに対して、個人は「同意してくれたり、激励してくれたりする他者の視点から、一定の特性と能力があることが実証される存在としての自分自身にたいして関わることを学ぶことによってのみ、人格として構成される」(Honneth 1992=2003：231)。こうして、ホネットはヘーゲルの承認論とミードの自我論も参照しながら、アイデンティティ(人格)の間主観的な承認構造を指摘する。先にみたように、彼は承認を愛(情緒的気づかい)、法(認知的尊重)、社会的価値評価(連帯)に類別するが(Honneth 1992=2003：124-174)、このうち社会的労働とくに職業労働によって獲得されるものが、社会的価値評価であるとされる。それは、人々が何らかの価値や目的を共有することで成立する集団において、それらの価値や目的の実現にどの程度、貢献したかによって個人の能力や特性を評価するという承認形式である。したがって、この社会的価値評価を通じて、個人は自己に固有の能力には他者から評価されるだけの価値があるという意識すなわち「自己評価」を保持することができる(Honneth 1992=2003：173)。したがって、どんな労働に従事し、どれだけの成果をあげ、それがどのように価値評価されたかに、個人のアイデンティティは規定される。この点で、社会的労働は、ホネットの承認論において中心的な位置を占めることになる(水上 2005：79-86)。こうした観点からみると、若者の非正規雇用の増大は、もはや貧困や不安定就労という単なる経済問題をこえて、彼らのアイデンティティの「承認」という存在の根本に関わる問題となっている。

もう一つの連続誘拐殺人事件

この二つの殺人事件のほぼ中間に位置し、若者の戦後史を語る上で無視できない事件がもう一つある。それは、一九八九(平成元)年に東京・埼玉連続幼女誘拐殺人事件の犯人としてM元死刑囚(二〇〇八年に死刑執行)が逮捕されたことである。

この事件がおこった一九八〇年代後半の日本はバブル経済の時代であった。一九八五(昭和六〇)年に行われた先進五カ国蔵相・中央銀行総裁会議（G5）で、財政赤字と貿易赤字の双子の赤字に苦しむアメリカが、とくに対日貿易赤字を解消するため、円高ドル安への誘導を内容とする「プラザ合意」がなされた。さらに日本銀行はアメリカからの内需拡大の要請と国内の輸出産業からの要望もあり、一九八七（昭和六二）年から八八（同六三）年まで、公定歩合を二・五％に引き下げるという超低金利政策をとった。その結果、当時の中曽根政権下で新自由主義的な規制緩和路線が進められたこともあり、日本経済はバブル時代とも言える経済の活況を迎えた。この経済の活況は、若者にも情報消費社会化という形で影響した。折からの情報化――パソコンやビデオの普及によって、それまでいつまでも大人になろうとしない「モラトリアム人間」とネガティブにみられてきた若者は、新たな情報機器を駆使する「新人類」としてとらえられるようになる。

ところが、一九八九（平成元）年八月に連続幼女誘拐殺人犯としてM元死刑囚が逮捕されることで、こうした「新人類」への評価は暗転する。それまで「情報新人類」は、「理解できない」という評価があった半面、来るべき情報化社会の「未来を先取りした」者という肯定的な評価によって「打ち消された形になっていた」（守弘 1993：158）。しかし、この事件を境にメディアは「情報新人類」に今度は「オタク（おたく）」というラベリングをし、その否定的側面を強調し始める。Mが個室（自宅の離れ）に閉じこもり、隙間もないほど山積みされたビデオとコミックに囲まれた生活をしていたことから、メディアの影響によって生身の人間とのコミュニケーション能力を欠き、現実と虚構の区別がつかないまま、理解不能で異常な犯行に及んだと、喧伝していった。

ただし、ここで注意すべきは、彼らがまったく他者とのコミュニケーションを拒絶していたわけではないことである。「おたく（オタク）」は少なくともコミックやアニメなど同じ趣味を共有する他者への呼びかけの言葉である。彼らは広範な社会からの「承認」は望んでいなかったが、少なくとも趣味を共通する仲間から承認され、「まなざし」を共有することは望んでいたはずである。この当時、中島梓（1991=1995）も「コミュニケーション不全症候群」という言葉で指摘したように、彼らは見知らぬ他者の存在に対する想像力を欠如させる一方で、趣味を共有する知人とは濃密で「内弁慶な仲間意識」（松谷 2008：116）をもつという偏った対人関係の様式をもっていた。彼らは同質的な仲間から「承認」されれば、見知らぬ他者は無関係であるという点で、「承認」の縮小とでも呼ぶべき事態にあった。

こうしてみると、若者の「承認」や「まなざし」の意味は時代によって異なっていたとみることができる。見知らぬ都会の他者からの「まなざし」に恐怖を覚えた一九六〇年代の若者。他者からの「まなざし」を怖がりながら共通の趣味をもつ友人に自己の「承認」を求めた一九八〇年代の若者。そしてディーセントな（人間らしい）仕事をすることで社会的な「承認」を求めようと望んだものの、その実現が困難だった二〇〇〇年代の若者。彼らは時代や置かれた状況により異なるが、社会や他者から「承認」されることを求めたのである。以下では、社会学がこうした若者のあり方をどのように捉えてきたかをみてみよう。

3　一九七〇年代——若者論の端緒

一九七〇年シンポジウム　若者（青年）の問題が、戦後日本の社会学で本格的に語られ始めた嚆矢《こうし》としては、一九七〇（昭和四五）年の第四三回日本社会学会大会におけるシンポジウム「現代の青年問題」がある。(2)このシンポジウムをもとに、翌七一年には日本社会学会の機関誌『社会学評論』（第二二巻二号）において、小特集「青年問題」が組まれた。その内容は、塩原勉の「序論」につづいて、当時の青年問題の複雑性を踏まえて青年研究の社会学的な基礎視角を論じた北川隆吉の論考、国政選挙での若者の大量棄権の原因を分析した間場寿一の論文、「遊戯性」をキーワードに「青年文化」を考察した井上俊の論考からなっていた。

この特集の序論は、「青年問題は論争的なテーマである」（塩原 1971：2）という一文で始まる。「青年問題」がとくに論争的にならざるをえない理由の一つとして、塩原（1971）があげているのは、一九七〇年初頭の「青年問題」が世代闘争によって政治的に先鋭化しつつあったことである。そして、理念（価値）だけでなく利害状況においても、青年世代は年長世代に闘争を挑みつつある、という。ただし、ここで塩原（1971）が主として念頭においている「青年」とは大学生であり、世代闘争も実際には六〇年代後半に日本の大学を席巻した大学紛争であったと考えられる。そして、前年のシンポジウムで仲村祥一が提示した青年論の三つの類型に依拠しながら、青年問題へのアプローチの仕方を考察している。それによると、青年論へのアプローチは、①労働の問題としての青年論（階級論的青年論）、②文化の問題としての青年論（世代論的青年論）、③政治の問題としての青年論（時代論的青年論）に類型化可能であるという。

このうち、①労働の問題としての青年論（または階層・階級問題としての青年論）は、一九六〇年代から七〇年代にはリアリティを帯びていた。高度経済成長がもたらした社会的な歪みは公害問題にとどまらず、若年労働者の生活にも及んでいた。たとえば、見田（1979：1-57）は、先にもみたように、高度成長期に地方から東京に集団就職で上京した青年が、無差別殺人に至る生活史を「まなざしの地獄」としてリアルに描き出している。したがって、この時期は「青年理解において、労働の末端に位置づけられる勤労青年を射程に入れない「青年問題」は逆にリアリティを欠く」（岩佐 1993：10）ものになっていたのである。また、③政治の問題としての青年論（時代論的青年論）も一九六〇年代的問題であろう。一九六八（昭和四三）年の東大闘争をピークとする青年の異議申し立ては、「政治の季節」とも言うべき様相を青年問題に与えていた。しかし、七〇年代に入って学生運動が退潮に向かうと、青年論は「「異議申し立て」の嵐が過ぎ去ったあとに」（小谷 1993a：2）という問題設定を迫られることになる。

「遊戯性」とアイデンティティ論

これに対して、先に上げた『社会学評論』の三つの論考のなかで、その後の日本の青年論を嚮導《きょうどう》していったのは、②の文化の問題を扱った井上俊（1971）の論考であった。井上（1971）は、青年に特有の傾向としての「遊戯性」に注目する。ここでいう「遊戯性」とは、「まじめ（俗）」を相対化し、そこから離脱する傾向である。あるいは「実生活のなかに「あそび」の要素をもちこみ、実人生をある程度「遊戯化」しようとする志向」（井上 1977：32-33）を意味する。そして、青年文化を特徴づける「遊戯性」の行方に関して、就職や結婚によって「客観的には「既決」化されながらもなお主観的には「未決」意識をもち続ける若者たち」（井上 1971：44）がふえているとしたら、彼らを通じて青年文化の「遊戯性」は多少とも大人の世界にもちこまれると予想している。その後の青年論は、この井上の「遊戯論」とともに、エリクソンのアイデンティティ論（あるいはモラトリアム論）を導きの糸として展開されていくことになる。

エリクソンのアイデンティティ論は、まず精神分析学者の小此木（1978）らによって紹介された。エリクソンは、自我の防衛機制に関するA・フロイトの理論（Freud 1936=1958）や、「葛藤から自由な自我領域」といったH・ハルトマン（Hartman 1958）の概念などを参照して、後期S・フロイトの自我論（たとえば「自我とエス」（Freud 1923=1970））を批判的に発展させた。そして、とりわけ自我がエス（イド）や超自我の引き起こす内的葛藤に対して相対的自律性をもつこと、またこの自律性ゆえに現実原則を超えた内的世界をもたらすことを主張した。とりわけエリクソンは、ハルトマン（Hartman 1958）の「葛藤から自由な自我領域」すなわち空想や想像を経由した二段階の現実適応という考え方を、独自の「遊び」理論で展開する。彼は玩具を使った子どもの遊びの観察から、まず子どもが遊びの世界に現実の葛藤をシンボリックに投影し、次に玩具を自由に支配することで、そこに投影された葛藤を解決した後に、実際の現実原則にも能動的に対応することを発見した。つまり、子どもの遊びとは、青年期の遊び《ゲーム》と同様、遊びのなかで現実から距離をとり、現実原則を相対化することで、新たな問題解決を図る試みである。この点で、「遊び」における自我の課題は、「受動的なものを能動的なものにすること」（Erikson 1968=1973：307　なお訳語を変更した）——すなわち、一方ではエスや超自我、他方では社会的現実の課す要求を選択的に受け入れることで、それらを活性化することにある。

この「遊び」の機能は、青年期のアイデンティティ形成にも関与している。たとえば、パーソンズ（Parsons 1964=2011：37-40）が幼児期における社会的客体への同一化が超自我形成すなわち規範（現実原則）の内面化をもたらすと考えたのに対し、エリクソンにとって「アイデンティティ形成は、同一化のはたす有効性が終わるところから始まる」（Erikson 1968=1982：218、傍点原文）ものであった。すなわち、個人が幼児期以来、同一化によって内面化した価値規範はしばしば矛盾し、相対立し、時として深刻な葛藤をもたらすものである。そこで、青年期になって幼児期以来の同一化を選択的に統合し、独自の自己像を作っていかねばならない。というのも、青年期は子ども期から成人期への移行期にあたり、職業選択をはじめとする重大な決断を迫られるために、それまでの同一化を整理・統合する必要に迫られるという危機的状況に直面するからである。しかし、エリクソン（Erikson 1968=1982）によれば、同時に青年期は様々な役割の遂行を猶予された「心理社会的モラトリアム」の時期でもある。そこで、青年はこの有利な立場を利用して、多様な役割を実験的に身につけてみる。それは子どもが様々な玩具で空想を試みるような「社会的遊び」にあたる。この「社会的遊び」は、時として役割の混乱やアイデンティティの拡散にみえるかもしれないが、「一見役割の混乱にみえるものも、その大半は社会的遊びとして捉えられなければならない。それは、幼児期の遊びを発生的に引き継ぐものである。幼児の場合と同様に、青年の自我が発達していくためには、空想や内省の中で、あえて役割実験という遊びをしてみる必要がある」（Erikson 1975：164）からだ。すなわち、青年は深刻なアイデンティティ危機にありながらも、様々な役割を実験的に試行するという「社会的遊び」を行うことで、現実からいったん距離をとり、内的葛藤を解決することで、再び現実に立ち返ることができるのである。こうして、エリクソンも井上

（1971）と同様、若者の「遊戯性」に注目して、この時期の青年の特質を捉えようとしていたのである。

「自省」と対抗文化

他方、井上（1992：81-108）はその後、文化の機能として、①日常生活上の欲求充足をはかる「現実適応」、②あるべき世界や人間のイメージを構想し、そこから現実を批判する理想主義的な「超越」、および、③文化そのもののなかにあって、文化の妥当性や正当性を疑いそれについて検討する「自省」の機能をあげている。このうち「自省」から発せられる懐疑は、適応の容認に向けられ、超越的要因からの理想主義的な現実批判とは異なる批判を生み出すとともに、超越的要因の働きにも向けられる。ある文化の自省要因はその文化の理想や価値を疑い、相対化する。その一方で、自省的懐疑主義も、超越的理想主義や現実適応的見地からの批判と相対化に絶えずさらされている。こうして井上（1992：81-108）は、三つの機能的要因の拮抗からなるダイナミックな運動として近代の日本文化の展開をみていく。このうち、戦後の場合「自省」の要因が明確に認められたのは一九六〇年代末から七〇年代の初頭で、「全共闘」運動やヒッピー文化などの対抗文化運動と連動していたという。そして、これ以降は「超越」と「自省」の働きが衰退し、文化全体が「適応」の側に一元化して、文化の「日常化」が進行したという（井上 1992：99-108）。

こうして「自省」が優位に立った時代を、見田（1995：17-25）はまた「理想の時代」であったと回顧している。見田（1995：10-36）は「現実」という言葉の反意語を措定することで、戦後史を三つ――「理想の時代」（プレ高度成長期）、「夢の時代」（高度成長期）、「虚構の時代」（ポスト高度成長期）――に区分している。それによると、一九四五（昭和二〇）年の敗戦から一九六〇（同三五）年までは、「現実」の反意語となったのは「理想」であり、アメリカン・デモクラシーとソビエト・コミュニズムを代表的な理想としつつ、両者の拮抗と結束のなかで六〇年安保闘争が戦われた「理想の時代」であった（見田1995：12-16）。これに対して、高度経済成長期にあたる一九六〇年から七〇年代前半は、豊かさの到来を期待できるという感覚が共有された「夢の時代」であったという。

再帰的プロジェクトとしてのアイデンティティ

それにしても、戦後の日本社会において、なぜアイデンティティの形成が青年期の重大な問題として浮上してきたのだろうか。浅野（2013：8-12）はバウマン（Baumann 2004=2007：42-43）の議論を引きながら、それは現代社会でアイデンティティの自然性や所与性が失われたからだと説明する。すなわち、戦後日本においては家族や学校、職場への所属がアイデンティティの所与性・自然性を担保してきたが、この時期、それに揺らぎが生じてきた、という。またエリクソンの弟子でアメリカの学生運動を研究したケニストン（Keniston 1971=1977：101）も、急激な社会変動によって世代間の断絶が顕在化したために、上の世代がアイデンティティ形成のモデルとならなくなったという。

こうして変動著しい現代社会においては、子世代が学習すべき役割も変化の只中にあるので、とりわけ青年期に社会化の不連続が集中的に体験される。社会化の不連続とは、個人がそれまで所属してきた集団と、これから参与していく集団・組織の間に、役割行動の差異があることから生ずる。そして、そのために世代間で役割行動や価値志向を継承・伝達することができにくくなる。たとえば、家族と職業組織の分離によって、親は職業役割のモデルを子どもに提示することが困難になった。また、世代間の職業移動が活発化し、技術革新によって職業役割そのものも変化してくると、青年にとっても、親の職業役割は自分の職業選択のモデルとはならない。つまり、青年にとっては、家族において学習した役割行動や価値志向によって、そのまま将来の成人役割に適応することが困難になっている。こうした社会化の不連続状況にあって、彼らは自らアイデンティティを確立しなければ、複雑化した社会に対処することができないのである。

このように、それまでのアイデンティティの所与性を支えてきたものの解体はまた、ギデンズ（Giddens 1991=2005：19-23）の「脱埋め込み化」という概念によっても説明できる。「脱埋め込み化」とは、近代化に伴って、従来、アイデンティティを支えてきた身分や制度から人々が解放されることを意味する。これによって近代社会を特徴づける「再帰性」が生じてくる。再帰性とは、制度や組織、制度の自明性が失われ、それがたえず問い直されることを意味する。というのも、近代以前の社会においては、伝統や慣習が行為や制度の正当性を保障できたが、近代社会おいては個人の行為も社会の制度も最新の情報なり専門知識に照らして、その正当性が問われることになる。この点で、近代社会は絶えざる自己点検・評価を組み込んでいるという意味で「再帰性」が制度化された社会である。この意味では、ギデンズのいう「再帰性」は、先に述べた井上（1992）の文化の「自省」機能とも重なっている。

こうした制度的再帰性が徹底した「ハイ・モダニティ」である現代社会においては、個人のアイデンティティも再帰的に達成されるものとなる。というのも、近代以前の社会では、伝統や身分秩序が人々に生きる指針や意味を付与しており、身分や家系によって、そのアイデンティティは自明のものとなっていた。「自分とは何か」という問いへの答えはわざわざ探すまでもなく、出自や身分といった外的な基準によって自然に決められていた。その意味において、個人のアイデンティティもまた身分や民族、出自などに制度的に「埋め込まれて」いたのである。しかし、近代になると社会の機能分化が進むとともに、地理的・職業的移動が活発化することによって、人々のアイデンティティも生まれ育った環境から切り離され、「脱埋め込み化」がすすむ。こうした「脱埋め込み化」によって、個人はかつては手に入れることのできなかった多様な選択肢（職業やライフスタイルなどの選択肢）を得ることになる。しかし、その代わりに、たえず「自分とは何か」をその都度、自らも問いかけ、他者にも説明しなければならなくなる。こうして現代社会においては、アイデンティティとは、たえず他者からも問いかけられ、自己吟味をつうじて反省的に達成される「再帰的プロジェクト」となる。

こうして現代社会では青年期におけるアイデンティティの形成は、エリクソンのいうように、とりわけ青年期に不可欠の発達課題となった。ただし、本書の第3章で詳説するように、日本ではエリクソンの理論は、彼の理論の紹介者の一人・小此木（1978）によって換骨奪胎され、発達論的な青年研究というより、「モラトリアム人間論」といった世代文化論的な若者論へと変換されていった。「モラトリアム人間」とは、一九六〇年代の政治の季節が終わった後の「しらけ世代」といわれた若者たちであり、社会への不関与や未決定を特徴とする「アイデンティティ拡散」の状態のまま、いつまでもモラトリアムに安住する若者を意味する。その背景には、大学進学率の上昇によるモラトリアムの制度化と、豊かな情報消費社会の成立があり、そこから当事者意識ももたず大人になれない無気力な「モラトリアム人間」が誕生したことが強調された（小此木 1978）。

4　一九八〇年代――情報消費社会のなかの若者論

情報消費社会の多元的自己

これに対して、一九八〇年代になると青年論の論調は大きく変わる。六〇年代の学生運動[3]の退潮後、気力を欠いた「モラトリアム人間」と揶揄《やゆ》されていた青年が、情報化と消費社会のなかで、時代の先端をいく「新人類」として称揚されるようになったのである（小谷 1993b：82-84）。青年文化のもつ「遊戯性」も情報化のなかで開花することになる。この時期、日本経済は好調であり、とくに一九八〇年代中盤から始まったバブル経済は若者を消費の主体とした。小谷（1998：184-187）によれば、この「新人類」世代の社会心理的基盤は、彼らの子ども時代と高度経済成長期が重なっていることにあるという。そのため、「消費による自己確認」は八〇年代の若者にとって、幼い頃から身についたハビトゥス（Bourdieu 1979=1986）ともなっていたという。そして、七〇年代には成熟できない青年の問題系として語られていた「モラトリアム」志向は、大人になることを拒み、豊かな社会でサブカルチャーを消費する主体になるという積極的な意味を帯び始めた。また、八〇年代の消費社会の先端に位置する若者の「遊戯性」は、企業にとって大きな収益を生み出すものとなった。その結果、この時期、「「遊」と「俗」の結託」が生まれ、本来、批評的機能を有するはずの「遊」（井上 1973）が変容し、いわば「遊戯性の専横」とも呼ぶべき事態が生じた、といわれる（小谷 1998：187-190）。

こうして七〇年代の大人になれない「モラトリアム人間」から、八〇年代の消費社会の主役としてモラトリアムを享受する「新人類」へと若者論の論調が転換したのである。そこでは、青年なり若者が大人との連続性・接続性よりも断絶性・異質性においてとらえられた。まさに「新人類」という表現は、こうした若者論の転換を象徴しているともみることができる。こうした消費社会におけるアイデンティティのあり方を、浅野（2013：25-30）はリースマン（Riesman 1961=1964）の「他人指向型」を参照しつつ、「多元的アイデンティティ（または多元的自己）」としてとらえている。それによると、消費社会では「他者の動向を起点として自己の方向性が定められていくので、周囲の他者のあり方に応じて自己のあり方も変わっていくことになる」（浅野 2013：28）という。このような視点からみれば、自我の統合性を強調するエリクソンのアイデンティティ概念は、近代初期の内部指向型の人間像を想定していることになる。これに対して、多元的自己は、浅野（2013：30-39）によれば、一九八〇年代以降の消費社会のなかで顕在化してくるが、統合的アイデンティティと併存し、両者は緊張関係にあったという。こうした事態は、ギデンズ（Giddens 1991=2005）のいう「再帰性」に二つの異なる方向性が必ずしも整合的でない形で混在していることと対応しているとされる。一つは、多様な他者とのやり取りから自己を内省するという方向で、この意味での再帰性は、他者との関係への敏感さをもたらすことで自己の多元性を促進することになる。もう一つの再帰性は、自分自身のあり方を自ら常に再検討し、振り返ることでアイデンティティの統合性を高めるものである。このような再帰性にみられる齟齬は、自己のうちに緊張を生むとされる（浅野 2013：30-39）。

先にも述べたように、一九七〇年代の二回のオイルショックを乗り越えた日本経済は、八〇年代に入って好景気を迎える。この時期、円高もあって日本の経済は好調であり、とくに八〇年代後半のバブル経済は若者を消費の主体とした。再び見田（1995）の時代区分によれば、こうした情報消費社会の時代は「虚構の時代」と特徴づけられる。見田（1995：35）によれば、「虚構社会化」という現象は「消費社会化」「情報社会化」といった社会の構造変動と内的に結合しているという。というのも、高度に発展した日本の資本主義が、メディアからの情報によって、消費社会に不可欠な欲望と市場を自己創出することで繁栄を続けてきたからである。

他方、個人からみると消費は日常的に行われる行為であり、その消費が自己と結びつくことで自分を選ぶという行為が消費という形式をとるようになる。ボードリアール（Baudrillard 1970=1995）の記号消費論が明らかにしたように、「自分らしさ」「他者との差異」は、記号として商品の選択によって手軽に実現できるようになる。こうして情報消費社会は、浅野（2013：60）によれば、「自分らしさ」を容易に選択可能なものにすることで、自己のあり方をエリクソンの発達理論が想定する「自然で所与のもの」から、リースマンの他人指向型が仮定する「選択可能で自分で作り出すもの」へと変えた。この点で、自己を選択・加工可能なものとしたところに消費の効果があった。そして、このように設定された自己は、一九九〇年代以降は、消費という領域をこえた「自分探し」――たとえば、学校教育における「個性重視」、就職活動における「自己分析」へと拡張されていくことになる。

また、こうした自己の変化は友人関係における「状況志向」と軌を一にして進行した。この時期、しばしば若者の友人関係の「希薄化」が言われたが、むしろ浅野（2013：158-174）によれば、一九八〇年代後半に起こった若者の友人関係の変化は、「希薄化」よりも「状況志向」の高まりであったという。「状況志向」とは、「それぞれに場面に応じて自分自身の振る舞い方や感じ方を切り替えていくという作法」（浅野 2013：160）であり、これに応じて自己も多元化していくことになる。そして、一九九二年と九三年に都市部（東京都杉並区と神戸市）で行った青年層の調査をもとに，付き合いの内容によって友人を使い分ける傾向が強まるとともに，場面によって自己を使い分けるという者も現れていることを明らかにした。そこでは同時に自分を一貫させるべきであるという規範意識も弱まっているという。つまり，この頃から若者の友人関係は，内容に応じた選択性を強めることで状況志向的なものになり，これに伴って自己の多元化も進行したことになる。こうしてコンテクストによる自己の使い分けは，一九八〇年代後半から九〇年代の若者の特質となった。

「新人類」から「おたく」へ

この時期の若者はまた，当時から普及し始めた情報処理機器（コンピュータやビデオなど）を自在に駆使することから，「コンピュータ新人類」（野田 1987），「情報新人類」（逢沢 1991）などとも呼ばれることとなる。この「新人類」という語には，成人世代との断絶がより明確に刻印されている。大人からみて彼らは理解不可能な「異星人」（中野 1985）であると同時に，最先端の情報機器を自由に使いこなす先進性をもった存在という両義性を帯びるものとなったのである。こうして，情報社会の新人類は，「理解できない」という評価があったものの，それは情報化社会という来たるべき「未来を先取りする」者という肯定的な評価によって相殺されていた（守弘 1993：158）。

しかし，こうした若者像は，一九八〇年代末に再び転換を迎える。その契機が先に触れたM元死刑囚の連続幼女誘拐殺人事件であった。とくに彼が個室に閉じこもり，ビデオとコミックに囲まれた生活のなかで，生身の人間とのコミュニケーション能力を欠いたまま，連続幼女誘拐殺人事件という，まさに理解不能で異常な犯行に及んだと，メディアによって喧伝された。それ以降，特定のメディア・アイテムを自閉的に偏愛する若者は「おたく（オタク）」と呼ばれ，忌避されることになる。

この「おたく（オタク）」の命名者はコラムニスト・編集者であった中森明夫（1983a、1983b）といわれるが、中森は「おたく（オタク）」を批判的にとらえ、その特徴を、①マニア性（何らかの対象への熱中と偏愛）、②内向性（性的コミュニケーションからの退行）、③共同性志向（内弁慶な仲間意識）、④外見的特徴（ファション性の低さ）にあるとしたとされる（松谷 2008：116）。ただし、一九八〇年代後半まで、「おたく（オタク）」という言葉はさほどメディアで目立つものではなく、一部のアニメ専門誌やパソコン専門誌に散見されるだけで、また「おたく（オタク）」をとりたてて問題視することも一部の例外を除いてみられなかった。ところが、こうした状況を変化させる事件がM元死刑囚が逮捕される直前に起こった。それは、一九八九（平成元）年三月に東京・麹町で二二歳の自動車組立工によって一〇歳の小学生男子が絞殺された事件である。犯人の部屋にはテレビゲーム機が五台あり、小学生の遊び場になっていたことから「ファミコン殺人」とも報道され、その二年前に『コンピュータ新人類の研究』（野田 1987）を上梓した精神医学者の野田正彰のインタビューが『SPA』などに載った。この頃から次第に情報機器が若者の現実感を希薄にさせていくといったフレームが準備され始めた。そして、同年八月に女児への強制わいせつ罪でM元死刑囚が逮捕されると、彼の自宅に多くの報道陣が押し掛け、離れにある彼の自室に入って、ビデオテープ、マンガ雑誌が散乱した様子を伝えた。このときとくに注目されたのは、ホラー系の映画やアニメであり、レンタルビデオ店ではホラービデオの貸し出しが自主規制された。事件直後にM元死刑囚の「おたく（オタク）」という資質に注目したのは小此木啓吾や小田晋などの精神科医で、いずれも新しいメディアは若者の精神に悪影響を与えるというフレーミングにもとづくコメントをしていた、という。この事件直後、「おたく（オタク）」は現代的病理の典型として非難の対象となるが、バッシングは一年ほどで沈静化し、その後は「おたく（オタク）」のマニア的資質が称揚されたり、従来の「おたく（オタク）」が有していたネガティブな人格的資質が「ひきこもり」や「非モテ」などに分化し、二〇〇〇年代になると『電車男』（中野 2004）のように、その恋愛模様なども描かれるようになった（松谷 2008：133-134）。

消費からコミュニケーションへ　浅野（2013：100）によれば、こうした「おたく（オタク）」こそ「九〇年代から〇〇年代にいたるまで、若者のアイデンティティを語る際にある種の前線を形成してきた。……（中略）……若者のアイデンティティについて語ろうとするときに、それをオタクに仮託せずにはいられないある種の欲望が広く分かち持たれていた時代が一九九〇年代であるといってもよいかもしれない」という。この若者についての語りには「消費する自己からコミュニケーションする自己へ（そして多元的自己へ）」という焦点の移動があった、という。というのも、「おたく（オタク）」こそ、消費とコミュニケーションと人格類型の三つの次元にかかわる事象であったがゆえに、アイデンティティ論の焦点を消費社会論からコミュニケーション論へと橋渡しする「転轍機の役割を果たした」からである（浅野 2013：123）。

この時期の代表的な「おたく（オタク）」論として、中島梓の『コミュニケーション不全症候群』（1991=1995）と宮台真司の『制服少女たちの選択』（1994=2006）がある。このうち、宮台（1994=2006）は本書の第4章でとりあげて批判的に検討するので、ここでは中島（1991=1995）をとりあげてみよう。まず中島（1991=1995）は、若者における〈コトバ〉不在としての「コミュニケーション不全」を問題にする。彼女は、この時期に特有の「おたく（オタク）」、「ダイエット」、さらに少女たちの「小年愛趣味」（「やおい」）が一見ばらばらの存在かのようにみえても、「コミュニケーション不全症候群」という名の現代的な適応様式としてとらえられるとした。彼女のいう「コミュニケーション不全症候群」とは、電車内で他人の足を踏んでもなんとも思わなかったり、人前で平然と化粧や食事をする若者にみられるように、まさに他者の存在に対する想像力の欠如を特徴とする。すなわち、①他人のことが考えられない、他者に対する想像力の欠如、②知り合いになるとそれがまったく変わってくる、つまり自分の視野に入ってくる人間しか「人間」として知覚されない、③人間関係への適応過剰もしくは適応不能、すなわち対人知覚障害（中島 1991=1995：38）、であるとした。このような「対人知覚障害」は、かつては世間の「常識」「礼儀作法」といった伝統的知恵によって、あるいは他者との共感を可能にする「教養」「想像力」によってカヴァーされてきたが、現在のような常識や教養が崩壊した時代には、それもできなくなっている（中島 1991=1995：20）。そして、中島（1991=1995）は、この「症候群」をもたらした要因が、個人の問題に還元されるものではなく、過密化・選別化がすすむ現代社会の構造そのものにあると主張する。

さらに、中島（1991=1995：77-78）によれば、たとえばカーマニアにみられる「車」という〈モノ〉への執着は、それが周囲の危険から守ってくれる「自我の外殻」「バリヤー」であるからだという。かつての教養主義の時代ならば、自我は広い知的・想像的世界で紆余曲折を経ながら自力で形成されたが、現代においては「車という現実に彼らの存在を世界からつつみ、隔て、場合によっては防衛のヨロイにも、また攻撃の手段にもなってくれる人工の殻のなかに身をひそめ」、自閉してしまうところに、「コミュニケーション不全症候群」が発生した、という。また「オタク」は、自らが愛好する作品を素材として二次創作に熱中するが、それも元の作品を私物化して自分の殻に作り上げていることに他ならない、と中島（1991=1995）は主張するのである。

それはともかく、浅野（2013：121-124）によれば、こうした「おたく（オタク）」をめぐる議論を通じて、若者のアイデンティティの問題の焦点は、消費の問題からコミュニケーションの問題へと移行した。しかし、一九九〇年代の前半には、再びアイデンティティ論の焦点は転回を余儀なくされる。一九八〇年代のアイデンティティ論にとって転轍機となったのが「おたく（オタク）」の問題であったとするならば、九〇年代以降のアイデンティティ論の転轍機はバブル崩壊による若年労働市場の崩壊という長く苦しい道のりであった。

5　一九九〇年代以降——ポストバブル期の若者論

バブル崩壊後のアスピレーション・アノミー

一九九〇年代から二〇〇〇年代は、日本社会にとっても、若者にとっても「受難」の時代であった。バブル期に実体経済から乖離して一時的に高騰した資産価格が、一九九一（平成三）年を境に急速に下落し、不良債権を抱えた大手金融機関のなかには倒産するものも現れた。バブル崩壊の一九九一（平成三）年から二〇一三（平成二五）年までの経済成長率の平均は〇・九％であり、この間、一九九三年度、九八年度、二〇〇一年度、〇八年度、〇九年度はいずれもマイナス成長を記録した。その結果、日本の企業は減量経営を迫られることになった。そこで、一九九五（平成七）年に日本経営者団体連盟（日経連）は、研究プロジェクト報告『新時代の「日本的経営」』を発表した。そのなかで「雇用ポートフォリオ」という考え方を提示し、本格的な従業員の選別方針を打ち出した。それによると、従業員を、①長期蓄積能力活用型、②高度専門能力活用型、③雇用柔軟型に分け、経営のコストパフォーマンスに配慮して、これらの労働を組み合わせた人事戦略を展開することが推奨されている。こうした「雇用ポートフォリオ」という経営側の考え方は、一九九〇年代後半以降の長期不況下で、中高年労働者のリストラとともに、労働市場における女性および若年層の非正規化を先導していくことになる（小杉 2002a，森岡 2005a）。

こうしたなかで、学卒後も無業（ニート）や非正規雇用（パート・アルバイト、派遣労働、契約社員など）とならざるをえない者もふえてきた。ところが、この時期、就職をした学生・生徒たちは一九八〇年代から登場した新自由主義的な教育を受けている。そこでは、学校教育の多様化をはかることで、生徒に「個性」の発揮を求めてきた。そして、進路選択に関しても、生徒・学生の「自己決定・自己責任」を強調してきた（岩木 2004）。こうして、近年の教育政策のもとでは、生徒に個性的な自己実現を求めるという「文化的目標」を煽ることで、彼らの「自己実現型アスピレーション」（片瀬 2005：214）の高揚に手を貸してきたのである。しかし、ひっ迫した新規学卒労働市場は、個性を活かして働くための仕事につくという「制度的手段」を若者から奪ってきた。つまり、現代の若者は個性的なアスピレーションの実現を文化的目標として煽られながら、それを実現するための制度的手段を欠いた「アスピレーション・アノミー」（片瀬 2005：223-227）あるいは「自己実現アノミー」（苅谷 2008：305）とも呼ぶべき状況にある。

バブル崩壊後の若年労働市場のひっ迫はまた、アイデンティティの問題を労働による「承認」の問題に結びつけた。浅野（2009a：13）によれば、一九七〇年代の若者文化論から八〇年代のコミュニケーション論まで、若者論は「横ならびの平等な他者との関係でアイデンティティを論じてきた」。この時期の若者をめぐる議論にとっては、対等な友人関係やコミュニケーションの問題が関心の的であった。しかし、一九九〇年代後半以降の若者論は、改めて若者の「愛と労働」(4)をめぐる分断——初期キャリアと家族形成における階層間格差に照準しなければアイデンティティの問題を語れない地平に達したのである。

浅野（2009a：13）によると、フリーターたちには「やりたいこと志向」（下村 2002，久木元 2003）が強くみられ、「アイデンティティのあり方が就業への動機づけとの関連で問題化」されることとなったという。けれども、「やりたいこと志向」の追求が、流動化した現代の労働市場では非正規雇用への滞留というリスクをともなう。バウマン（Bauman 2005=2008）は消費社会では労働の審美的価値が階層化の要因となり、自分の仕事を「天職」にできるのは一部の成功したエリートだけであるとしたうえで、非正規化の進む「フレキシブルな労働市場」の特質を次のように述べる。

> 現在従事している仕事に愛着を覚え、その仕事が求めるものに夢中になり、この世界の中での自分の場所を、取り組む仕事やそれに動員されるスキルと同一化することは、運命の人質になることを意味する。…（中略）…選ばれた少数者以外の多く人々にとって、今日のフレキシブルな労働の時代に自らの職業を天職として大事にすることは、大きなリスクを伴い、心理的・感情的な災いのもととなる。（Bauman，2005=2008：70）

ここには、現代社会における「やりたいこと志向」が大きなリスクをもたらすことが表明されている。

アンダークラス化する若者

しかし一見、「自発的」に選択したはずのフリーターも、橋本健二（2006）も指摘するように、参入の際の「不本意性」、職歴の「不安定性」、さらにそこからの「脱出困難性」などを特徴とする。こうした「フリーター」は、団塊の世代の大量退職による労働力不足と景気回復によって、二〇〇三（平成一五）年をピークに減少傾向にあるが、これは新規学卒採用の増加を反映して学校卒業後に非正規雇用に入職する者が減少したためであって、「フリーター」が正規雇用されたためではない、と言われる（『週刊エコノミスト』二〇〇六年三月二八日号）。非正規雇用から正規雇用への移動障壁の高さ、すなわち非正規雇用からの「脱出困難性」は、年齢が高くなるにつれ増大する（橋本 2006）。長期にわたるフリーターへの滞留は、実際に職業能力の獲得すなわち人的資本の形成にとって少なからぬ損失となることは想像に難くない。長期雇用を前提とした新規学卒正社員と、一時的に雇用された若年非正規雇用者では、企業側の能力開発投資が異なるからである。また、フリーターの就労内容も、その一時的・流動的性格からして、熟練や特殊技能を必要としないものが多いために、フリーターの側でも人的資本を獲得する意欲に乏しくなり、結果的に正規雇用への移行が困難になる、という悪循環の存在も示唆されている（小渕 2002）。

その結果、非正規雇用への滞留は、階層論の視点からみれば、若年層における所得格差拡大の大きな要因となる（橋本 2006）。実際、若年男性雇用者の労働所得の不平等度を示すジニ係数も一九九七（平成九）年から明確に上昇しており、それが非正規雇用者の増加によるものとされてきた（太田 2006）。また、大都市部の若年労働者について、正規雇用と非正規雇用の間で単位時間収入を年齢階層別に比較した結果からも、年齢層が高くなるほど両者の格差が拡大していることが指摘されている（小杉 2002c：48-49）。さらに、非正規雇用者の所得の低さや将来の見通しの困難さは、家族形成すなわち結婚や出産・子育てを通じて世代的に再生産可能な状態に移行することを困難にする（橋本 2006）。

実際、二〇〇五年のSSM調査からみても、若年男性（二〇歳〜三四歳）の未婚率は、正規労働者では五〇・九％であるのに対して、非正規労働者では八〇・四％に上っている。また子どもがいる者も正規労働者では四〇・四％であるのに対して、非正規労働者では一五・二％である（橋本 2013：258）。家族形成すらできないという意味では、非正規労働者は労働者階級の最下層というより、伝統的な労働者の規定に当てはまらない「アンダークラス」である。この「アンダークラス」が今後も増大していくならば、少子高齢化はますます進行し、日本社会は雇用・住宅・医療・福祉といった領域で測り知れない困難に直面することになる。もはや青年の問題は青年だけの問題ではなく、日本社会全体の将来にかかわる問題であり、真摯な社会的議論を要する問題となっているのである。

こうしたなかで、かつて消費社会の主役であった「若者の貧困」の問題が浮上してきている。SSM調査データから男性若年層（二〇歳〜三四歳）の貧困率の推移をみた橋本[5]（2013：245-258）によれば、貧困率を年齢層別に一九五五（昭和三〇）年から計算していくと、一九七五（昭和五〇）年までは若年層の貧困率は他の年齢層を下回り、もっとも少なかったが、一九八五（昭和六〇）年に一三・三％とはねあがり、高齢層に次いで貧困率の高い年齢層となった（ちなみに三五歳〜五九歳の貧困率は六・九％、六〇歳以上は一六・四％）。それ以降、二〇〇五（平成一七）年まで若年層の貧困率は三五歳から五九歳を一貫して上回っている。つまり、「若者の貧困は、戦後初期には中高年に比べてとくに深刻だったわけではなく、高度成長期末期にはほとんどの若者が貧困をまぬがれていたが、その後になって深刻化した」（橋本 2013：247）ということになる。

ただし、若者の貧困は時代によって一様ではない。橋本（2013：345-259）は若年層について階級別に貧困率を算出し、それぞれの時代の若年層の貧困の諸相を描き出している。それによると、一九五〇年代の若者の貧困は圧倒的に農村青年の貧困であり、若年貧困層の六三・四％を占めていた。ただし、彼らのほとんどは家族と生計を共にする（一人暮らしは〇・八％）ことで糊口をしのいでいた。次いで、高度経済成長期になると所得の上昇にともなって、貧困率は低下するが、貧困層の多数は、第2章で論じるように、低学歴（中学卒業）で中小零細企業に勤める若年労働者層にとってかわった。一九六五（昭和四〇）年の時点で、若年貧困層の五一・四％が労働者階級の若者であった。これに対して、一九七〇年代になると若者の貧困率は大幅に低下した。とくに中学卒業者の貧困率が一一・二％と、一〇年前に比べ六ポイント近く減少した。

ところが、一九八〇年代になると、全体の貧困率には大きな変化はなかったが、若年層の貧困率のみは、一九七五（昭和五〇）年の五・九％から、一九八五（昭和六〇）年の一三・三％と急上昇する。橋本（2013：253-255）によれば、この間、高度経済成長の終焉によって、初任給をはじめとする若者の賃金が低迷し、年功制に守られていた中年層との格差が拡大したという。とくに中小零細企業の若年労働者に貧困が広がったが、その一方で大学卒業者の貧困率も上昇した。さらに、一九九〇年代になると「フリーター貧困層」が形成された。とくに非正規労働者の貧困層が一九九二（平成四）年の二〇・九万人から、一〇年後の二〇〇二（平成一四）年には五九・三万人と二倍以上に増えている。また男性では、無配偶の貧困層が、この間、三五・九万人から七二・六万人と倍増している。さらに二〇〇〇年代になると、年長化したフリーターはその境遇から脱出が困難であるため、「フリーター貧困層」は年齢構成を高めながら、新卒の非正規労働者を含みながら拡大していく。こうした非正規労働者は、また低所得のため家族形成も難しくなっている。

こうした若者の貧困は、日本では、家族に包摂されることによって隠蔽されてきた。日本では独身若年層の親との同居率が高いため、「パラサイト・シングル」（山田 1999）といわれたように、無業や失業状態の若者も家族に支えられることで貧困問題として顕在化してこなかった。ところが、親世代の雇用も流動化し、また親自身が高齢化することで、家族に依存できない若者も増えつつある。したがって、家族資源も活用しつつ若者の自立支援をするシステムの構築が求められている（大澤 2009：138）。

潜在的能力または「溜め」の欠如しての貧困

こうした若者の貧困と雇用をめぐる状況は、経済的問題を超えて個人のアイデンティティや尊厳の問題さらには社会的には公正ないしは正義の問題にも深くかかわってくる。たとえば、セン（Sen 1999=2000）は、個人の潜在能力に着目して貧困を論じている。彼のいう「潜在能力（capability）」とは、さまざまな境遇におかれた個人が、その財または資源を活用して選択可能な「機能」の集合を意味する。この観点からすると、「貧困はたんに所得の低さというよりも、基本的な潜在能力が奪われた状態と見られなければならない」。それゆえ、貧困はたんなる所得の欠如や過小という観点からではなく、「その人が自ら生きる価値があると思うような生活をするための本質的自由」（Sen 1999=2000：99）としての潜在能力という観点から考察することによって、はじめて所得と潜在能力の媒介的関係の可変性――その個人の属性や置かれた状況によって所得と潜在能力との関係が変わること――を解明し、貧困をもたらす多様な要因を理解することができるという。というのも、貧困を軽減するだけでは，その個人のもっている自由の程度から貧困や欠乏が改善されたかどうかを判断することは難しい。こうして、潜在能力という視点から考察することで、貧困の特質をより根本的に解明できる。また、失業という問題もたんなる職業や所得の喪失にとどまらず、精神的なダメージや働く意欲の喪失をもたらし、潜在能力の欠如をもたらすことが明らかになる。

同様の視点はまた、日本で貧困の問題に取り組む湯浅（2008）にもみられる。湯浅（2008：60-61）は、まず貧困状態に至る背景として「五重の排除」があるとする。すなわち、①親世代の貧困を背景とする「教育課程からの排除」、②雇用のネットワークからはじき出されることによる「企業福祉からの排除」（たとえば非正規雇用になることで、企業の福利厚生や労働組合、組合共済からも排除されることなど）、③「家族福祉からの排除」（親に頼れないこと）、④「公的福祉からの排除」（とくに若いワーキングプアは稼得能力があるとして生活保護から排除されること）、そして、この四つの排除から生じる⑤「自分自身からの排除」である。この⑤「自分自身からの排除」は「何のために働くのか、そこにどんな意義があるのか」といった「あたりまえ」のことが分からなくなる状態をさす。しかも本人が新自由主義の自己責任論を「内面化」して貧困や不安定就労を「自分のせい」ととらえてしまうと、自分の尊厳を守れなくなってしまう。「期待や願望、それに向けた努力を挫かれ、どこにも誰にも受け入れられない経験を繰り返していれば、自分の腑甲斐《ふかい》なさと社会への憤怒が自らのうちに沈殿し、やがてそれは暴発する」（湯浅 2008：61）。冒頭にあげた秋葉原無差別殺傷事件のKもまた、こうした状況で犯行に及んだと考えられる。

貧困を経済的問題に還元しないために、湯浅らは前述のセン（Sen 1999=2000）の潜在能力の概念を参照する。セン（Sen 1999=2000：99）が貧困を「基本的な潜在能力（capability）が奪われた状態」ととらえたように、湯浅ら（湯浅・仁平 2007：341-342）も貧困を「総体的な〝溜め〟（capacity）のない状態」として把握する。ここでいう「溜め」とは、「人を包み外界からの刺激からその人を保護するバリヤーのようなもの」であり、たとえば金銭的な「溜め」としての預金、サポート源となる社会関係資本に加えて、精神的な「溜め」――たとえば経験したことのない新しい仕事も「やれる」と思える「無根拠な自信」に代表される精神的なゆとり――が含まれるという。

このように貧困の問題を精神的な問題――その背後には排除の連鎖という社会構造的な問題がある――にまで拡張して考えると、貧困を解決する社会政策においては、福祉国家における所得の再配分の問題と同時に、社会的承認をめぐる問題が重要な論点として浮かび上がってくる。というのは、先にも秋葉原無差別殺傷事件に関連して述べたように、貧困や失業の問題はたんなる経済的問題ではなく、承認の欠如につながるような問題であるからだ。とくに新自由主義の「自己責任論」は、社会経済的状況に起因する貧困や非正規就労、無業（失業）を個人に帰責することで、存在の承認としてのアイデンティティを脅かすことになる。しかも、自己責任論を内面化して貧困や不安定就労を「自分のせい」ととらえてしまうと、自己の尊厳を守れない状態に陥る。これが「自分自身からの排除」にほかならない（湯浅 2008：61）。ホネットが述べたように、「承認を獲得することは、現在でもなお、賃金が与えられるとともに社会的にまともなものと見なされるような労働に従事する機会の有無と結びついている」（Honneth 2000=2005：113）からである。

いずれにせよ、貧困も経済の問題ではなく、「自分自身からの排除」の問題とするならば、「再配分」

だけでなく「承認」もまた不可欠のものとなる[6]。そして、この両者を可能にするものとしては、湯浅（本田・川添・湯浅 2008：30）流にいえば、非正規雇用あるいは「ワーキングプア」と呼ばれる若者、そして本書の第5章で分析するように、その反面として長時間労働を強いられた正規雇用の若者にも、「人間らしい労働[7]（ディーセント・ワーク）」とそれを可能にする「〝溜め〟のある職場」を保証する必要がある。

二〇〇八年シンポジウム　こうした若者をとりまく新たな状況をふまえて、二〇〇八年に東北大学で行われた第八一回日本社会学会では、「若者たちの現在――政治・文化・労働」というテーマでのシンポジウムが行われた。青年論に絞ったシンポジウムとしては、前述の一九七〇年シンポジウムから三八年がたっていることになる。

このシンポジウムの第一報告者の小谷敏（2008）は、「若者は再び政治化するか」という論題で、「失われた一〇年」と呼ばれる時代の若者の政治運動の可能性について論じた。それによれば、バブル崩壊後に生みだされた非正規雇用の若者を待っていたのは、二〇〇〇年代初頭には、同情ではなく非難――すなわち、若者たちが質的に劣化したという言説だった。しかし、二〇〇〇年代の後半になると、若者を不当に貶《おとし》める「俗流若者論」への反論や、生活に困窮した「プレカリアート」（雨宮 2007）と自己規定する若者たちの抗議行動が現れた。日本の若者たちは、「ポスト団塊の世代」以降、政治に背を向けてきたが、ようやく「抗議する若者たち」があらわれたのである。しかし、若者の抗議行動がさらに拡大して、日本のあり方を変えていくかどうかについては、小谷（2008）は楽観的なことは言えないという。現代の若者が性別や学歴、職業（従業上の地位も含む）や地域によって分断され、ときには相互蔑視の念を抱いているうえに、日本の若者の反乱は、連合赤軍事件に象徴されるように、みじめな挫折に終わっているからである。しかも、その後に現れたポスト団塊世代は、政治に背を向けて豊かな情報消費社会の受益者となった。その結果、現在の若者たちは、政治的行動を行う大人たちの背中をみることなく育った世代であるため、若者が連帯して、抗議行動を行うことを困難にしているという。バブルの崩壊によって、経済成長が終焉を迎えた以上、成長路線に代わる新しい経済の仕組みを作り出すとともに、若者を救済することがこの時代の政策課題であったにもかかわらず、日本の硬直的な権力構造はそうした構想すらもたなかった。こうした硬直的な権力構造こそ若者にとって「真に強大な敵」であり、それを変えることは若者だけで果たせることはない。まず大人が動く必要があり、この点で大学人の果たす役割について考えていきたいとした。

これに対して、第二報告者の北田暁大（「ケータイ・コミュニケーションは「閉じて」いるのか」）は、携帯電話（とくに「携帯メール」）に媒介された若者のコミュニケーションにおいて実現される社会性のあり方について、二つのウェブ調査のデータをもとに考察した。北田（2008）はまず、①ケータイは「関係できない症候群」（従来のような対人関係を営むことが困難になっていること）を生み、②「つながっていないと気が休まらない」感覚を生み出す、という二つの仮説を検討した。その結果、①の仮説は棄却されたが、②は留保付きで採択されたとする。ここから、北田（2008）は、ケータイ・コミュニケーションが活発な若者は、「孤独感」は低いが「孤独への恐怖感」が高く、「つながり」への強迫は、孤独ではなく、孤独への恐怖と関連しているとする。次に北田（2008）は、「携帯メールをよく使う人＝広く浅い友人関係にコミットする人」という図式を相対化する必要性を論じたのち、一般的信頼と携帯メールの使用頻度の関係についての分析から、携帯メールの利用が「関係できない症候群」と結びついているという議論がなりたたないことを示唆する。以上の分析を踏まえて、北田（2002）は、一般的信頼を媒介にして、「つながりの社会性」と「公共志向」との関連について考察を行った。

最後の本田由紀の報告は、「働く若者たちの間の分断は乗り越えられるか」と題し、二〇〇七年SSM若年層調査データの分析をもとに、小谷報告も問題にした若年労働者の分断を問題にした。そして、現代の若年労働者の分断の特徴は、①分化がいっそう細かくなり、②分化した個々の部分の特徴が顕在化し、その結果、③個々の部分の間に「分化」というより「分断」と呼ぶべき距離化や相互対立が生じているという。すなわち、①雇用形態、②労働時間、③年収という三つの指標をとっても、若年層の労働形態には多様な組み合わせが生じている。こうした分断状況が、相互の共感や連帯を目指す動きの広がりを困難にしていると本田（2008）は指摘する。その一方で、本田（2008）によれば、若者たちに広く共有される特質があり、たとえば「手抜きをせずに仕事する」ことや、職業能力の向上機会の不足感については、働き方の類型で差はない。つまり、若年層は、総じて仕事に価値を置き、仕事における能力の伸長や発揮を求めているという。実際には彼らが仕事に望むことと、働き方の現実には乖離があるものの、個々の働き方を彼らが求めるあり方へ近づける形で均していくことに多くの若者から賛同や共感を取り付けていくことは可能かもしれないという。そうすることで若者の分断を克服していくうえで、社会学が果たすべき役割を考えていく必要があると論じた。[8]

6　本書の特色と構成

SSM調査データによる若者の分析

このように、若者はこれまでさまざまに分析され、語られ、今も語られ続けている。しかし、本書の狙いはこれといささか異なる。戦後日本ではさまざまな若者言説が生産され、消費され、若者をめぐる議論がなされてきた。「モラトリアム人間」、「新人類」、「おたく（オタク）」、「フリーター」など、戦後の青年言説には暇がない。そのなかには正鵠を射たものもあっただろうが、なかにはメディア受けを狙った印象論風のものがあったり、場合によっては政治的な意図を隠しもったもののもあった。

また、社会調査にもとづく言説も、標本に偏り――都市部の青年、大学生のみを扱ったものなど――のあるものが散見された。そこで、本書では「社会階層と社会移動全国調査」（SSM調査）のデータをもとに、戦後の青年言説を改めて検証しようとしている。SSM調査は一九五五年から一〇年おきに行われてきた全国調査である。調査年にもよるが、かなりの数の標本を全国から層化二段無作為抽出している。調査の本来のテーマは階層と移動であるが、このなかからその時代を代表する若年層――若者言説の対象となった出生コーホート――を取り出しても、十分な分析に耐えられるデータは得られた。

本書の構成

この方法で、まず第Ⅰ部では、戦前・戦後期から高度経済成長の終焉までを扱う。第1章では、一九七五年SSM調査データをもとに、戦前期に職業軍人アスピレーションをもっていた者の分析を行う。先に述べたように、昭和初期には、集団力学によって「主体化」された少なからぬ青年たちが、自らすすんで職業軍人アスピレーションをいだくようになっていた。そこで、彼らの出身階層と戦後の教育達成・職業経歴を跡付けるとともに、彼らが戦後復興や高度経済成長で果たした役割を推測する。第2章では、一九七五年と九五年調査および二〇〇五年調査をもとに、戦後の高度経済成長期に地方から都市圏へと地域移動した集団就職世代のライフコースを跡付けた。その結果、そこには日本の「立身出世主義の底辺」とも言うべき「金次郎主義」をみいだすことができた。これに対して、第3章では「モラトリアム人間」に注目し、一九八五年から二〇〇五年のSSM調査データを合併して、そのなかから大卒男性のみをとりだし、社会意識の世代間比較を行った。その結果、彼らの意識にとりたててモラトリアム意識と呼ぶべきものもみられなかった。この点で、「モラトリアム人間論」は、その後、続く心理主義的若者「物語」の嚆矢《こうし》であり、社会経済的要因による若者の苦境を若者自身の心理や意識に帰責する「自己責任論」へと道を拓くものとみることもできた。

これに対して、第Ⅱ部は、新人類の時代からポストバブル期までの若者を扱う。第4章では、情報化のなかで注目された「新人類」と「おたく（オタク）」の異同を探る。一九九五年SSM調査の分析からは、この時期の新人類には情報コンシャス層と情報非コンシャス層の分化がみられ、前者は後者に比べて、出身階層だけでなく学歴・職業・年収などの点で優位に立っていた。第5章では、二〇〇七年に行われたSSM若年層郵送調査データをもとに、日本企業における「見返り的滅私奉公」の慣習にしたがって、長時間労働を強いられ、ワークバランスが悪化している正規雇用の男性若年労働者を問題にする。そして、こうした長時間労働を解消するための労働政策として、ヨーロッパで行われている「時間政策」の可能性を探った。最後に、第6章では、それまでの分析を踏まえて、「絶望の国の幸福な若者たち」が、じつは情報消費社会のなかで「象徴の貧困」とも呼ぶべき状況にあって、「批判・対抗・協同の文化」を欠き、「無防備」なままで労働世界に参入していることを指摘し、こうした状況を乗り越えていくための学校教育への提言を紹介・検討した。こうして、若者の戦後史を社会調査データを使って実証的に分析し、彼らをめぐる言説を再検証し、実像に近い若者像を描き出すことで、現在の若者像を相対化し、最後に今後の若者文化のあり方、とくに政治文化の成熟の可能性を考えてみたい。

注

(1) 中島岳志(2011)は、二〇一一年一月から東京地方裁判所で始まったKの公判を傍聴し、彼が事件を起こした背景を幼児期の人間形成にまで遡って検討している。それによると、Kは幼児期から母親から理不尽な「しつけ」を受けた。彼と彼の弟は母親から叱られる時に、一切理由を説明されなかったという。そして、抵抗すると罰はさらにエスカレートした。その結果、Kは「自分の怒りや苛立ちの理由を、相手に対して言葉で伝えることができなかったという。彼は、相手に対して自分が不快に思っているということを「言葉」ではなく「態度」で示すことで、「わからせる」という方法をとるようになった」(中島 2011:28)。この性向は成長後もつづく。こうした間接的な嫌がらせによる報復を、K自身は「しつけ」と呼んでいる(加藤 2014:14-34)。おそらくそれは、幼児期の母親による「しつけ」という名の虐待に由来すると考えられる。ただし、K自身もその手記の末尾に「成りすましらを「しつけ」するために、秋葉原の通行人が死傷したという事実を凶器として利用したのです」(加藤 2014:178)と書く一方で、「私は、誰かのために何かをし、評価されなくては、生きていけない人間」で、「評価が途切れると、急に不安になります。自分はこの世に存在しているのか、という不安です」（加藤 2013：70）とも手記に書き、承認欲求が人一倍強いことをうかがわせている。なお、二〇一四年一二月に最高裁はKの上告を棄却し、これにより同被告の死刑が確定した。

（2）なお、古市（2011）によれば、これに先立って一九四七（昭和二二）年には武田良三による「『周辺人』の社会学――青年と文化の問題」という論考が『理想』七六号に発表されており、また一九五三（同二八）年には豊澤登・平澤薫『青年社会學』（一九五三）が刊行されていたという。またマスコミでは、「アプレ」（アプレゲール＝戦後派）や「ティーン」（一〇代）といった言葉で、当時の青年が引き起こした事件、たとえば東京大学の学生が引き起こした詐欺事件・光クラブ事件（一九四八年＝昭和二三）などが論じられていた。さらに一九五五（昭和三〇）年に石原慎太郎が『太陽の季節』（一九五六）で芥川賞を受賞すると、既成の秩序にとらわれない「太陽族」が注目された。また一九六四（昭和三九）年頃には銀座のみゆき通りに当時の最先端のファッションを身にまとった「みゆき族」があらわれ、話題となっていた。しかし、これらはいずれも都会（東京）を中心とした青年文化であった。なお、一九六七（昭和四二）年には、見田宗介によって、全国規模（全国一一地点で一五歳～四四歳の青壮年を層化二段抽出）の調査データにもとづく本格的な意識調査が行われ、その成果が刊行されていた（見田 1968）。

（3）なお、本書では戦後最大の学生の政治運動であったにもかかわらず、「学生運動」については直接扱わない。当時の大学進学率が男性で三〇％、女性で二〇％程度であることに加えて、ＳＳＭ調査からは学生運動への参加経験が同定できないからである。

（4）「愛することと働くこと（Lieben und arbeiten）」とは、エリクソンの私淑したＳ・フロイトが、人間が成熟するための条件としてあげたものであった。詳しくは本書第5章参照。

（5）貧困率とは、所得が貧困線を下回っている者の比率を示すが、貧困線にはいくつかの基準がある。もっとも一般的な貧困線としては、所得の分布の中央値の二分の一の金額が用いられる。橋本（2013）は、等価所得（世帯所得を家族の数の平方根で割ったもの）を用いて、この貧困線を計算している。

（6）ただし、「承認」と「再配分」の両立可能性をめぐっては、アメリカのフェミニズム哲学者・N・フレイザーとホネットの間で論争（Fraser and Honneth 2003=2012）があった。この論争については、水上（2004）、片瀬（2015b）を参照。

（7）この「ディーセント・ワーク」の概念は、一九九九（平成一一）年に行われた第八七回ＩＬＯ総会における事務局長報告において初めて用いられ、ＩＬＯの活動の主要目標と位置づけられた。「ディーセント・ワーク」は、①雇用の促進、②社会的保護の方策の展開および強化、③社会的対話の促進、④労働における基本的原則と権利の尊重・促進、という四つの戦略的目標を通して実現されるとされている。これに加えて男女平等と非差別は、これらの目標における横断的な課題とされている。

（8）実は筆者はこの時、別のシンポジウム（「社会階層研究のフロンティア」）に出席していて、このシンポジウムは聞いていない。この部分は『第八一回日本社会学会報告要旨集録』をもとに書いている。なおこのシンポジウムでコメンテータを務めた羽渕一代弘前大学准教授からはこのシンポジウムの資料をいただいた。記して感謝する。

第Ⅰ部　戦前・戦後から高度経済成長の終焉へ

第1章　軍国少年たちの戦前・戦後

近代日本においてアスピレーションが果たした歴史的役割を考える上で特異な位置を占めるのは、戦前期の少なからぬ少年たちが抱いていた職業軍人へのアスピレーションである。

本章では、まず一九七五年SSM調査における職業アスピレーションの設問に「職業軍人」と答えた者、すなわち義務教育終了時点で軍人志望であった者について、その出身背景を探る。次いで、彼らの戦前・戦後における教育・職業達成とともに、高度経済成長期の只中であった一九七五年時点の社会意識の特徴を検討した。

その結果、この時期の軍人志望者は社会の中上層を出身背景とし、ある種の「官途志望」をもとに高い教育アスピレーションをもっていたこと、その後は実際に大企業や官庁の事務職・管理職に就き、戦後の復興期・高度経済成長期を支えてきたことがわかった。彼らは、「戦前には上昇意欲の強い、比較的能力ある少年」（中山・小島 1979）であり、「滅私奉公」により国家に奉仕しようとしたというより、能力や努力によって学歴を獲得し、社会の上層に出世しようという志向性をもっていた。その結果、彼らは戦後の高度経済成長期に社会の中上層を占めることになったと考えられる。

1　「軍国少年」というアスピレーション

屈折した「軍国少年」

かつて――主として大正・昭和初期には、「軍国少年」と呼ばれた男子がいた（瀬戸・小島 2004）。たとえば映画評論家の佐藤忠男は、一九三〇（昭和五）年に新潟市に生まれたが、小学校時代のこんな体験を紹介している（佐藤 2007：10–11）。尋常小学校六年で佐藤は性に目覚め、妊娠の仕組みについて友人と情報交換をしていた時に、友人から天皇も性行為をするのかと尋ねられた。そこで、思わず「そうだ」と言ってしまったが、自分は「不忠者、非国民」ではないかという不安から、その夜ひと晩中、「得体《えたい》の知れない恐怖」に襲われた、という。

さらに小学校六年の三学期に中学受験のための補習授業で模擬面接が行われ、担任の教師から「日本に生まれた仕合わせは何か？」と質問され、受験参考書などに載っている模範解答が「万世一系《ばんせいいっけい》の天皇をいただいているからであります」であると知りながら、言い淀んでいるうちに、憤慨した担任に中学受験の資格はない――ただし、後日その担任は佐藤の中学受験を認めたが――と叱責されたという。その後、市内に新設された中学を受験する。しかし、学科試験はできたはずなのに、佐藤は不合格になってしまう。その後、仕方なく入学した小学校高等科でその中学の入試の「裏情報」に詳しい教員から、佐藤は自分が不合格になった理由を知らされる。中学受験の初日、中学の校長――愛国主義者として知られていた――は、受験生全員の首に番号札をぶら下げて講堂に集め、明治天皇の和歌三首を朗読したが、その際、頭を下げていなかった受験生を受験生の周りに配置した教師たちに番号札で確認させ、合否判定に使っていたからだという（佐藤 2007：19–21）。

これを契機に、佐藤の進学や学校に対する考え方が大きく変わった。相変わらず母親は進学を勧めるが、中学や師範学校にも行きたくない。これ以外の進路で、当時、奨励されていたのは、満蒙開拓少年義勇隊への応募と少年兵への志願であった。また近在の工場に就職するという道もあったが、いずれにせよ二〇歳になったら兵役があって、戦争が激化しつつあった状況――佐藤が一四歳だったというので、一九四四（昭和一九）年頃――からみて、間違いなく戦争に行き、戦死する確率も高いと思われた。ただ、少年兵に志願すれば二〇歳では下士官で死ねる、そうすれば自分を入試で落とした中学校長を見返し、自分の方が本物の愛国者だと証明できる、うまくいって生還できたら軍隊で身につけた技術で身を立てられることができるかもしれない[1]――こんな思いで佐藤は、「かくべつ愛国的情熱に燃えていたというわけでもないにもかかわらず、とりあえず、愛国的な日本男児らしいフリをして」（佐藤 2007：26）、小学校高等科を卒業後、乙種海軍飛行予科練習生となって高野山海軍飛行隊に入隊した。そして、その三ケ月後、高野山麓の村で農作業の手伝いをしているうちに終戦を迎えた。

情報将校・鈴木庫三をめぐる評価

この佐藤忠男の体験は、いわば屈折した軍国少年のあり様を物語っているが、農村部の貧しい家庭からもっと積極的に陸軍士官を目指した者もいた。佐藤卓己（2004）が詳説した「情報官」（終戦時の階級は陸軍大佐）・鈴木庫三はその典型であろう。彼は一八九四（明治二七）年すなわち日清戦争開戦の年に茨城県の農家の第七子として生まれ、小学校時代に日露戦争を見聞している。彼の「思出記」をもとに、佐藤卓己（2004）は、鈴木の幼少期の「出生の秘密」から紹介する。鈴木家は、多数の雇用人を抱える豪農であったが、末子である庫三は、生後間もなく、母親の母乳が出なくなったという理由で、小作人であった大里家へ養子に出される。彼は、その後、養家が困窮を極めるなかで、尋常小学校の成績はクラスで一番となった。級長も務めるが、貧困のため遠足にも参加できなかった。『太閤記』を読みふけり、日露戦争の戦果の報道に刺激されて、鈴木はやがて軍人を志願するようになった。しかし、養家の経済力では高等小学校への進学もままならず、結局、実家の鈴木家から援助を受け、進学を果たす。けれども、彼の陸軍幼年学校への進学の夢は養父によって退けられる。養父にとって鈴木はなくてはならない跡継ぎであったからだ。そこで、高等小学校卒業後は、養家の農業を続けながら、通信教育（講義録の勉強会）などで独学をする。

やがて養家は、「村で一番大きい小作人となった」（佐藤 2004：63)。この時期、鈴木は、現役士官が陸軍士官学校を受験できる可能性は、数学や物理などを学んだ砲兵工長になることだと知った。砲兵工長ならば、陸士受験に必要な普通学を兵営内で修得できたからである。一九一三（大正二）年、彼は砲兵工学校への受験願書を出し、養父母にそのことを伝えると、ようやく進路を認めてもらう。鈴木は、弟らに後事を託して、受験に臨み、合格する。東京の砲兵工学科学校入学後も苦学を続け、やがて陸軍士官学校受験を目指して勉学に励む。その間、三等銃工長として、青森の歩兵第五連隊、盛岡の騎兵第二四連隊を経て、ついに一九一八（大正七）年、陸軍士官学校に入学した。その後、鈴木は「情報将校」として「言論統制」の道を歩むが、その形跡は佐藤卓己（2004）が、鈴木の日記や手紙などをもとに、丹念に記述し、その再評価を試みている(2)。

2　奉公・献身の恣意的解釈――軍国少年の「立身出世主義」

職業軍人アスピレーションの形成

　このように、戦前期の少なからぬ少年たちが、職業軍人へのアスピレーションをいだいていた。日本における社会階層・移動研究で、アスピレーションが本格的に研究されたのは、一九七五年のSSM調査である。(3)この調査では、義務教育の最終学年の時点で、どのような教育を受けたかったのか、またどんな仕事に就きたかったか回顧的な回答を求めている。戦前の義務教育は、原則として尋常小学校六年までなので、一二歳時点でのアスピレーションを尋ねていることになる。(4)そこで、一九三二（昭和七）年生まれ以前の者が旧軍人アスピレーションを抱く可能性があった。**表1-1**は、この一九三二年以前生まれのコーホートについて職業アスピレーションを小分類レベルで集計したものである。もっとも多いのが農耕・養蚕作業者を志望する者の二一・八％（一七七人）であるが、これに次いで職業軍人が一七・〇％（一三八人）となってお

表1-1　1932年以前生まれの職業アスピレーション

職業アスピレーション	度数	%
農耕・養蚕作業者	177	21.8
職業軍人	138	17.0
商売・店を継ぐ*	35	4.3
会社員・サラリーマン*	31	3.8
分類不能	27	3.3
大工	26	3.2
技術者・エンジニア*	24	3.0
教員*	24	3.0
医師	22	2.7
小売店主	19	2.3
公務員*	16	2.0
漁労作業者	13	1.6
駅員・国鉄*	12	1.5
職人*	11	1.4
合計	575	100.0

（注）度数10以上。*印は職業小分類にあてはまらない自由回答をまとめた追加コードを意味する。
データ：1975SSM調査（以下同様）

り、この二つのカテゴリーだけで四割近くを占めていることになる。このうち農耕・養蚕作業者は、家業（親の職業）を継承するという意味合いであろうが、職業軍人は後にもみるように、それとは性格を異にしている。

もちろんアジア太平洋戦争（第二次世界大戦）は、必ずしも職業軍人だけによって担われたわけではなく、河野（2001：10-11）も指摘するように、一八七三（明治六）年に導入された「徴兵制」という近代国民国家の装置が、「動員社会」すなわち社会のあらゆる階層から戦争へ人員を動員する体制の端緒を開いたことにもとづく。さらに第一次世界大戦以降、戦争は軍隊と軍需産業だけでなく、政治・経済・文化をはじめとするあらゆる領域を巻き込んだ「総力戦」の観を呈し、本格的な「動員社会」という体制を整えてきた。

立身出世主義としての職業軍人アスピレーション

「職業軍人アスピレーション」は、こうした総力戦体制から生まれてきた。とくに総力戦体制下では、兵士の「戦闘意欲」を高めることが重要となる。河野（2001：14）によると、いかに軍隊組織を整備し、近代的兵器をもたせても、兵士の戦闘意欲を高めなければ戦闘はできない。実際、第二次世界大戦で米軍捕虜になったドイツ軍兵士への面接調査によれば戦闘意欲を高めるうえでは、クーリー（Cooley 1902=1921）のいう「第一次集団」の重要性が指摘されてきたという。すなわち、兵士の士気を高めるものはイデオロギーや敵対感情よりも軍隊のなかで培われた「第一次集団の絆」であるとされた。河野（2006）もまた、ガダルカナル島における消耗戦の史料をもとに、慢性的な飢餓状態にあった日本兵を戦闘に向かわせたのは、皇軍意識や天皇制イデオロギーではなく、彼らの「第一次集団の絆」であることを明らかにしている。つまり「はじめに」で述べたように、集団力学が、兵士を戦闘へと「主体化」したのである。

同様のことは、戦没学生・卒業生や戦犯死没者などの遺書を分析した森岡清美（1993）によってもすでに「コンボイ」という概念で指摘されていた。森岡（1991：25-26）は、文化人類学者のプラース（Plath 1980=1985）の議論に依拠しつつ、「コンボイ」を「ある期間にわたりある程度の親しさを保つ人々」つまり人生（ライフコース）の道連れとなる関与者と定義した。それは、「第一次集団」や「重要な他者」よりも関与の「持続と累積」あるいは「緊密な人間関係の生成に必要な時間の深さ」を表現するものであるという。なかでも「死のコンボイ」とは、多かれ少なかれ決死の戦闘を共有した仲間たちであった。こうしたコンボイが軍隊で形成されやすいのは、森岡（1991：28）によれば、近親や親友など平時のコンボイとの直接的接触が軍隊では剝奪されるためであるという。たとえば学徒兵の場合、家族の絆が生還願望を支えていたが、軍隊での厳しい訓練と「コンボイ」の形成は、生還願望を抑え込み、家族からの求生還願望への応答を鈍化させたとされる（森岡、1991：87）。森岡（2011：284）はまた、特攻隊員の手記や遺書の分析からも、隊員たちの特攻受け入れを支えた要因の一つとして、同じ隊の戦友という「コンボイ」との連帯感（「死ぬ時はいっしょ」）をあげている。こうして「軍人アスピレーション」は、国家への忠誠といった抽象的なイデオロギーよりも、軍隊における緊密で持続的な仲間集団、すなわち「集団力学」による「主体化」によって強化されていったのである。

実際、先の表1-1でみたように、戦前期には、軍人になることは、少なからぬ男子にとって憧れの的であったが、このことは天皇制イデオロギーの「内面化」という図式によって説明されるものではない。戦前期の史料を渉猟《しょうりょう》した広田（1997）は、その結論部にこう記している。

結局のところ、すべての国民が「臣民」または「皇民」として、イデオロギーを心理構造の中核的な価値として内面化したから、巨大な抑圧機構としての天皇制が作動していった、というわけではなかった。イデオロギーの内面化はそれほど徹底していたわけではなく、それにもかかわらず、人々は抑圧機構の管理者であり被管理者でもあるような役割を担っていったのである。言い換えれば、戦前期の天皇制は、内面化なしでも十分作動しうるシステムをなしていたわけである。（広田 1997：416）

広田（1997：378-381）が、戦前期の職業軍人アスピレーションの形成において注視するのは、天皇制イデオロギーの内面化ではなく、陸軍士官学校生や幼年学校生、士官層が特異な仕方で形成した立身出世主義である。すなわち、陸士教育によって「反集団的性格を除去した立身出世アスピレーション」が国家への「奉公＝孝行＝出世という同値化によって、立身出世を積極的に肯定する心理構造の形成へと導かれていった」（広田 1997：380）とされる。広田によれば、立身出世主義は、陸軍士官学校生が戦時体制の担い手層として参戦していった際のある種の「自発性」の源泉であったという。必ずしも社会の上層出身ではない――このことについては、本章でものちに検討する――陸軍士官学校生や幼年学校生においては、上昇移動欲求は精神的に昇華されて、天皇への距離の近さという精神的満足に収斂したのではなく、刻苦勉励による「出世」を奨励する「金次郎主義」（見田 1967＝1971：189-190）がそのまま戦時体制を支える別のイデオロギーへと再編されていったのである。この再編成されたイデオロギーは、戦局が絶望的となった時期にも、上官への「点数稼ぎ」のために部下を酷使する下士官にみられるように、その機能を失わなかった、という。

「滅私奉公」と「立身出世」

また、見田（1967=1971）のいう「タテマエとホンネとの間の矛盾」すなわち建前は国家に献身しつつも、本音では家郷を背負った個人が利己的目的を追求するという矛盾は、広田（1997：378）によれば、少なくとも戦時体制を積極的に担っていた憲兵や教員においては矛盾しておらず、「相互浸透」あるいは「同じ個人の意識の中に微分化して併存」していたという。こうして、広田（1997）によると、国家への「滅私奉公」は「立身出世」を「滅私奉公の儀礼化」をつうじて正当化するだけではなく、両者が「相互浸透」していたから、その両者の間には二つの現実的な心理機制がみられるという。一つは私的利害を優先して充足しようとしながら、結果的にそれが所属集団への奉公になるという「予定調和」である(5)。もう一つは、私的な利害の充足を否定する規範ゆえに一度は自己利益の追求を否定しながら、実際にはそれを「奉公」「献身」に結びつける思考である。そこでは、奉公・献身の「恣意的解釈」→欲望の潜入→献身行為への没入→結果としての欲望の充足という思考回路が働き、「自らは献身行為と意識しながら結果的に私的充足に向かう」（広田 1997：379）という。しかも、この二つの思考回路は、明治・大正期から戦時期の官僚組織の末端にも引き継がれ、軍国主義の担い手から「自発性」を引き出すことで、戦争への積極的加担を可能にしていたのである。

実際、広田（1979：173-301）による陸軍士官学校・幼年学校における将校養成教育の分析からは、集団利害と対立する私的利害の追求は「利己主義」として排斥されたが、集団規律に則った競争は集団への貢献として称揚されることで、「反集団的性格を除去」されたアスピレーションの発現として、「立身出世を積極的に肯定する心理構造の形成」に向かった、とされる。つまり、「最もイデオロギー的な性格が強かった」はずの「将校養成教育ですら、「無私の献身」の教え込みは立身出世アスピレーションを消し去らなかった」（広田 1997：380）のである。本章では、こうした「軍国少年」たちの立身出世主義が、戦後日本に何をもたらしたのか検討することを課題としている。

これまでの戦前期の軍人教育に関しては、広田（1979）をはじめ、軍事エリートだった陸軍将校の教育と選抜・昇進に関する研究（河野 1989a：1989b：2001，遠藤 1994，武石 2010）が中心だったが、本章では一九七五年のＳＳＭ調査データの再分析によって、いわゆる一般の「軍国少年」——後にみるように実際に「職業軍人」になれた者は少なかった——の戦前（出身階層）と戦後（職歴と社会意識）を考察していきたい。

3　職業軍人アスピレーションの盛衰——軍国少年たちの戦前

軍人アスピレーションの広がり

明治後期から大正・昭和前期に軍人志望者の変動が、その時代相を反映して著しかったことは、広田（1997：60-63）がすでにふれている。それによると、陸士志願者・採用者数の推移からは、一八八七（明治二〇）年の士官候補生制度の発足以降、数年間は減少したものの、一八九四（明治二七）年の日清戦争の勃発以降激増している。「日清戦争の勝利は青少年の軍事的英雄の崇拝熱を生みだした。士官学校の志願者の中には高等中学（後の旧制高校）から陸士を受験して軍人をめざす者すらあった」（広田 1997：60-61（　）内原文）とされる。そして、広田（1997：61）は、陸軍大臣（斎藤・岡田内閣）を経て総理大臣を歴任した林銑十郎を例にとりあげ、林が旧制第四高等中学

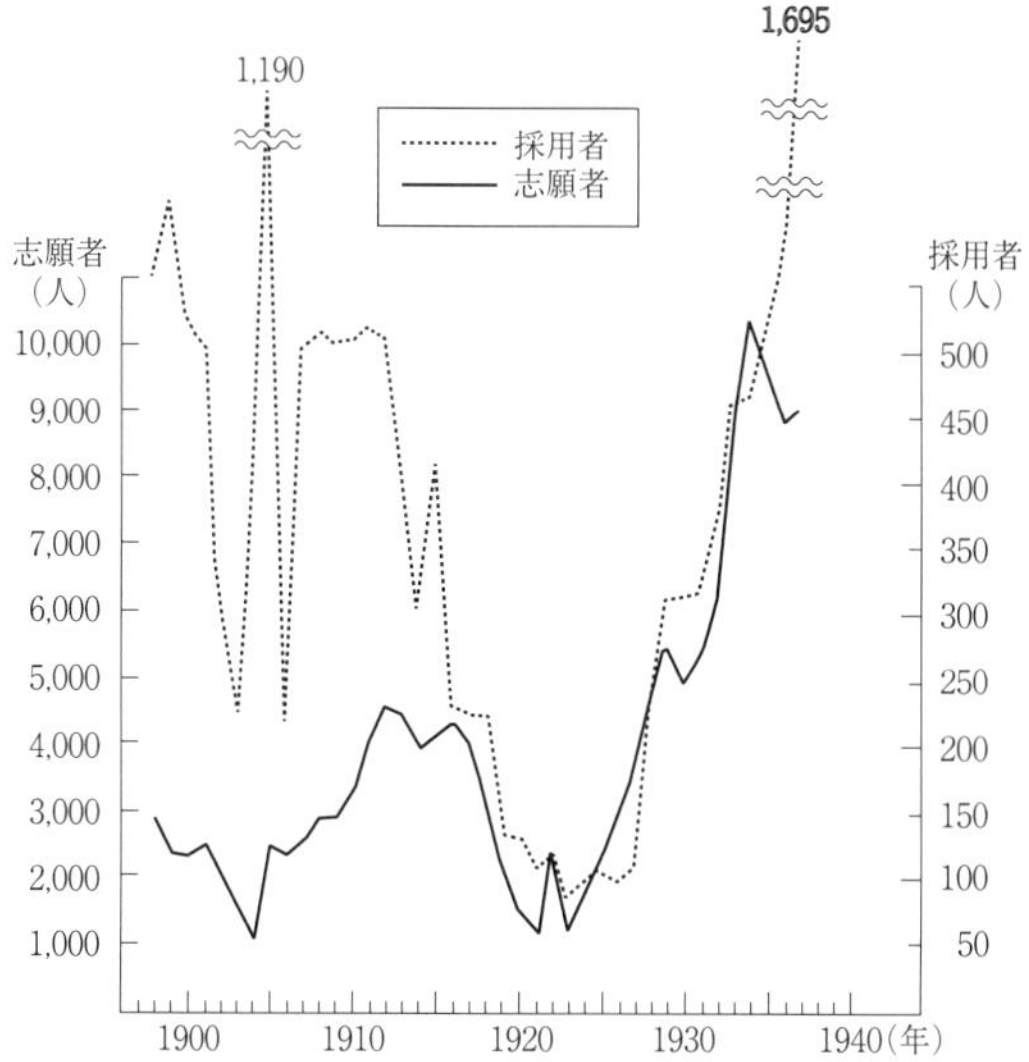

図1-1　陸士志願者・採用者数の推移

（出典）広田（1997：61）より作成。

校（現・金沢大学）時代に見聞した日清戦争を契機に、政治家（県知事）志望から軍人志望に転じ、陸軍士官学校に入学したことを紹介している。林の家はもともと加賀藩士の流れをくみ、伯父の一人が陸軍少佐として日清戦争に従軍し、戦況を林に詳細に伝えたためであるとされる。

さらに、**図1-1**に示したように、陸士志願者（実線）は一九〇四（明治三七）年の日露戦争開戦時から急増し、一九一二（大正元）年から一九一七（大正六）年にかけて第一のピークを迎えている。その後は軍縮ムードにあった一九一〇年代から二〇年代は、二〇〇〇人程度で推移していたが、一九二〇年代後半から四〇年代にかけて急増し、第二のピークを迎えている。また採用者（破線）も日露戦争（一九〇四年～）後から第一次世界大戦（一九一四年～）にかけては五〇〇〇人程度であったが、その後の軍縮期は一〇〇人から二〇〇人程度で推移する。これが急増に転じるのは、第一次（一九二七＝昭和二年）から第三次（一九二八＝昭和三年）にわたる山東出兵を中心に、日本軍の大陸進出が本格化する一九二〇年代後半である。広田（1997：61）によれば、陸軍幼年学校は日露・日清戦間期の一八九七（明治三〇）年に、それまでの東京一校体制から、仙台・名古屋・大阪・広島・熊本に陸軍地方幼年学校が五校増設され、東京と合わせて各校五〇名、計三〇〇名の採用となった。それでも競争率は四倍前後と、当時の旧制高等学校（二倍程度）より高く、東京高等商業学校（四倍前後）、東京高等工業学校（三〜四倍）に比肩するほどであった。その背景には、明治前期には地域的偏りがあった競争が、戦前期には全国化したこと、中学校生徒の増加によって志望者の社会的背景が拡大していったことがあるとされる（広田 1997：61-62）。

軍人アスピレーションの推移　そこで、一九七五年SSM調査における職業軍人アスピレーションの時代的変化から広田（1997）の指摘を確認してみよう。この分析をするにあたって、一九三二（昭和七）年以前の出生コーホートを**表1-2**にあるように三つに分けた。

まず戦前第一出生コーホートは一九〇六年から一五年生まれで、義務教育終了（一二歳）時は一九一八（大正七）年から一九二七（昭和二）年にあたる。この義務教育終了期までに起こった事件や政治の動きとしては、シベリア出兵と米騒動（一九一八＝昭和七年）、原敬内閣のもとでの国際連盟加入（一九二〇＝同九年）、普通選挙法公布（一九二五＝同一四年）などがあり、軍縮と大正デモクラシーの時代として特徴づけられるが、一九二五（同一四）年には加藤高明内閣のもとでの治安維持法の公布、翌年には田中義一内閣による第一次山東出兵など、のちの軍国主義へとつながる時代でもあった。

表１-２　コーホート別にみた職業アスピレーション

戦前第一（1906～15年出生）			戦前第二（1916～25年出生）			戦前第三（1926～32年出生）		
職業アスピレーション	度数	%	職業アスピレーション	度数	%	職業アスピレーション	度数	%
農　業	49	26.6	農　業	77	26.1	農　業	77	25.2
マニュアル	45	24.5	軍　人	53	18.0	軍　人	75	24.6
専　門	39	21.2	マニュアル	52	17.6	専　門	61	20.0
販　売	23	12.5	専　門	50	16.9	マニュアル	41	13.4
軍　人	10	5.4	販　売	32	10.8	事　務	33	10.8
管　理	9	4.9	事　務	26	8.8	販　売	14	4.6
事　務	9	4.9	管　理	5	1.7	管　理	4	1.3
合　計	184	100.0		295	100.0		305	99.9

（注）表１-１で自由回答をまとめた追加コードの職業については，以下のような分類をした。「技術者・エンジニア」「研究者」「教員」は専門，「製造業主」は管理，「公務員」「会社員・サラリーマン」「駅員」は事務，「商売・店を継ぐ」は販売，「職人」「工員」はマニュアル，「自由業」は分類不能として欠損値扱いとした。

これに対して、戦前第二出生コーホート（一九一六～二五年出生）は、義務教育終了時が一九二八（昭和三）年から三七（昭和一二）年の間であり、この時期は張作霖爆殺事件（一九二八＝昭和三年）に始まり、世界大恐慌（一九二九＝同四年）、浜口雄幸内閣のもとでのロンドン海軍軍縮条約調印と統帥権干犯問題（一九三〇＝同五年）の後、満州事変（一九三一＝同六年）、五・一五件（一九三二＝同七年）、国際連盟脱退（一九三三＝同八年）、二・二六事件（一九三六＝同一一年）を経て日中戦争（一九三七＝同一二年）へと次第に日本が戦争へと歩みを速めた時期にあたる。

最後に、戦前第三コーホート（一九二六～三二年出生）は義務教育終了が一九三八（昭和一三）年から四四（昭和一九）年にかけてであり、この時期には国家総動員法の制定（一九三八年＝昭和一三年）に始まり、ノモンハン事件（一九三九＝同一四年）、近衛文磨内閣のもとでの日独伊三国同盟の締結と大政翼賛会の発足（一九四〇＝同一五年）を経て、最終的にはアジア太平洋戦争の開戦（一九四一＝同一六年）と至る本格的な軍国主義体制の確立と戦争の時代であった。

表1-2には、この三つのコーホートごとに、職業軍人アスピレーションも含むアスピレーションの分布を職業大分類ごとに度数と比率で示した。[6] まず戦前第一コーホートでは、職業軍人志望者は五位（二〇人、全体の五・四％）であるのに対して、戦前第二コーホートでは二位（五三人、一八・〇％）、戦後第三コーホートでも二位（七五人、二四・六％）と、軍国主義体制が固まり、戦争に突入するにしたがって急増していることがわかる。これに対して、マニュアル（二位→三位→四位）[7]、販売（四位→五位→六位）を志望する者が順位を下げている。その一方で、「農耕・養蚕作業者」を志望する者はこの間、一貫して二割台で一位を保っており、農業層の家業継承への執着をみせている。また専門職も三時点を通じて四位以内に入っており、威信の高さを反映して戦前期をつうじて人気の高かった職業だった。

軍人アスピレーションの形成過程　もちろん、こうした職業軍人熱の高まりの背景には、家族や親族などの第一次集団をはじめ、文部省と陸軍省による青年教育に対する働きかけがあったことは間違いない。河野（2001：54）によると、まず徴兵検査前の社会化過程において、青少年は「重要な他者」（Mead 1934=1973）である家族や親族の影響をうける。この時代、父親もしくは親族には日露戦争での戦闘経験者が少なくなかった。そのことが戦前期の青少年に将校といった軍人への志望を植えつけた事例がみられるという。[8]

その後、社会化のエージェントとなるのは地域社会と学校教育である。河野（2001：29-34）によれば、日露戦争後の一九〇六（明治三九）年に採択された「帝国国防方針」は、この時期以降の日本の「近代的動員システム」の構築を急速に進めた。この時期の動員規模の拡大は、在郷軍人を中心とした予備兵力重視型の動員体制への移行を余儀なくさせた。その結果、現役歩兵の在営年数は三年から二年へと短縮されたが、このことは徴集率の増加に伴う徴集兵の質の低下をもたらした。また同時に予備兵力の戦時動員の効率を上げるために、平時における在京軍人の「練度」を維持することが新たな課題となった。そこで、陸軍が注目したのは、「在郷軍人組織」であり、これを官製の「帝国在郷軍人会」へと組織化しなおし、動員業務をはじめとする軍事行政を確立することであった。在郷軍人会の全国的な組織化は、一九一〇（明治四三）年から始まり、一九一二（大正元）年の規約改正によって兵役経験者の入会が義務化された。この規約改正によって、現役を終了した小学校教員が新たに在郷軍人会の正会員になることが定められ、義務教育と在郷軍人会が軍の支配下に入った。

さらに、徴集兵の質の低下に対応するため、「はじめに」でも述べたように、義務教育終了後の青少年を訓練する機関としての「青年団」も官製化されていった。

青年組織の再編成

義務教育と軍隊教育を連結させるという青年団組織は、のちに「青年訓練所」から「青年学校」へと次第に学校制度に統合されていった。その背後にはドイツの「青年ドイツ会」を理想とした田中義一の構想があったとされる。明治四〇年代には、地方青年組織は自然村秩序を担った「若者組」としての性格を弱め、国家秩序の一翼を担う「青年団」へと再編されていった。その際、従来の青年団の年齢構成（一五、六歳から四〇歳くらいまで）を徴兵制との連結を考えて、その上限を「最高二〇歳（徴兵検査の年齢）まで」と規制した。こうして田中は、「義務教育――青年団――軍事教育（兵役）――在郷軍人会」という近代的動員システムを完成させるに至った（河野 2001：30–31）。

この田中の構想を引き継ぎ、青年組織を改編していったのは、陸軍大臣の宇垣一成であった。宇垣は軍縮を進める一方「陸軍現役将校学校配属制度」と「青年訓練所」を創設した。これはいずれも軍縮によって余剰となった陸軍軍人の失業対策であったと同時に、学校教練修了者による一年志願兵制度の設立によって予備役将校の大量養成を可能にするものであった。この青年訓練所は、一九二九（昭和四）年の世界恐慌を機に実業学校への進学者が増えていったために、両者は統合され「青年学校」となった。この背景にあったのは、河野（2001：33-34）によると、「壮丁学力の低下」――すなわち徴兵検査を受ける青年の相対的な学力の低下であったという。兵器の進歩に伴い、機関銃だけでなく通信をはじめ距離や方位の計測などの技能が必要になったために、尋常小学校卒の知的レベルでは不十分となったので、義務教育終了後の非進学者に対して、入営までの期間に普通教育の機会を強制的に与える必要が生じた。青年学校制度はこうした軍の要求によって創設された。こうして一九三九（昭和一四）年度からの男子の青年学校義務化と兵役法改正によって、すべての男子は「近代的動員システム」に組み込まれていった。

こうして、河野（2001：54-56）によると、尋常小学校を卒業後、農業に従事していた青年は、軍事技能や知識の基本を青年学校で学んだ。他方、中等学校以上の教育を受けた者は、学校への配属将校による教練の評価がその後の軍歴に大きな影響をもち、たとえば入隊後、甲種幹部候補生になれるかにまで影響したとされる。

中等教育の制度改革

この時期の中等教育を中心とした学校制度改革に大きな影響をもったのは、「はじめに」でも触れたように、文部省普通進学務局の文部官僚から東京帝国大学の教育学教授に転じた阿部重孝であった（大内 2002）。彼は第一次世界大戦後の世界各国から総力戦以後の教育政策に関わる資料を収集し、まず一九一五（大正四）年から一九二〇（同九）年にかけて、文教政策の基礎となる膨大な「時局に関する教育資料」を三期に分けて作成・刊行した。その内容は、前期（一九一五年六月〜一七年六月）は、愛国主義教育思想・実践が中心で、第一次世界大戦が国民の動員を必要とする「総力戦」であったとの認識が示されている。また、同時に「理化学」の発展の重要性や、産業分野の計画化・合理化についての資料もみられた。

中期（一九一七年一〇月〜一九年三月）は、やはり合理主義的教育改革思想・政策の紹介が中心であった。すなわち、第一次世界大戦という総力戦によって、教育による国民意識の統一の必要性が明らかになったが、そのためには教育の機会均等すなわち全国民に均一な教育を施し、一人の例外もなく兵士または銃後の産業労働者として動員可能な「国民」とするために、教育に対する国庫補助による教育費の無償化、さらには義務教育の年限延長が論じられている。

最後に後期（一九一九年七月〜二〇年三月）の「時局に関する教育資料」は、アメリカを中心とする教育資料である。とくにアメリカの学校調査で用いられる統計的方法を紹介したうえで、統計調査の知見にもとづく教育の機会均等への施策の必要性が、「教育の社会化」すなわち「社会的安定を達成するために教育が「国民的統合」を促す社会的機能を果たすこと」（大内 2002：102）との観点から主張されている。こうして阿部は従来の教育哲学中心の観念的な教育学を、教育制度の実証的分析にもとづく「教育科学」へと転換していったのである。そして、彼の「教育科学運動」は、やがて国策研究会であった「昭和研究会」（一九三三年発足）の一部をなす「教育問題研究会」へと結実した(9)。

青年学校の義務化と教育財政改革　まず阿部が提唱した義務教育の年限延長についていえば、一九三〇年代（昭和初期）の重化学工業の発展により、産業界からだけでなく、政府の側からも義務教育の年限を尋常小学校六年、高等小学校二年の計八年へと延長が提起された。教育科学運動の拠点となった雑誌『教育』も、義務教育年限の延長を積極的に支援した。その後、一九三八（昭和一三）年の教育審議会による国民学校設置案の答申を経て、一九四一（昭和一六）年の国民学校令施行規則として結実し、義務教育八年間への延長が実現した。次に中等教育の拡大についてみると、第一次世界大戦以降、義務教育後の学校系統は、①旧制中学―旧制高校―帝国大学・専門学校（私立大学）、②実業学校や高等女学校などの中等教育機関、③初等教育の延長としての高等小学校、④勤労青少年のための実業補習学校といった複線的な階層構造をもっていた。

これに対して、一九二六（昭和元）年に陸軍省の要請によって兵役前の教練を行う「青年訓練所」ができたが、これは実業補習学校と同様、勤務しながら学ぶ学校であったため、この両者は、先にもみたように、一九三五（昭和一〇）年に統合されて「青年学校」となった。阿部が中等教育改革で注目したのが、大内（2002：113-117）によると、この「青年学校」であった。彼は中学校と青年学校をともに六年制（前後期各三年）とし、義務化するとともに、青年学校を中等教育に「格上げ」することを主張した。これによって、中等教育を大衆化・普遍化し、教育機会の均等化をはかることが阿部の狙いであった、とされる。その結果、一九三八（昭和一三）年には、中等教育と青年教育の境界が取り払われ、青年学校の義務化――ただし、男子のみ――が実現した。さらに、戦時下の一九四三（昭和一八）年の中等学校令では、中学校、高等女学校、実業学校が中等学校とまとめられることにより制度的共通化も進み、戦後の単線型教育制度への地ならしがなされた。

最後に、教育財政制度については、明治以来、地方に教育事業の費用負担が求められ、それが市町村の慢性的な財政窮乏を招いていたが、一九一八（大正七）年の市町村義務教育費国庫負担法が成立し、国庫による教育費の一部負担がスタートした。しかし、一九二〇年代後半の世界金融恐慌による地方財政の窮乏、一九三〇年代の軍事費支出の増大による行政費の削減（その結果、地方財政に対する国の委任事務が増大した）を背景に、阿部はこの市町村義務教育費国庫負担法を批判し、地方の教育費負担の現状を問題にして、教育費の全面的な国庫負担を主張した。教育費の国庫負担問題は、最終的には一九四〇（昭和一五）年の義務教育費国庫負担法の制定によって一応の決着をみたが、とくに義務教育の教員給与負担が都道府県・国に移されることで、市町村の財政負担は大幅に軽減されたという（大内 2002：117-119）。

職業軍人アスピレーションをもつ者の出身階層　こうした教育制度の変転を経験しながらも、昭和初期の青年男子は、「動員システム」（河野 2001）のなかで、未来の「兵士」に向けて社会化されていったが、そのなかでも特に職業軍人アスピレーションを形成した者はどのような出身背景をもつ者であったろうか。広田（1997：151-166）による陸軍士官学校生徒の出身階層に関する分析によれば、明治後半になると学力による将校選抜の導入により、そのリクルート基盤を農業層も含む平民層へと拡大させたが、昭和期には高等教育の拡大や企業・行政組織の整備により軍人の社会的威信が低下して、最上層の社会階層出身の子弟にとっては軍人は望ましい進路ではなくなった。その結果、陸軍士官学校生徒も急速に社会の中層部分の出身者によって占められていったとされる。他方、河野（1989a）による陸軍士官学校・海軍兵学校卒業者への郵送調査によると、一九二二年から四五年に旧軍学校を卒業した者では、戦時期になるほど全体として農家（従来「農業」と一括されてきた層のうち、地主・自作農が八割以上を占めた）の出身者が減少し、会社・商店経営者や会社員の子弟が増えていった、とされる。また河野（1989a：63）は、全体として将校出身基盤は、社会経済的地位の「中の上」に位置し、とくに海軍将校

表1-3　15歳時の父職ごとにみた職業アスピレーション　（%）

父　職	職業アスピレーション							合計（実数）	
	専門	管理	事務	販売	マニュアル	農業	軍人		
専　門	69.0	0.0	10.3	3.4	3.4	3.4	10.3	100.0	(29)
管　理	25.0	4.2	12.5	8.3	10.4	10.4	29.2	100.0	(48)
事　務	48.5	0.0	18.2	12.1	0.0	3.0	18.2	100.0	(33)
販　売	20.3	2.7	13.5	35.1	12.2	4.1	12.2	100.0	(74)
熟　練	16.7	2.6	12.8	11.5	30.8	5.1	20.5	100.0	(78)
半熟練	12.5	0.0	8.3	16.7	37.5	4.2	20.8	100.0	(24)
非熟練	13.3	0.0	6.7	6.7	53.3	6.7	13.3	100.0	(15)
農　業	11.8	3.3	7.9	4.4	10.7	47.7	14.2	100.0	(365)
軍　人	20.0	0.0	0.0	0.0	0.0	0.0	80.0	100.0	(5)
全　体	18.6	2.7	10.0	9.7	14.2	28.3	16.5	100.0	(671)

表1-4　父企業規模ごとにみた職業アスピレーション　（%）

15歳時父職規模	職業アスピレーション							合計（実数）	
	専門	管理	事務	販売	マニュアル	農業	軍人		
な　し	11.4	3.5	6.9	7.2	13.0	43.4	14.6	100.0	(376)
1-4人	26.7	3.0	14.9	20.8	14.9	5.0	14.9	100.0	(101)
5-449人	19.6	2.2	15.2	12.0	19.6	9.8	21.7	100.0	(92)
500人以上	25.0	0.0	18.8	9.4	18.8	6.3	21.9	100.0	(32)
官公庁	50.0	2.0	8.0	4.0	4.0	10.0	22.0	100.0	(50)
全　体	18.6	2.9	10.0	9.8	13.8	28.3	16.6	100.0	(651)

表1-5　15歳時暮らし向きごとにみた職業アスピレーション　（%）

暮らし向き	職業アスピレーション							合計（実数）	
	専門	管理	事務	販売	マニュアル	農業	軍人		
豊　か	22.6	4.3	13.0	13.9	9.6	17.4	19.1	100.0	(115)
ふつう	21.6	2.3	12.1	9.1	12.1	24.4	18.4	100.0	(430)
貧しい	14.0	3.4	5.5	9.4	20.0	31.9	15.7	100.0	(235)
全　体	19.5	2.9	10.3	9.9	14.1	25.6	17.7	100.0	(780)

（注）実際の選択肢は5段階だが，「非常に豊か」と「やや豊か」，「非常に貧しい」と「やや貧しい」を合併して3段階とした。

は中小企業経営者や管理職、専門職といった都市中産階層にその補充基盤を置いていたという。

　そこで、再び一九七五年ＳＳＭ調査データに戻って、本人一五歳時の父職ごと（ただし父事務職およびアスピレーション事務から「職業軍人」を区別）にみると（**表1-3**）、サンプル数の少ない父軍人の再生産率の高さを別にすると、父管理職で軍人アスピレーションがもっとも多く、熟練、半熟練といったマニュアル層が続いている。農業はこれらに比べると少なく、専門職の子弟は軍人への志望者がもっとも少ない。また父親の勤務先の規模からみると、官公庁や大企業が多い（**表1-4**）。このことは後にみるように、軍人志望がある種の「官途」あるいは組織志向のアスピレーションであった可能性も示唆する。また、一五歳時暮らし向きからみると（**表1-5**）、「豊か」になるほど志望者が増える傾向がある（「貧しい」では一五・七%に対して、「豊か」では一九・一%が軍人志望）。また、どの層でも軍人アスピレーションがみられるものの、「豊か」な層で軍人を希望する比率（一九・一%）は、専門職志望率（二一・六%）を下回るものの、農業（一七・四%）や販売（一三・九%）、事務（一三・〇%）などを凌駕《りょうが》している。このことから、軍人志望者は、社会の中上層を占めるとみてよい。

4　職業軍人志望者の教育アスピレーションと教育達成・職業達成

職業軍人志望者の教育アスピレーションと教育達成　一九七五年のＳＳＭ調査の分析（中山・小島 1979：295-302）によれば、教育アスピレーションの上昇は職業アスピレーションの上昇に伴って生じると考えられ、戦前生まれの世代でも義務教育以上の中等・高等教育へのアスピレーションを抱いてい

表1-6　職業アスピレーションごとにみた教育アスピレーション（%）

職業アスピレーション	教育アスピレーション									
	旧制高等小学校	旧制中学校・実業学校・師範学校・旧制高校・高専	旧制高校・高専	旧制大学	新制高校	新制短大・高専	新制大学	その他	希望なし	合計(実数)
専　門	1.0	24.2	21.2	32.3	0.0	1.0	16.2	1.0	3.0	100.0 (99)
管　理	11.1	27.8	16.7	22.2	0.0	0.0	5.6	0.0	16.7	100.0 (18)
事　務	0.0	42.1	5.3	10.5	15.8	5.3	15.8	0.0	5.3	100.0 (19)
販　売	3.1	43.8	6.3	9.4	0.0	0.0	3.1	0.0	34.4	100.0 (32)
マニュアル	20.0	34.7	11.6	2.1	2.1	0.0	1.1	2.1	26.3	100.0 (95)
農　業	30.3	35.1	4.9	0.0	2.2	0.0	0.5	0.0	27.0	100.0 (185)
軍　人	4.8	37.3	16.7	13.5	1.6	0.8	4.0	2.4	19.0	100.0 (126)
全　体	14.8	34.1	11.8	10.5	1.9	0.5	4.9	1.0	20.4	100.0 (574)

た者が七割以上いた。そして、この戦前期の高い教育アスピレーションをもたらした要因の一つが職業軍人という職業アスピレーションであったと考えられるという。というのも、戦時下においては職業軍人志望者を増加させることが当時の戦時体制の維持や戦争の遂行にとってとくに重要であり、先にみたように、そのための国家による働きかけが青少年組織になされ、実際に職業軍人を職業アスピレーションとする者が増大したからである。このことは同時に軍人養成機関への教育アスピレーションも高めた。戦前期の軍人養成機関としては、旧制中学程度に陸軍幼年学校・海軍甲種予科練、旧制高校程度に陸軍士官学校・海軍兵学校があるが、軍人志望者には旧制中学や旧制高校レベルの教育アスピレーションを抱く者が半数以上いた、とされる。つまり、戦時下の「皇民化」教育によって高められた軍人への職業アスピレーションは、結果的に戦前期の高い教育アスピレーションをもたらした、という（中山・小島 1979：300）。ただし、この知見では、軍人へのアスピレーションを抱いた者と、他の職業（たとえば他のホワイトカラー的職業）へのアスピレーションを抱いた

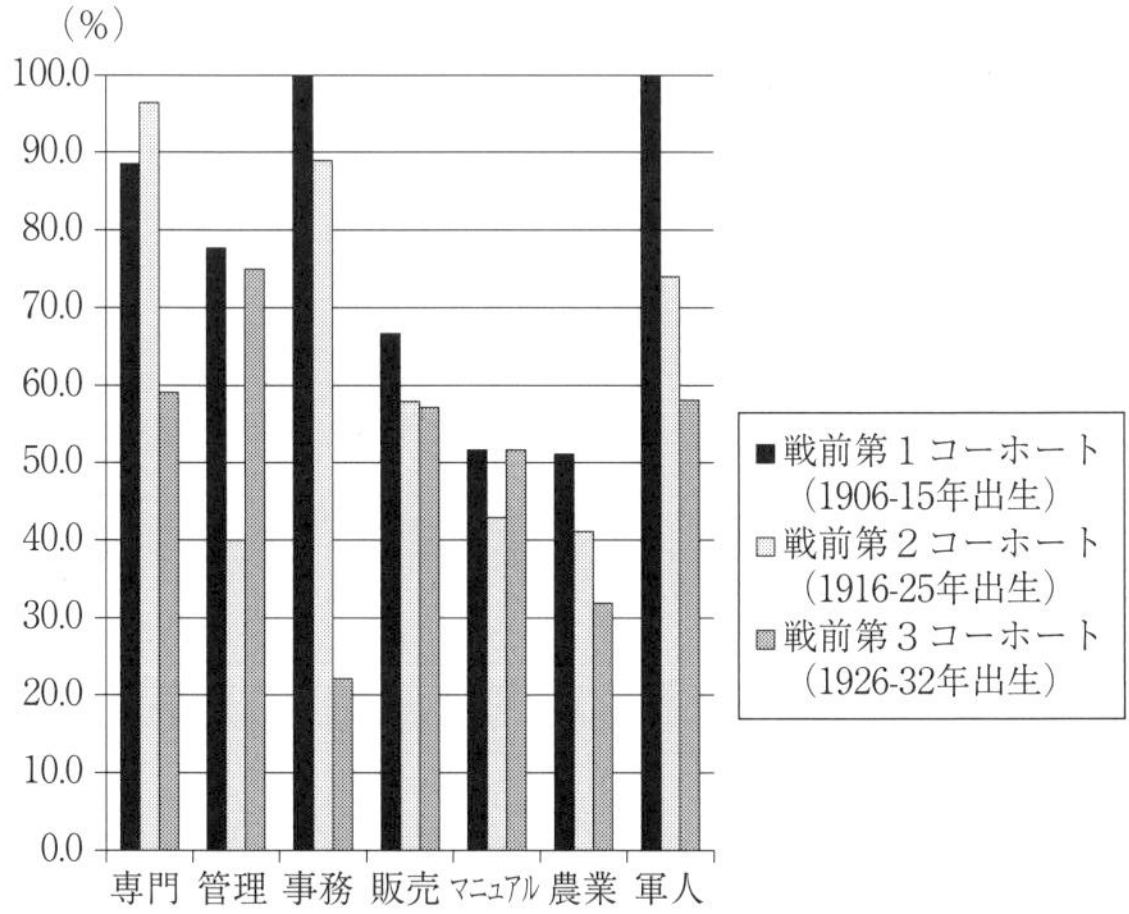

図１－２　職業アスピレーションごとにみた中等教育以上志望率

者との比較がなされていない点でさらに検討の余地はある。

そこで、教育アスピレーションを職業アスピレーションごとに集計してみると（**表１－６**）、旧制では中等教育以上（旧制中学校・実業学校・師範学校以上）を希望する者は、専門職志望者で七七・七％、管理職志望者で六六・七％いたのに対して、軍人志望者でも六七・五％と上層ホワイトカラー志望者とほぼ同じ水準にあった。このことからは、戦前期の高い教育アスピレーションをもたらした要因の一つが職業軍人というレーションをもたらした要因の一つが職業軍人という職業アスピレーションであったとする中山・小島（1979）の見解を確認することができる。

ただし、軍人アスピレーションをもつ者の教育アスピレーションは、戦争が深まるにつれ、低下する傾向がみられる（**図１－２**参照）。先に分けた三つのコーホート別にみても、職業軍人志望で旧制の中等以上の教育を希望する者は、戦前第一コーホート（一九〇六～一五年出生）の一〇〇％、第二コーホート（一九一六

表1-7　職業アスピレーションごとにみた最終学歴　（％）

職業アスピレーション	最終学歴										合計（実数）
	旧制尋常小学校	旧制高等小学校	旧制中学・実業学校・師範学校	旧制高校・高専	旧制大学・大学院	中学校	高校	短大・高専	大学・大学院	その他・学歴なし	
専　門	4.7	12.7	8.7	4.7	3.3	14.0	31.3	2.7	17.3	0.7	100.0（150）
管　理	16.7	16.7	11.1	5.6	0.0	22.2	11.1	0.0	16.7	0.0	100.0（18）
事　務	2.5	13.9	13.9	3.8	3.8	15.2	20.3	1.3	25.3	0.0	100.0（79）
販　売	2.9	10.3	10.3	8.8	0.0	16.2	35.3	0.0	16.2	0.0	100.0（68）
マニュアル	3.2	15.9	11.9	2.4	0.8	15.1	21.4	0.8	0.0	0.0	100.0（126）
農　業	5.9	10.3	14.3	4.4	3.0	15.8	29.6	2.5	14.3	0.0	100.0（203）
軍　人	4.3	15.2	11.6	4.3	0.7	15.2	33.3	0.7	14.5	0.0	100.0（138）
全　体	4.6	13.0	11.9	4.5	2.0	15.3	28.4	1.5	18.5	0.1	100.0（782）

〜二五年出生）の七四・〇％を経て、第三コーホート（一九二六〜三二年出生）の五八・一％に減少している。

他方、軍人志望者の実際の教育達成についてみると（**表1-7**）、軍人志望者で旧制の中等教育以上の教育達成をした者は、一六・六％と他の職業志望者（たとえば事務職志望者の二一・五％、販売職志望者の一九・一％）と比べると中位にある。また新制についてみても、高等教育以上の教育達成をした者は一五・二％と、専門職志望者（二〇・〇％）や事務職志望者（二六・六％）に比べると低い水準にある。このことからみて、軍人志望者は、教育アスピレーションの高さに比べて、とくに高い教育達成をしているということはできない。

職業軍人志望者の初職

他方、中山・小島（1979：321）はまた、職業アスピレーションと初職との関連から、職業アスピレーションで希望が多いにもかかわらず、実際初職で入職した者が少なかった職業を「希望職」とし、その代表として医師、裁判官などの専門職とならんで、職業軍人をあげている（職業軍人のアスピレーション実現率は初職で二・八％）[10]。職業アスピレーションで軍人をあげた者のうち、初職で他の職に就いた

表1-8　職業アスピレーションごとにみた初職　（%）

職業アスピレーション	初職								合計（実数）
	専門	管理	事務	販売	熟練	半熟練	非熟練	農業	
専門	31.7	0.7	24.1	5.5	14.5	7.6	4.8	11.0	100.0（145）
管理	0.0	5.9	29.4	17.6	11.8	11.8	5.9	17.6	100.0（17）
事務	4.6	1.5	38.5	3.1	18.5	10.8	4.6	18.5	100.0（65）
販売	0.0	0.0	17.9	47.8	13.4	9.0	1.5	10.4	100.0（67）
マニュアル	0.7	0.0	6.7	5.2	42.2	21.5	11.9	11.9	100.0（135）
農業	1.0	0.0	1.5	1.5	4.0	3.0	3.0	86.1	100.0（202）
軍人	8.2	2.2	26.9	9.0	15.7	11.2	7.5	19.4	100.0（134）
全体	8.2	0.8	16.3	8.8	17.0	9.9	5.8	33.2	100.0（765）

者をみると、事務職がもっとも多かった。ここから中山・小島（1979：323）は、軍人志望者は戦後、「官職志向の表れ」として事務職とくに公務員になった者が多かったのではないかと推測する。また二一％の者の現職が管理職であることから「戦前には上昇意欲の強い、比較的能力ある少年が職業軍人に憧れており、彼らは戦後成人して多く上級ノンマニュアル職に流れ、戦後三〇年を経た現在二一％の人々が管理職についているということが想像される」としている。またその一方で職業軍人志望者では、専門職や販売職が初職で少ないことを指摘し、戦前期には専門職の魅力が職業軍人にとってかわられていたこと、また軍人志望者の価値志向が販売職（商人）と相容れなかった可能性を示唆している。

そこで、**表1-8**で実際に職業アスピレーションごとに初職をみると、たしかに軍人志望者のなかでは初職で事務職に就いた者が二六・九％ともっとも多く、またその比率も事務職志望者（三八・五％）、管理職志望者（二九・四％）に次いでいる。軍人アスピレーションはブルーカラーというよりホワイトカラーに親和的な志望であったといえる。

また初職の従業先規模をみると（**図1-3**）、職業軍人志望者では小

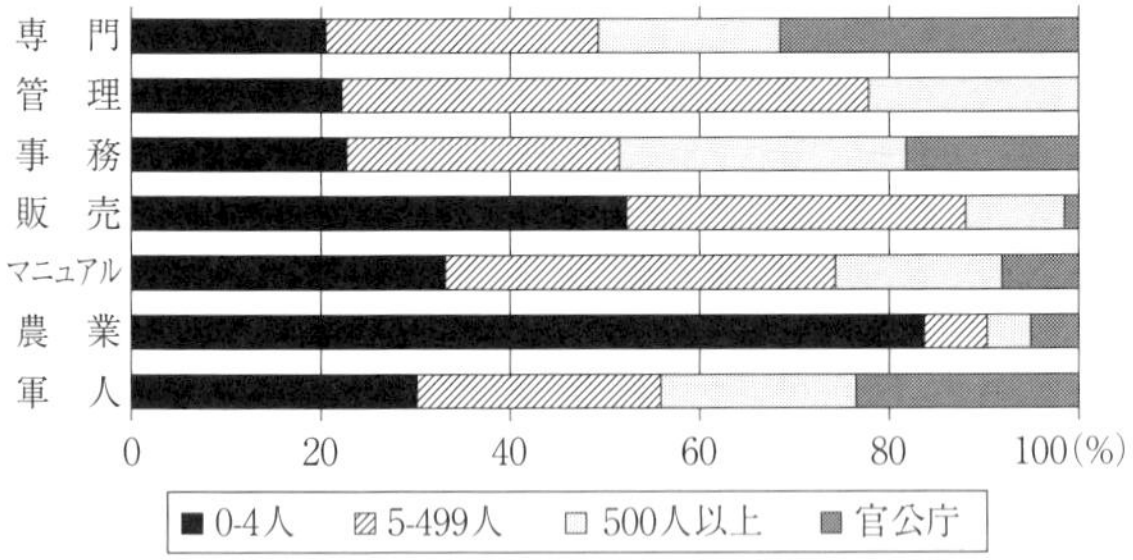

図1-3　職業アスピレーションごとにみた初職従業先規模

規模な企業（従業員数〇～四人）の従業者が三〇・一％ともっとも多いが、その一方で父職の場合と同様、官公庁に勤務する者の割合が二三・五％と、専門職志望者（三一・五％）に次いで多くなっている。このことからみても、軍人アスピレーションは、中山ら（1979）が指摘するように「官職志向の表れ」であった可能性が高い。なお、初職が官公庁勤務という者の仕事の内容を職業小分類レベルでみると（図表省略）、軍人志望者で実際に職業軍人になった四人の他は、一般事務員（九人）、会計事務員（四人）などホワイトカラー的職業が多い（二八人中二一人）。

職業軍人志望者の現職

次に現職についてみてみよう。**表1-9**は、戦前出生コーホートについて、職業アスピレーションと一九七五年時点での現職をクロス集計した結果を示した。一九七五年時点で一九〇六年から三二年出生コーホートは、四三歳から六九歳という働き盛りから引退期を迎えている。そのことも念頭に職業軍人志望者の現職をみていくと、中山ら（1979）の指摘どおり管理職が二〇・七％ともっとも多く、管理職志望者（三三・三％）や事務職志望者（二五・〇％）よりは少ないが、これに次ぐ高い水準にある。次に多いのは農業（一六・三％）であるが、これは家業継承によ

表１-９　職業アスピレーションごとにみた現職　（%）

職業アスピレーション	現職								合計（実数）
	専門	管理	事務	販売	熟練	半熟練	非熟練	農業	
専　門	25.0	19.7	16.7	6.8	13.6	4.5	0.0	13.6	100.0（132）
管　理	0.0	33.3	20.0	6.7	0.0	20.0	6.7	13.3	100.0（15）
事　務	9.4	25.0	26.6	6.3	6.3	6.3	4.7	15.6	100.0（64）
販　売	1.5	18.2	3.0	34.8	12.1	16.7	7.6	6.1	100.0（66）
マニュアル	2.5	8.2	8.2	9.0	26.2	14.8	9.8	21.3	100.0（122）
農　業	1.1	4.3	5.3	5.9	8.0	8.0	4.8	62.8	100.0（188）
軍　人	5.2	20.7	14.1	11.9	14.1	14.8	3.0	16.3	100.0（135）
全　体	7.2	14.5	11.5	10.4	13.3	10.7	4.7	27.7	100.0（722）

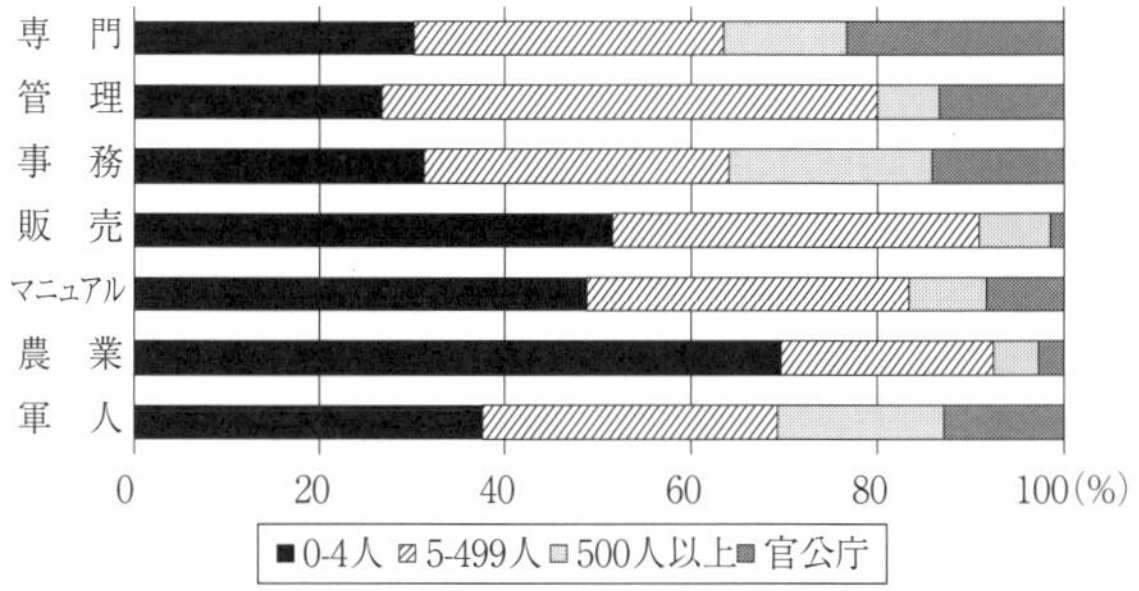

図１-４　職業アスピレーションごとにみた現職従業先規模

るものであると考えられる。また熟練職が一四・八％いるほか、事務職・熟練職にある者がいずれも一四％となっている。その一方で、専門職および非熟練職に就いた者は少ない。これらのことから、軍人志望者は壮年期には社会のほぼ中上層を占めたとみることができよう。彼らの壮年期は高度経済成長期にあたり、管理職や事務職といったホワイトカラー層として、日本社会の経済成長の推進において中枢的な役割を果たしたことが推測される。

また、**図１-４**には職業アスピレーションごとに現職規模を示したが、職業軍人志望者は五〇〇〇人以上の大企業に従業する者が一八％と、事務職志望者（二一・九％）に次いで多い。初職では、小規模な企業の従業者が多かったことを考えると、この間に彼らは大企業へと転職するという形で地位達成を果たしてきたと考えられる。また官公庁勤務の者も一二・八％と、専門・管理・事務職志望者に次いで多い。かつて軍人志望者で現在は官公庁に努めている者の居住地をみると、東京という者は三人のみで、あとの二九人は、いずれも地方在住であることから、彼らの多くは中央官庁の官僚というより、地方自治体などに勤務していると推測される。以上のことからみて、軍人志望者の戦後は、大企業や地方の官公庁の管理職を中心とした社会の中上層を占めていたのであり、中山・小島（1979：323）の言う「戦前には上昇意欲の強い、比較的能力ある少年」であった可能性を確認することができた。

5　職業軍人志望者の社会意識

階層・階級帰属意識　では、職業軍人志望者が、中山・小島（1979：323）の言うように、「戦前には上昇意欲の強い、比較的能力ある少年」であり、戦後は社会の中上層を占める存在であったとするならば、彼らは一九七五年の時点でどのような社会意識をもっていたのであろうか。まず代表的な階層意識である階層帰属意識および階級帰属意識からみていこう。

階層帰属意識については（図表省略）、「上」と「中の上」の合計を求めると、職業軍人志望者では二七・八％となり、管理職志望者三八・九％、販売職志望者三七・六％、および専門職志望者の三〇・八％より低く、農業志望者の二九・三％とほぼ同じ水準にある。また階級帰属意識（図表省略）でも「労働者階級帰属意識」をもつ者は七〇・四％と、農業志望者七六・四％よりは少ないものの、マニュアル

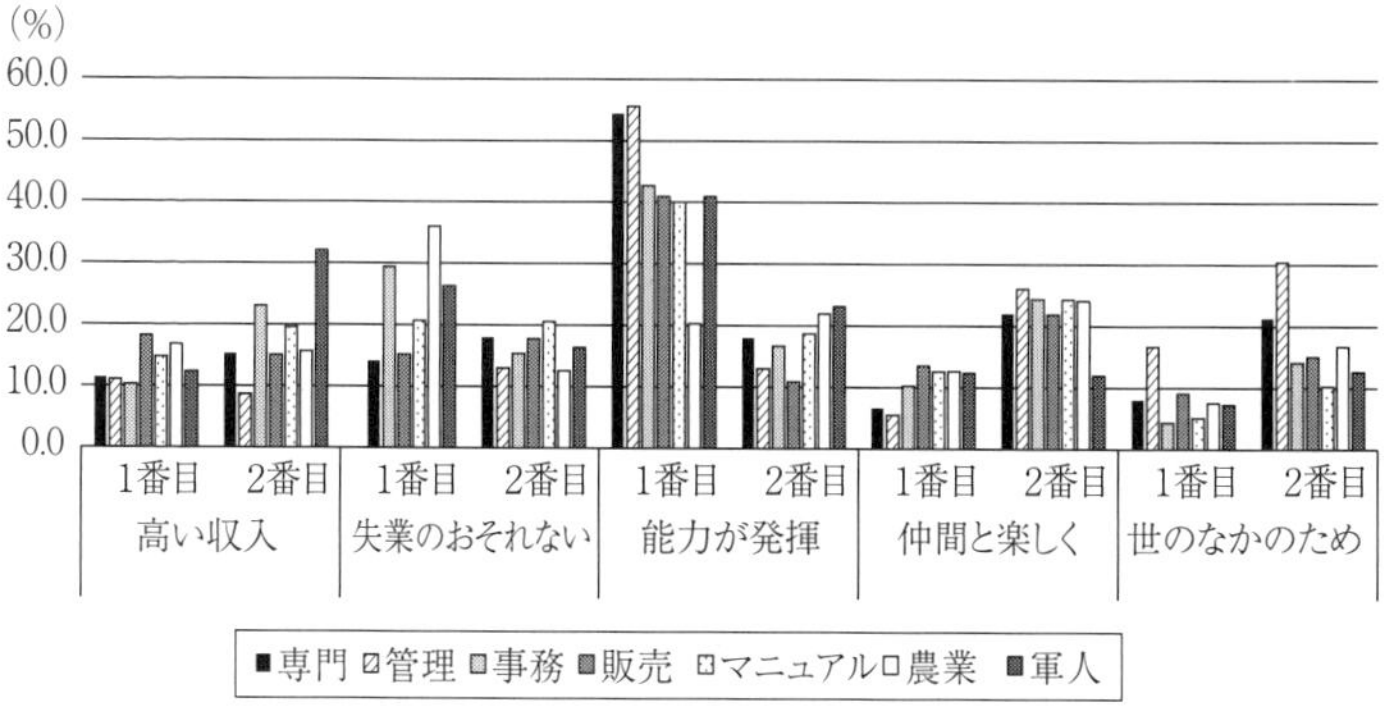

図1-5　職業アスピレーションごとにみた望ましい仕事（1番目と2番目）

職志望者と同じ水準にある。先に軍人アスピレーションをもつ者が官公庁・大企業の管理職を中心とした社会の中上層を占めると指摘したが、その割には彼らは階層帰属が低く、労働者意識が強い[11]。あるいはまた、階層帰属意識の低さや労働者階級帰属の多さは、彼らの地位達成アスピレーション（立身出世意識）が強いために、現状に満足できないことを意味しているかもしれない。そこで、彼らの職業意識をさらに探っていこう。

望ましい仕事の条件

まず、「望ましい仕事の条件」からみていこう。**図1-5**には各アスピレーションの保持者ごとに、もっとも望ましい仕事の条件、二番目に望ましい仕事の条件を集計した結果を示している。もっとも望ましい仕事の条件からみると、軍人アスピレーションを抱いた者が望ましい条件としてあげているもので、他に比べ相対的に多いのは、「失業のおそれがない仕事」（二六・三%で農業・事務に次いで三番目に多い）や「仲間と楽しくすごせるような仕事」（二一・四%で販売・農業・マニュアルに次いで四番目に多い）であり、際立って大きな特徴はない。これに対して、二番目に望ましい仕事に注目すると、「高い収入がえられる仕事」が三二・一%と他と比べてもっとも多い。また、「自分の能力が思いきり発揮できる仕事」も二三・一％と他に比べてももっとも多い。これに対して「世のなかのためになる仕事」は一二・七％と、専門職・管理職志望者に比べ明らかに少ない。もっとも望ましい仕事を「建前」、二番目に望ましい仕事を「本音」と考えるなら、軍人アスピレーションをもっていた者は、収入の獲得を中心とした「階層志向性」（片瀬・友枝 1990）すなわち立身出世志向が強く、社会貢献意識が弱いとも考えられる。そして、この背後には、広田（1997）が、陸軍将校に特有の思考回路とした「奉公・献身の恣意的解釈→欲望の潜入→献身行為への没入→結果としての欲望の充足」と通底する思考様式があったのかもしれない。

6　昭和日本とともに歩んだ世代のライフコース

職業軍人経験者のライフコース（一）

今回のデータ分析からみて、義務教育終了時に職業軍人というアスピレーションをもち、その後、初職で職業軍人を経験した者は四人いる。一九七五年時点の現職をみると、農業が二人あとは一般機械組立工、看守・守衛・監視人、が各一人ずつである。このなかから現職が非農業・非自営という者二人（一般機械組立工と看守・守衛・監視人）について、彼らの履歴と意識を追うことで、戦前期に軍人を志望した「軍国少年」の戦前・戦後を再構成してみよう。

まず最初の者は、軍縮期にあった一九一九（大正八）年、東京近郊の農家の一一人きょうだいの第四子として生まれた。子ども時代の暮らしむきは「非常に貧しい」ものであったが、性格は「小さい頃から、お山の大将になるのが好きなほう」であった。その後、高等小学校を卒業し（小学校卒業後は、家業の農業を手伝っていたと思われる)(12)、一九歳の時におそらく志願兵として職業軍人となった。そして終戦の翌年、二七歳で家業を手伝う形で農業をはじめた。その後、三二歳の時、官公庁で「看守・守衛・監視人」となっている。そして、四二歳で中小企業の一般機械組立工となり、現在もその職にとどまっている。また、その間、五〇歳の時、係長・主任クラスの役職には昇進している。現在の「勤め先」には「満足」しており、「仕事の内容」「収入」には「まあ満足している」が、「学歴」のみは「不満」である。ここには、戦時期の子だくさんの農家に育ったために、自分の思うような教育を受けられなかった悔しさが垣間見られる(ただし、教育アスピレーションは、「無回答」となっている)。ただ「生活全般」には「まあ満足している」という。「遊びでも仕事でも、やりだすと、とことん熱中して、まあまあものにするほう」で、「少し無理だと思われる位の目標をたてて頑張るほう」だ。また「リーダーになって苦労するより、のんきにひとに従っているほうが気楽でよい」とも考えていない。さらに「他人のめんどうをみるのが好きなほうで、他人から頼られる」。仕事でいちばん望ましいと思う条件は「世の中のためになる仕事」で、二番目に望ましい条件は「自分の能力が思い切り発揮できる仕事」である。「出世の条件」としては、努力をすることが一番だと考えている。自分の暮らし向きは「ふつう」で、階層帰属は「中の下」で「中産階級」に属しているとしている。

財産としては、別荘やスポーツ会員権、ピアノなどは持っていないが、家屋・宅地のほか、冷蔵庫、カラーテレビなどの家電製品、貸付信託を保有している。交際に関しては、地方議員とのつきあいは「かなりある」し、企業の経営者とは少しはつきあっているが、町内会・自治会の役員や大学の先生との付き合いは「ない」。また、職場の仲間・町内会、地域の人々に対しては影響力が「かなりある」。最近一年の間に映画を観に行くことや、芝居見物・コンサート・展覧会に出かけることが「かなりあった」。また、小説や歴史の本を読んだり、国内旅行に出かけたことも「少しあった」。支持政党は以前は社会党支持だったが、自民党を三七歳のころから支持している。個人収入は二〇〇万円くらい、世帯収入は六〇〇万円くらいとなっている。この者の場合、経済資本は豊かではないものの、社会関係資本は着実に蓄積してきたものとみることができる。

職業軍人経験者のライフコース（二）　これに対して、もう一人の者は、最初の者よりも四歳年下で、一九二三（大正一二）年に北陸地方の農家に生まれた。きょうだいは七人おり一五歳時で末子であった。一五歳時の暮らし向きは「ふつう」で、性格はやはり「小さい頃から、お山の大将になるのが好きなほうだった」。先の者と同様、子どもの時代から地位達成志向が強かったといえる。高等小学校卒業後、一四歳の時に志願して軍人となった[13]。そして、二二歳で終戦を迎え、規模五〇〇人以上の化学工業会社の会計事務員となっている。三〇歳の時、その会社の課長となった後、三八歳で従業員数一〇〇〇人以上の企業の化学工場で「看守・守衛・監視人」となり、現在に至っている。

現在の「仕事の内容」「勤め先」「収入」「学歴」および「生活全般」にはいずれも「まあ満足している」。先の者と同様、「リーダーになって苦労するより、のんきにひとに従っているほうが気楽でよい」とは考えていない。そして、「他人のめんどうをみるのが好きなほうで、他人から頼られる」ことが多い。仕事でいちばん望ましいと思う条件は「自分の能力が思いきり発揮できる仕事」、また二番目は「高い収入が得られる仕事」である。出世の条件としては、「学歴が高い」人、次いで「父の社会的地位が高い」人が出世しやすいと考えている。階層帰属は「中の下」で「中産階級」に属しているとしている。
財産は、別荘やスポーツ会員権、ピアノなどは持っていないが、家屋・宅地のほか、冷蔵庫、カラーテレビなどの家電製品のほか、応接セットやステレオを保有している。地方議員や町内会の役員とのつきあいは「かなりある」し、企業の経営者や大学の先生とのつきあいは「ない」。職場の仲間・町内会、地域の人々に対しては影響力が「かなりある」。支持政党は自民党を二三歳のころから支持している。個人収入は三五〇万円くらい、世帯収入は五〇〇万円くらいとなっている。

この二人はいずれも農家の非長子として生まれ、学校終了後、少年兵として志願し、退役後は下層ホワイトカラーもしくはブルーカラーとして職業世界に参入している。また地域社会への影響力もあり、財産も高級財の保有はないものの、宅地・家屋に加えて家電製品のほか、応接セットや金券なども保有しており、いずれも「中の下」意識をもっている。この一九七五年のSSM調査では、いわゆる「中」意識のメカニズムとして、地位の非一貫性が注目された（原・今田 1979）。それは、日本で「中」意識をもつ者が一様ではなく、多様であることを、クラスター分析を用いて明らかにしたものであった。その中で抽出されたクラスターⅣすなわち学歴・職業威信・所得は低いが、財産や勢力（地域での社会的影響力）が高い人々に、今回、取り上げた二人の「軍国少年」の軌跡は重なると考えられる。彼らは貧しい出身背景から少年兵を志願し、戦後はおそらくは軍隊経験で得た技能なり知識をもとに職業世界に参入し、その地位達成意欲の強さをバネに日本の高度経済成長を下支えしてきた人々であったと考えられるのである。森岡清美（1993：6）の表現を借りるなら、この世代（コーホート）は「一九三〇年代に軍国主義教育を受け、四〇年代前半に兵士となって死と再生を経験することにより、特色ある人間類型を形成した。そして、五〇年代の日本経済の復興を下支えし、六〇年代以降の高度成長を担い、七〇年代には各界のリーダーを輩出して低成長を切り抜けるために力を尽くし、昭和期閉幕のころには老年期に入った世代」であり、「昭和日本とともに歩んだ世代」と位置づけることができるだろう。

注

（1）この佐藤卓己（2004）の言にあるように、軍隊は職業技能を身につける場でもあった。「職業軍人とは教育者」であり、とくに平時は訓練や演習といった「教育活動」で生涯を終える。つまり、軍隊は「教育機関」であり、将校は戦場では指揮官でも、平時には一般人から徴集された者に主として軍事技術、通信技術などを教え、一人前の兵士に育てることを任務としていた（佐藤 2004：212-214，高田 2008b：32）。この佐藤（2004）の証言は、軍隊が教育機関としての魅力をもっていたことの証左ともいえる。なお軍隊の教育機能については、「コラム　教育機関としての軍隊」参照。

（2）佐藤（2004）によると、これまで鈴木庫三は、『中央公論』、『改造』をはじめとする雑誌等を弾圧した情報局情報官として、いわば「独裁者」扱いされてきた。佐藤（2004）は、新たに発見した日記等の史料から、彼が極貧の生活からも苦学を続け、東京帝国大学で軍人として教育学を学び、学会や言論界のネットワークを用いて、「教育の国防政策」を唱えた「ペンをもった教育将校」であったことを明らかにしている。

（3）ただし、職業アスピレーションに関する設問は、実は一九六五年SSM調査の補充調査として安田（1971）が東京で行ったTASI、TASⅡ調査にも社会移動意識の一部として含まれている。安田（1971：319-352）は、社会移動意識が一次元的でないことを主張し、クラスター分析によって勤労主義（能力主義）、自律主義、出世主義など八つのクラスターを抽出した。そして、勤労主義、自律主義、立身出世主義、自営業志向の四つのクラスターについて分析を行っているが、いずれも単純集計が中心となっている。

（4）実際は、義務教育は一九三八（昭和一三）年以前は尋常小学校六年まで、一九三九（昭和一四）年から一九四五（同二〇）年は高等小学校（国民学校高等科）の二年がこれに加わっているので、一二歳（一九三八年以前出生コーホート）もしくは一四歳（一九三九年以降出生コーホート）時点での回答になる。一九四五（昭和二〇）年時点で高等小学校の最終学年を迎えていたのは一九三一（昭和六）年生まれであったが、その翌年の一九三二（昭和七）年生まれ（一九四五年時点では一三歳）にも軍人アスピレーションをいだく者が一〇名、これが一九三三（昭和八）年生まれで二名、一九三四（同九）年生まれでは一名と激減する。これは実際のワーディングが「義務教育最終学年の頃」となっていたので、回答者が回顧する時期に幅をもたせたためであると考えられる。そこで、以下の分析では軍人アスピレーションが集中していた一九三二（昭和七）年以前出生コーホートを分析の対象とした。なお、中山・小島（1979：321）には職業アスピレーションとして「旧職業軍人」を選んだ者が一四三人と記載されているが、このなかには明らかに戦後に義務教育を終了した者が五人含まれている。今回の分析ではこの五人は分析から外している。

（5）この「予定調和」とは、広田（1997：403）も引いている作田（1972：86）の表現を借りると、①「家郷や郷党の期待」に応えるという「和合価値」、②「報恩の成果や修養の深化に満足」するという「充足価値」、③「仕事に励んでひとかどの人物になる」という「業績価値」、④その業績と地位達成によって「国家への奉仕」をするという「貢献価値」を統合するものであった。

（6）一九七五年ＳＳＭ調査のコードブックでは、旧軍人は大分類レベルでは「事務」に分類されているが、これを一つのカテゴリーとして独立させた。

(7) アスピレーションへの回答なので、実際の職業達成と異なり、威信の高い職業に集中する傾向があり（中山・小島 1979：311）、マニュアル職（熟練・半熟練・非熟練）を選ぶ者は少ない。一九七五年SSM調査では、分析対象となる戦前コーホートで、熟練志望者は九八人（一二・五％）いたが、半熟練志望者は三五人（三・一％）、非熟練志望者となると五人（〇・六％）と極端に少ないので、この三つの職業に対するアスピレーションは「マニュアル」へのアスピレーションとして合併して分析することにした。

(8) 河野（2001：54）によれば、アメリカでも第二次世界大戦中のアメリカ陸軍航空隊の兵士（爆撃機の搭乗員）に対する精神医学的調査によっても、戦争体験をもつ家族成員はその子弟を兵士へと強力に動機づける要因になるとの報告がなされているという。

(9) 大内（2002）によれば、こうした阿部らの教育科学運動に注目することは、もっぱら「愛国教育」による軍国体制の構築のみに着目する従来からの視点に疑義を呈することになるという。こうした視点からは、この教育科学運動が、二〇世紀の「国民」教育システムの基盤を「下から」の参加によって形成したことを軽視してしまうという。実際、阿部らが提起した教育科学による諸政策は、一九三〇年代から四〇年代に、義務教育の年限延長、中等教育の拡大、教育財政の整備という形で進められていく。

(10) 職業アスピレーションが職業軍人で実際になった者は五人（初職でなった者四人、第二職でなった者一人）で、またそれ以外のアスピレーションをもった者で職業軍人になった者が三人あり、一九七五年のSSM調査データには職業軍人経験者は合計八人いるだけである。なお、兵役経験者は三〇一人いる。

(11) その背景としては、この時期の労働運動の隆盛があったことも考えられる。軍人志望者の少なからぬ者が官公庁勤務であったが、自治労（全日本自治団体労働組合）は一九六〇年代後半、定年制導入反対闘争の盛り上がりなどから、それまで上部団体をもたなかった自治体職員の組合が自治労に加盟したことで、一九七〇年代には日本最大の単産になっていた。とくにこのSSM調査が行われた一九七五（昭和五〇）年の春闘では、インフレの激化するなか、台頭する「賃上げ自粛論」に抗して「官民一体のスト集中」（結局は事実上、崩壊したが）で中心的役割を担った（自治労運動史編纂委員会 1999：40-56）。一九七五年のSSM調査には組合加盟の有無に関するデータはないので何とも言えないが、こうした組合運動が階級帰属意識における「労働者意識」の高さに影響したことも考えられる。

(12)　戦前は、工業労働者最低年齢法の制定（一九二三年）により、一四歳以下の年少者は製造業に雇い入れることができなかった。尋常小学校の卒業年齢は一二歳であったから、学校終了後は家業（農業など）を手伝ってから製造業へと入職するのが一般的であった（苅谷 2000：19）。

(13)　戦前の志願兵制度としては、一九三〇（昭和五）年に創設された海軍予科練習生制度（予科練）が有名だが、志願できたのは、満一五歳から一七歳であった（吉田 2002：195）。しかし、実際にはそれより年少の者に対する志願兵徴募が国民学校を通じてなされていた。たとえば鈴木（2002）は静岡県磐田郡の一次史料（当事者への聴き取りも含む）をもとに、少年志願兵の徴募体制が成立していく過程を三期に分けて考察した。その第三期にあたる一九四三（昭和一八）年には、静岡県連隊区司令官より、国民学校長あてに、少年飛行兵志願者の年齢を満一五歳から一四歳に引き下げる通知が出されていた。

コラム　教育機関としての軍隊

勉強と試験の社会・軍隊

　軍隊が戦時下の国民各層にとって、多様な意味をもったことは、小松（1958a：1958b）によって論究されていた。小松（1958a：1958b）は、戦争経験者への聴き取りから、国家観や軍隊観、戦争観の形成過程を再構成している。それによると、労働者にとって軍隊の兵営生活は、「無償の食堂ないしは療養所」であったり、「よき学寮」（小松 1958b：106，傍点原文）であった。ある者は、一九三七（昭和一二）年の入隊でも軍隊で英語の学習ができ、四二（同一七）年の再召集の際にも二等兵から「マルクス主義の講義」を聞き、戦争や国家主義への懐疑を深めたという。しかし、このような事例は稀で、多くの者は戦争に対して積極的に参加するというより無批判的態度をとり、軍隊における教育は「訓練された政治的痴呆」（小松 1958b：119，傍点原文）とも呼ぶべき精神状態を作り出したという。ただし、軍隊教育がもたらしたものは、知識人と労働者では異り、労働者の多くが無条件の「国策協力」の態度を示したのに対して、知識人は「異常なほどの無関心」（小松 1958b：116，傍点原文）を示し、政治的に熱狂したのは開戦時の真珠湾攻撃の戦果が伝えられた時くらいであったという。

　また、軍隊は階級社会であったから、「兵営生活は勉強と試験の社会」であった。したがって、「特に上等兵への早期昇進が約束された模範兵」にとっては、軍隊は内務書などの教範類を私費で購入してでも勉強する「学校」であり、「尋常・高等小学校での学習から離れて久しい青年期において、非常にいびつではあるが、学力を回復し、向上させる役割も果たしていた」（荒川 2006：127-128）。

明治・大正期の軍隊教育の形成

こうした軍隊教育が近代日本の教育史、わけても「必任義務兵制確立」後の国民教育において果たした役割は、遠藤（1994）によって、学校制度や社会教育などとの関連も含めて、包括的に論究されている。それによると、一八八九（明治二二）年の徴兵令改正は、本格的な国民皆兵制を標榜しつつ、「必任義務兵制」を確立させた。その後、大正末期から昭和初期にかけては、現役将校学校配属（一九二五年＝大正一四）に象徴されるように、軍部は学校教育に対する支配を強めていった。そして、この時期、国民（ただし男子）のみが兵役義務を有して軍隊で教育を受けるがゆえに、軍隊教育も国民教育の枢要な部分であり、軍隊教育をもって国民教育が終了するという考え方が一般化したという。遠藤（1994：665）によると、この背景には、日本陸軍がフランスの平等主義な軍隊教育を退け、軍隊を国民の「学校」とみなすドイツの軍隊教育を受容していったことがあった、という。

この遠藤（1994）の研究を受けて、荒川（2006）は、「男性性」の形成という観点から、大正期から戦時中までの軍隊教育＝学校としての軍隊の変容を跡付けている。荒川（2006）は、内務書などに現れた歩兵の現役教育とともに、在郷軍人による社会教育を取り上げている。それによると、一九一八（大正七）年に改訂された『軍務内務書』に在郷軍人に関する規定が盛り込まれたが、これによって兵役経験者は退役後も「在郷軍人」という模範的人間として「規律化」されたという。こうした在郷軍人の地位の向上は、「地域と軍隊が連携した兵士の個人情報管理を一層強める」ことになったという（荒川 2006：116-117）。

しかし、この『軍務内規書』は、第一次世界大戦中から大正デモクラシー期の国民世論の変化を背景に大幅に改訂された。この改訂は、内務規則の緩和とそれにともなう兵士の自主性の尊重を特徴とするものであった。それは、フーコー（Foucault 1975＝1977）のいう「一望監視装置」を内在化した個人の自発的な自己管理と命令への服従を可能とにするものでもあった。フーコーによれば、監獄や学校と並んで、軍隊は規則を強力に内面化させ、それに自発的に服従する身体を創りだす装置であった。それによって、もっとも効率的に監視が機能することになる。

その後、何回かの紆余曲折を経るものの、一九二八（昭和三）年に改定された『歩兵操典』の審議過程では、第一次世界大戦における機関銃などの火器重視の戦闘への対応が迫られ、日露戦争後に確立した突撃至上主義への疑問がだされ、その一部は操典に反映された。しかし、荒川（2006：121-124）によれば、この改定された『歩兵操典』でも、基本的に突撃至上主義の原則は貫かれており、精神主義を第一に掲げる点でも、第一次世界大戦で明確になった総力戦時代の物量戦に対する日本の脆弱性を「精神主義で補う」ためであったとされる。しかし、精神主義だけでは戦勝できないことは明白であり、たとえば装備の不足を補うために強調されたのが、奇襲や夜戦であった。その後、満州事変後の国際的孤立化などを背景に一九三四（昭和九）年には『軍隊内務書』が新たに提案される。ここでは軍人勅諭に規定された天皇親率のもとでの軍隊の国家的役割に言及しつつ、天皇親率規定は「兵士に「必勝の信念」を確信させ、攻撃主義に駆り立てる道具立てとして新たに積極的意味」（荒川 2006：124）を付与された。

軍隊による社会生活の合理化

日本の軍隊は、こうした非合理的側面をもっていたが、その一方で社会生活の近代化・合理化にも貢献していた。とりわけ時間意識の涵養は、近代軍隊における用兵にとって重要な意味をもった。近代的な時間秩序が「生活の時計化」（真木 1981：270-272）にあるといわれるが、吉田（2002）によると、少なくとも北清事変（一九〇〇年＝明治三三）の時点で、下士官クラスまで腕時計を所有していたという。その後、日露戦争における機関銃の本格的な使用は、集中砲火によって死傷者が続出する事態を出来《しゅったい》させた。そのために、陸軍の第一線では分隊単位の行軍が必要となった。その結果、従来の将校に代わって分隊長（下士官）だけでなく散開隊形にある兵卒にも時計にもとづく判断能力を必要とさせた。さらに第一次世界大戦期にはあらかじめ定められていた時刻通りに攻撃を開始するために、時計が不可欠のものと認識されるようになった、という。こうした時計の普及は、鉄道の定時運行や工場の定時操業など、軍隊以外の世界にも広がっていった（橋本・栗山 2001）。

以上のことからわかるように、軍隊とは教育という潜在的機能（Merton, 1957=1961）を果たす「学校」であり、将校すなわち「職業軍人」とは教育者」（佐藤 2004）であった。将校は戦場では指揮官でも、平時には一般人に軍事技術、通信技術などを教えることを任務としていた。とりわけ、高田（2008b：32-36）は、軍隊が「女らしい男」を作る機関でもあったと揶揄《やゆ》している。というのも、兵役に就くのは男性だけであったから、とくに新兵は「女の仕事」とされた炊事・洗濯・掃除・裁縫など家事的な仕事を兵営——いわゆる内務班でするよう仕込まれたというのである。

軍隊経験の応用としての高度経済成長

しかも、こうした軍隊経験で学ばれたことは、戦後の日本の復興から高度経済成長へと受け継がれていった。たとえば、高度経済成長期の只中であった一九五六（昭和三一）年三月から「日本経済新聞」に連載が始まった「私の履歴書」のなかから、経済人だけを取り上げた『私の履歴書　経済人』（日本経済新聞社 2004）をみても、軍隊経験から最新の科学技術だけでなく経営のノウハウを学んだものは少なくなかった。とくに理科系の学生は、軍隊から兵器にそなわった最新技術を学んだ。たとえば、後に堀場製作所を創設した堀場雅夫は、京都帝国大学理学部物理学科在学中に徴用され、陸軍技術研究所のレーダー部門で、自爆用ロケットにとりつける電波探知機の開発に当たる。終戦直後、堀場は同研究所から資材を借り受け、京都の民家で「堀場無線研究所」を開設する。他方、文科系の学徒出陣者が軍隊から学んだことは二つのタイプに分けられる。一つは、戦争体験から経営における合理的戦略の重要性を学んだ者（たとえば、のちに東急グループの会長を務めた五島昇など）であり、もう一つのタイプは主計官や法務官として経営・法律の実務を文字通り実地で身につけた者（たとえば東京証券取引所理事長を務めた谷村裕は、戦争中、大蔵省官房から海軍短期主計士官になり、中国南部の海上封鎖作戦に従事し、糧食の補給や給糧船の運航計画に当たった）である。彼らにとって、戦争体験は、大学という場で学んだ知識や技能を戦争や兵站《へいたん》（糧秣や武器等の輸送・補給）、捕虜生活などという特異な状況で実践し、それが戦後の経営戦略や行政活動に少なからぬ影響を及ぼしていた。こうして、彼らは軍隊という学校で身につけた知識や技能を利用して戦後復興や高度成長を成し遂げるとともに、経済人として地位を達成していった経済エリート層である（片瀬 2015a）。これと対照的に、次章で扱うのは、高度経済成長を下支えした若者たちである。

第2章　集団就職者の高度経済成長

やがて日本社会は戦後復興を経て高度経済成長期を迎えるが、この時期、地方から都市部へと「集団就職」という形で多くの若者が移動した。彼らは、安価で可塑性のある労働力として、労働力不足にあった都市部の零細・中小企業に就職していったが、その背景には労働行政による新規学卒労働市場の制度化があった。それは、若者の職業選択の自由を犠牲にして、高度経済成長を支える労働移動を促進するものであった。

本章では、一九六五年と九五年、二〇〇五年のSSM調査データから「集団就職」世代にあたるコーホートを抽出し、初職とその入職経路、初期キャリアを跡付ける一方で、彼らが当時、社会や仕事に対して抱いていた意識を分析した。その結果、この時期、地方の中学校を卒業し、主として都市部の下層ブルーカラーに入職した若者たちは、失業の恐れがなく高い収入が得られる仕事を望み、劣悪な労働条件にあるにもかかわらず、職場に定着することを志向していた。ここには日本の「立身出世主義の底辺」とも言うべき「金次郎主義」を見出すことができる。日本の高度経済成長を下支えしたのは、都会でささやかな「中流」の夢を追い求めた地方出身の若者たちであった。

1　高度経済成長と集団就職の始まり

「Always　三丁目の夕日」　二〇〇五（平成一七）年一一月に公開され、その年だけで二〇〇〇万人をこえる観客動員数を記録した映画「Always　三丁目の夕日」（山崎貴監督）は、一九五八（昭和三三）年に、東京の下町の町工場・鈴木オートに、青森県の中学校を出たばかりの星野六子（堀北真希）が集団就職してくるところから始まる。彼女は、大企業に就職できると期待して上京したが、上野駅から連れて行かれた町工場の零細な鈴木オートに内心、失望する。他方、雇用主の鈴木則文（堤真一）も、六子の履歴書の特技の欄に記載された「自転車の修理」を「自動車の修理」と勘違いして採用を決めたのである。

青森から戦後初の就職列車が発車したのは、しばしば一九五四（昭和二九）年とされる（加瀬 1997 など）が、山口（2004）はこの説を当時の地元紙の記事などをもとに再検討した結果、実際には「集団就職」すなわち「広域的職業紹介制度と計画的輸送制度」の統合によって成立した「新規学卒者の制度化された大規模な労働移動」は、すでに戦時期の計画経済下にその萌芽があり、それが高度経済成長期に「ローカル労働市場の広域的労働市場への制度的統合」として再編成されたものであるという。「集団就職」は戦争の遺産だったわけである。山口（2004）によれば、青森県が東京を中心とした広域労働市場に制度的に統合され、県外からの求人数が増加し始めるのは一九六〇（昭和三五）年以降であるという。序章で触れたN・Nが、希望を抱いて青森を発ったのは一九六五（昭和四〇）年であった。

集団就職と中小企業の「近代化」

他方、こうした「集団就職」が広域的に推進された背景にはまた、労働力需要地である都市部に着目すると、日本の中小企業を「近代化」するという政策的意図があったとみることもできる。実際、小川・高沢（1967=2001：1-2）によれば、当時の労働省の文書「集団求人方式――中小企業の労務充足のために」（一九六二年）には、集団就職の「意義とねらい」について「⑴業種別団体、または地域別団体等の中小企業主により組織された団体がその団体に加入している事業主における労働条件を協定し、かつ単に協定するだけでなく、それを向上せしめること。⑵この協定された労働条件を団体で保障することによって確保すること。⑶以上の措置により中小企業を新規学卒者に適した職場にすること」（傍点、小川・高沢）とされていたという。すなわち、高度経済成長によって人手不足になった中小企業に対して、新規学卒労働者の紹介を誘因として、雇用慣行や労働条件の「近代化」を政策的に推進しようとしたとみることもできる。

こうした状況も踏まえて、加瀬（1997：145）は、求人側（雇用主）の条件を重視して「集団就職」を次のように定義する。すなわち「都市部において大企業との求人競争で遅れをとらざるをえなかった中小企業、家族経営などが、地域的にまとまった求人活動＝「集団求人」を行い、求人コストを節約し、求人情報を共有するとともに、相互の採用条件を等しくして、一括採用に近い状況を作り出し…（中略）…、職業安定所や行政の支援も得て、求人競争力の補完をはかった行動」の所産が、「集団就職」である。この定義によれば、「集団就職」は、大企業の求人によるものというより、都市部の中小企業、零細な家族経営が求人難を解消するために、地域別または業種別の団体を形成し、労働条件・雇用慣行の近代化をはかりつつ、かつ地方の新規学卒者を効率的に採用するために職業安定行政と緊密に連携しながら行った求人活動の所産とみることができる。この点では「Always 三丁目の夕日」で六子の就職先が家族経営の「鈴木オート」であったことは、こうした歴史的事情をおさえているとみることができる。

2　高度経済成長期における新規学卒労働市場

安価で可塑性が高い地方出身の新規学卒労働者

この時期、すなわち一九五〇年代から六〇年代の日本社会は、高度経済成長と呼ばれるように、急速な産業構造の変動と雇用者の増大、およびそれに伴う労働人口の広域的な移動を経験した。この戦後最大の日本社会の変化は、「集団就職」に代表されるように、農村から都市に向かう若年労働者の移動によって実現されたのである。そのなかでも新規学卒者の就職移動の果たした役割は大きい（氏原・高梨 1971）。とくに「安価で、かつ適応力の高い若年労働力が、製造業を中心に労働市場に大量に供給されたことこそが、日本の高度成長を支えた重要な条件である」（菅山・西村 2000：65，菅山 2011：338）といえる。また新規学卒の若年労働者は結婚して家族形成をしていないので、この点でも広域的な労働移動にとって好都合であった。

中安（1978：56）によれば、この時期「新規学卒者として非農業に就業した人たちは、出身が農家でも非農家でも、それによって就業条件に差がつくことは少な」く、「中高年になってから、農業から非農業へ移った人々の場合のようなハンディキャップを持っていな」かった。これに対して、中高年の離農者の場合、事情が異なる。すなわち「工場労働者などの場合、農業からの転職者の賃金は、同年齢同

表2-1　新規中卒者の求人倍率等

	求人倍率		就職率		充足率	
	男　子	女　子	男　子	女　子	男　子	女　子
（年）	（%）	（%）	（%）	（%）	（%）	（%）
1950	0.47	0.67	37.5	50.3	79.2	75.4
1951	0.82	0.94	57.7	70.9	70.8	75.2
1952	1.10	1.05	63.2	65.5	57.6	62.3
1953	1.30	1.25	71.3	74.7	55.0	59.9
1954	1.41	1.30	75.7	81.0	53.4	62.5
1955	1.18	1.01	73.3	75.4	62.2	74.5
1956	1.04	0.93	70.0	72.2	67.5	77.3
1957	1.25	1.11	74.4	77.6	59.4	69.8
1958	1.28	1.15	71.7	75.1	56.0	65.0
1959	1.25	1.15	73.9	77.9	59.0	67.8
1960	1.90	1.99	81.4	87.1	42.9	43.7
1961	2.78	2.70	83.3	87.3	29.9	32.4
1962	2.90	2.94	82.8	88.7	28.5	30.1
1963	2.54	2.71	82.8	89.7	32.6	33.1
1964	3.41	3.76	87.6	93.3	25.7	24.8
1965	3.58	3.86	89.3	94.8	25.0	24.6

（注）1．労働省『労働市場年報』より算出。
2．求人倍率＝求人数/求職者数
就職率＝就職者数/求職者数
充足率＝就職者数/求人数
（出典）（加瀬 1997：65）より改編して転載。

学歴の長期勤続者の賃金と格差がある」だけでなく、新しい技術への適応力も劣るため「不熟練労働者として、労働市場に登場することになる」（中安 1965=1995：148）。こうしたハンディキャップをもたない（逆に言うと安価で可塑性・訓練可能性が高い）地方出身の新規学卒労働者は、都市部の労働市場において選好された。「高度経済成長下の技術革新をてことした新たな設備投資は新しい技術への適応性の高い人々を安上りに求めて、非農業部門から、若い人々への労働力需要が殺到することになった」（中安 1978：68 傍点原文）。こうして安価で可塑性・訓練可能性が高い地方出身の新規学卒労働者（とくに中学卒業者）を、都市部の労働市場は求めたのである。

新規中卒労働市場の変容

表2-1は、高度経済成長の前期すなわち一九五〇（昭和二五）年から一九六五（同四〇）年について、新規中卒労働市場の状況を示したものである。

この表によれば、一九五〇年（昭和二五）年、五一（同二六）年は男女とも新規中卒者への求人倍率は一倍を下回っていたが、一九五二（同二七）年以降は多少の漸減も含みながら上昇しつづけ、一九六四（同三九）年以降は男女とも三倍を超えるに至っている。まさに中卒労働者が「金の卵」といわれた時代である。しかも、一九六四年頃は就職率も男女とも九割前後を記録し、中卒でも求職者のほとんどが就職できた。その一方で、充足率をみると六四年以降は二五％前後まで落ち、求人側では求人しても充足できないという慢性的な人手不足の時代を迎える。こうした人手不足は、わけても中小・零細企業で深刻であったから、「集団就職」という形をとって、地方から都市部へと若年労働者の移動が起こった。

表2-2は、高度経済成長期の真っ只中とも言うべき一九六五（昭和四〇）年三月の中学・高校卒業者のうち、県外に就職した者の比率を県別に（上位二五県のみ）示している。

これによると、青森や宮城といった東北六県の中卒者の県外就職率はいずれも男子で三六％から五〇％程度、また女子でも四五％から六〇％程度で、一二位から二三位の間に位置している。そして、むしろ鹿児島や宮崎、島根や鳥取といった南九州や山陰地方の方がより多くの県外就職者を輩出していることがわかる。また、高校卒業者の県外就職率も、これと同様の傾向を示し、男子では鹿児島や島根で七割を超し、女子では島根と鹿児島が六割前後という高率となっている。加瀬（1997：77-78）によれば、「西日本諸県は農業に就業する者も少なく、跡取りに対する家族的拘束も限られていたので、地元に労働市場がない場合には躊躇せずに県外に就職したのに対して、東北地方では耕地規模が大きかったので

表2-2　中卒・高卒者の県外就職率
（1965年3月卒業生・中卒男子県外就職率順に上位25県）（%）

		中卒者		高卒者	
順位	県	男子	女子	男子	女子
1	鹿児島	74.5	89.0	78.7	56.8
2	島根	66.9	76.1	73.5	60.1
3	宮崎	60.0	75.7	65.4	37.9
4	鳥取	59.1	62.7	57.9	40.8
5	大分	56.7	66.1	64.8	37.3
6	高知	56.4	68.1	52.8	35.2
7	長崎	55.1	72.4	59.4	33.8
8	熊本	54.3	65.5	60.0	30.5
9	佐賀	53.5	54.2	66.8	41.4
10	徳島	51.1	49.6	61.9	43.6
11	愛媛	50.6	52.2	60.3	32.2
12	秋田	49.8	63.4	55.2	41.7
13	岩手	45.5	59.9	52.0	40.6
14	福島	45.5	45.7	58.1	37.3
15	山口	44.0	64.3	52.8	25.3
16	山形	41.6	51.0	59.0	39.3
17	香川	40.9	42.2	53.0	24.5
18	山梨	39.5	28.4	64.5	44.3
19	栃木	38.5	34.3	46.1	33.9
20	茨城	37.6	42.3	45.4	39.3
21	新潟	37.5	43.1	43.7	33.4
22	青森	36.7	50.4	47.6	27.0
23	宮城	36.7	55.4	41.1	26.4
24	三重	36.2	25.8	50.2	25.3
25	岡山	36.0	25.8	48.9	28.1

（注）文部省『学校基本調査』より作成。
（出典）加瀬（1997：76）より改編して一部転載。

（したがって、人手がそれだけ必要だったので）、農業従事者が相対的に多く、直系家族維持の規範意識も強かったから、県外流出は限られていたと解釈される」（（　）内原文）という。
　こうした若年労働力の移動により、一九五五（昭和三〇）年から一九六五（同四〇）年の一〇年間で、都道府県間で年齢別人口構成は大きく変わった。加瀬（1997：38）は、一九五五（同三〇）年の国勢調査における一〇

表2-3　出身地域別・就職先企業規模別の新規学卒者数割合　(%)

			～29人	30人～	100人～	300人～	500人～	計
1964年3月卒業者	中卒者	都内出身	3.3	13.4	22.6	13.8	46.9	100.0
		地方出身	30.6	26.9	19.7	6.4	16.4	100.0
		合計	20.7	22.0	20.7	9.1	27.5	100.0

(注)『東京労働』396号より算出。
(出典)　加瀬 (1997：98) より改編し転載。

～一四歳人口と一九六五(同四〇)年の二〇歳から二四歳人口を都道府県別に比べ、一〇年間の若年人口の増減率を算出している。それによると、この間、東京では男子で一三〇・五ポイント、女子で八九・六ポイント、神奈川では男子九三・三ポイント、女子六〇・一ポイント、また大阪では男子九五・一ポイント、女子七七・九ポイントも若年人口が増加しているのに対し、東北では秋田・福島・山形で男子が五〇ポイント以上、女子が四〇ポイント%以上、また鹿児島では男子が六六・六ポイント、女子が五三・三ポイントも減少している。こうして九州・東北といった周辺地域から都市部の工業地帯へと大量の若年人口が移動したのである。

集団就職者の周辺的位置づけ　しかし、地方から都会へと移動した若年者は、都市部においても「周辺的」な位置を占めざるをえなかった。**表2-3**には、東京オリンピックが開催された一九六四(昭和三九)年の三月に東京に就職した中学卒業者を都内出身と地方出身に分けたうえで、就職先企業の規模別にその比率を示したものである。この表からは、都内の中学卒業者の六割以上が従業員規模三〇〇人以上の大企業に就職しているのに対して、地方出身者は規模二九人以下の零細企業に入職している者が三割ほどいることがわかる。つまり、この当時は同じ中学卒でも出身地域により入職できる企業の規模に大きな差異があり、地方出身者は日本企業の「二重構造」において周辺部を占める中小企業に集中する傾向にあった。

　産業化と都市の階層化に関するリプセット＝ベンディックスの仮説（Lipset and Bendix 1959=1969：193-213）によれば、都市出身者（一〇代を都市で過ごした者）は、農村や地方の小都市出身の者より社会的上昇が容易である、という。とくに地域間の学歴格差により、都市部ではブルーカラーを農村部や小都市（場合によっては移民）から補充し、ホワイトカラーを都市内部で確保するとされる。この仮説は日本では戦間期の東京には当てはまらないが、戦後の東京には当てはまるとされてきた（佐藤（粒来）2004：217-218）。すなわち、佐藤（粒来）（2004）は、一九六〇年の東京ＳＳＭ調査データ[1]を分析することで、東京という都市が東京出身者と地方からの流入者の階層分化を伴いつつ成立したことを明らかにした。それによると、一九五〇年代は戦間期に進学率が停滞していた農民層や都市自営業層でも進学率が上昇し始めたが、農村部では高校までが限度であったのに対して、都市自営業層では大学・短大と、都市部の高学歴化が先行していた。その結果、戦後世代では上層雇用労働者の過半数を東京出身者で充足でき、高学歴化が進まなかった農村部からの流入者は下層雇用労働者になった。こうして、佐藤（粒来）（2004：218）によれば、この時期、学歴を媒介に地方出身者と東京出身者の初職に格差が生じた点で、日本の高度経済成長期には、都市の階層化に関するリプセット＝ベンディックスの仮説（Lipset and Bendix 1959=1969：193-213）が成立するという。同様に倉沢（1968）もリプセット＝ベンディックスの仮説をもとに、都市流入者の出身背景などを検討し、地方出身者でも高学歴の者は、都市出身者と互角のキャリアを積んでいるが、低学歴の場合は同じ学歴水準の東京出身者に比べて、不利な地位達成――中小企業の販売・マニュアル職への入職にとどまっているという[2]。

さらに加瀬（1997：100-103）によれば、その背後には、こうした学歴の地域間格差に加えて、企業の側に「通勤労働力への選好」があったという。というのも「親元に居住する通勤労働者が最も労務コストがかからない」からである。具体的には寄宿舎や寮・社宅等を建設し、それを維持する必要がなく、また親元を離れた年少者の生活面での面倒に対応する体制をとる必要もなかったのである。そのため、まず大企業は都会出身者から若年労働力を補充していき、それでも不足した場合に近隣の農山漁村で労働力を求めていく。これに対して、有利な労働条件を提示できない中小企業や零細企業は、より遠隔地の地方へと、同業者組合などを介して「集団求人」を余儀なくされる。そして、零細企業では寮などは準備できないので、経営者家族の家屋に住み込みで働かせる――「Always　三丁目の夕日」で描かれていたのは、こうした「集団就職」の典型的な姿であった。

他方、こうした新規中卒労働者が参入した労働市場にはどのような変化があっただろうか。加瀬（1997：78）によれば、一九五一（昭和二六）年から一九六五（同四〇年）年まで、中卒就職者の入職先の変化を産業別にみると、農業への入職が男子では四八％から七％（実人数で約二〇万人～二万人強へ）、女子では五〇％から五％（同約二〇万人～一万人強）へと激減している。そして、製造業への入職が、男子では二七％から六一％（実人数で一一万人から二〇万人弱）へ、また女子では三〇％弱から六三％（同一二万人～一九万人）へ、サービス業が六％から一七％（同二万人～五万人）へと急増している。新規学卒者の入職先は、この時期、農業から非農業（製造業・サービス業）へと転換したのである。

3　若年労働力移動の制度化

学校と職業安定所の「制度的リンケージ」

こうして、一九五〇年代から六〇年代にかけて若年労働力の広域的で大規模な移動を可能にしたのは、学校と職業安定所からなる「制度的リンケージ」(Kariya and Rosenbaum 1995）によるジョブマッチングであった。苅谷（2000：19）によると、まず戦前は工業労働者最低年齢法により、一四歳以下の年少者は製造業に雇い入れることができず、また一六歳未満の者には就業制限がかけられたのに対して、当時の尋常小学校の卒業年齢は一二歳、高等小学校は一四歳であったから、学校終了後は家業（農業など）を手伝ってから製造業へと入職する就職パターンが一般的であった。これに対して、戦後になって一五歳が卒業年齢となる新制中学までが義務教育化された。この義務教育年限の延長は、結果的に戦後の労働基準法の制定とあいまって「新制中学校の卒業者が、卒業と同時に製造業の基幹労働力となるための必要条件を整備した」（苅谷 2000：20）。すなわち、戦前は複線型であった教育制度が戦後、単線型に統一されることによって、「一五歳という同年齢で卒業生が大量に社会に輩出されるという前代未聞の事態」（菅山・石田・苅谷 2000：274）が生じたのである。このため、当時の職業安定行政は大量の若年失業者が都市部に滞留することを恐れ、また新制中学校がその卒業生を職業へと間断なく移行させることができるか危惧した。

実際、新制中学校が最初の卒業生を社会に送り出すのは一九四八（昭和二三）年三月であるが、その四ヶ月前の一九四七（昭和二二）年一二月に、ＧＨＱの指導のもとに制定された職業安定法が施行されている。この職業安定法では、「職業選択の自由」の実現と同時に、職業安定所が適切な職業斡旋をつうじて「工業その他の産業に労働力を充足し、…（中略）…経済の興隆に寄与すること」が目的とされていた。そして、公共職業安定所が労働大臣の直属機関とされ、労働省（当時）職業安定局が全国で統一的な職業斡旋を行うことが定められていた。ここでは二つの異なる原理、すなわち一方では個人の「職業選択の自由」や労働者の保護、他方で国家的な「産業振興」という異質な原理のせめぎあいが先鋭化していた。その背後には、菅山ら（菅山・西村 2000，菅山 2011）によれば、広域的な職業紹介の問題であった。というのも、職業安定法は職業安定所が行う職業紹介を基本的に求職者の通勤圏に限定するよう定めていたからである。その背景には、とくに弊害が多かった戦前の繊維産業における女子工員の遠隔地募集を念頭に、GHQの指令によって労働者保護の観点が同法に盛り込まれていたことがある。

新規学卒労働市場における広域的需給調整の制度化

しかし、こうした方針は国民経済的な観点から労働力の需給調整をするという立場からすると制約が多かったので、早くも一九四九（昭和二四）年には労働省はこの制約を撤廃し、全国的な職業紹介のための手続きを定めた。これにもとづき、一九五〇年代の職業安定行政における広域的な職業紹介は、全国レベルならびに各県の「需給調整会議」、および四大工業地帯（京浜・中京・京阪神・北九州）を中心とするローカルレベルでの「学卒ＬＭ（Labor Market）」（定例的に開催される需給調整会議）からなる「重層的なシステム」として展開していった（菅山・西村 2000：79-82，菅山 2011：352-355）。

こうして一九五〇年代に新規学卒労働市場は制度化され始めるが、高度経済成長の進展によって労働力需要は増大し、表2-1でみたように、六〇年代にいると中卒者への求人は二倍から三倍に達し、求人の充足率も三割を切るようになって、人手不足は深刻化した。とくに一九六一（昭和三六）年三月の卒業者は、敗戦直後の出生率の激減期に生まれた世代に当たるので、前年よりも一一万人以上少なく、充足率の大幅な低下が予想されていた。そこで、労働省は一九六〇（昭和三五）年五月に都道府県知事宛に「新規学校卒業者（中学）需給調整要領」を通達した。これは、求人者（企業など）と中学校の直接接触を原則的に禁止し、企業の広域求人をすべて職安の許可制のもとにおく一方で、労働省・都道府県の各労働安定機関において年間計画をたてて、綿密な「就職対策打合会」から「求人・求職情報交換会」を経て、最終的に「全国需給調整会議」において新規学卒者の需給調整を早期から強力に行うものであった（菅山・西村 2000：93-99）。そして、この時期、労働省は、「年間計画の早期化と全国画一化、積極的な求人指導と予備調整の実施、自由な求人活動の制限と職安による求人の一元的把握、そして全国需給調整会議の運営方式の改革と求人倍率の全国平均化」からなる「強力な需給調整」のシステムを完成させたのである（菅山・西村 2000：106-110，菅山 2011：378-382）。こうして、一九六〇年代の人手不足は、労働行政にとって求人側に対する「指導」を確立する絶好の機会となった。そして、「自由な求人活動に対する制限が強まり、職安が主役を演じるジョブマッチングの「制度」が強化された」（菅山・西村 2000：107，菅山 2011：379）のである。

こうしたなかで地方出身者の就職状況も大きな変貌を遂げる。農村部の職安にも人手不足をかかえた都市部からの求人が殺到するようになった。ただし、地方に回される都市部の求人は特定の部分であった。というのも、都市部で就職希望者が確保できる条件の良い就業機会には都市部出身の中卒者がまず紹介されたからである。企業の側でも、先にみたように労務管理の面からも通勤従業員を好んで採用したので、「地方在住者に向けられた求人は、都市出身者が就職しない劣悪な条件の企業であり、典型的には、中小・零細企業の住込み求人が中心であった」（加瀬 1997：123-124）。こうして、広域的な需給調整は、結果的に条件の良い企業・職種を同じ中卒者でも都市部出身者と地方出身者の間で傾斜的に配分することになった。こうしてみると、「集団就職」（行政側はこれを「計画輸送」と呼んでいたという）は「職安行政による計画的な需給調整の成果を象徴するイベント」（菅山 2011：447）であり、若者の職業選択の自由や就業機会の平等を犠牲にしてまで、高度経済成長を支える労働移動を促進するものであった。

4　集団就職世代の職業と職歴

分析の手順

では、農村部から都市部へと就職した集団就職世代の若者たちは、どのような職業につき、どんな初期キャリアをたどったのだろうか。またそのなかで仕事や社会に対してどのような意識をもっていたのだろうか。そして、それは地元に残った若者や都市部出身の若者とどのような差異があったのだろうか。ここでは一九六五年と九五年および二〇〇五年のＳＳＭ調査のデータを用いて検討してみる。というのも、この三つのデータセットは、これまでのＳＳＭ調査の中でも、最終学校卒業地もしくは中学校卒業地と初職入職地がともに把握されているデータであるからだ。(3)そこで、初職については一九六五年と九五年、二〇〇五年のデータで（ただし、入職経路は一九九五年と二〇〇五年データのみ）、また入職期の社会意識は六五年データで跡づけ、その後の職歴の変遷は一九九五年と二〇〇五年データで追うことにする。

表2-4　集団就職世代の標本構成　（人）

性　別	SSM 調査	移動類型				合　計
		コーホート	地方残留者	都市移動者	都市出身者	
男　性	1965 年 SSM 調査	1936-45 出生	98	38	22	158
	1995 年 SSM 調査	1936-45 出生	51	8	18	77
		1946-55 出生	33	8	14	55
	2005 年 SSM 調査	1936-45 出生	150	31	51	232
		1946-55 出生	75	27	20	122
		合　計	407	112	125	644
女　性	1995 年 SSM 調査	1936-45 出生	68	14	33	115
		1946-55 出生	37	10	10	57
	2005 年 SSM 調査	1936-45 出生	189	49	73	311
		1946-55 出生	83	22	27	189
		合　計	377	95	143	615
		男女合計	784	207	268	1259

（注）データ：1965 年，95 年，2005 年 SSM 調査データ（1965 年は男性のみ）

以下では、次の手順で分析をすすめる。すなわち、一九六五年と九五年、二〇〇五年のＳＳＭ調査データから中卒の一九三六年から四五年出生コーホートと一九四六年から五五年出生コーホートを取り出す（ただし、六五年ＳＳＭ調査からは一九三六年〜四五年出生コーホートのみ）。これらの出生コーホートは一五歳（中学卒業）を一九五一（昭和二六）年から一九七〇（昭和四五）年の高度経済成長期に経験している。そして、このコーホートの中卒就職者を、その義務教育終了地から大都市圏（東京・神奈川・千葉・埼玉・愛知・京都・大阪・兵庫）出身者と地方出身者（これ以外の道県出身者）に分ける。さらに地方出身者は、初職入職地から都市移動者と地元残留者に分ける。この手順によって抽出されたサンプルは男女合計一二五九人になるが、その構成は**表2-4**に示した（なお一九九五年と二〇〇五年ＳＳＭ調査には女性も含まれるが、六五年調査は男性のみである）。いわゆる「集団就職」はこのうち、都市移動者に含まれることになる(4)。そして、実際の分析は、分析

表2-5　移動類型と本人初職　（％）

性別	移動類型	初職								合計(実数)
		専門	大企業ホワイト	中小企業ホワイト	自営ホワイト	大企業ブルー	中小企業ブルー	自営ブルー	農業	
男性	地方残留者	0.0	2.2	5.7	0.8	12.6	46.7	4.4	27.6	100.0(366)
	都市移動者	0.0	1.9	10.7	1.0	11.7	70.9	2.9	1.0	100.0(103)
	都市出身者	0.0	0.0	10.3	1.7	14.7	57.8	7.8	7.8	100.0(116)
	全　体	0.0	1.7	7.5	1.0	12.8	53.2	4.8	18.9	100.0(585)
女性	地方残留者	3.0	2.8	14.1	2.8	17.1	36.2	4.1	19.9	100.0(362)
	都市移動者	4.3	3.2	11.7	1.1	28.7	47.9	3.2	0.0	100.0 (94)
	都市出身者	5.0	4.3	15.1	6.5	19.4	41.0	2.9	5.8	100.0(139)
	全　体	3.7	3.2	13.9	3.4	19.5	39.3	3.7	13.3	100.0(595)

（注）男性：$\chi^2 = 59.829$（$p < 0.001$）　女性：$\chi^2 = 46.640$（$p < 0.001$）
データ：1965年，95年，2005年SSM調査データ（1965年は男性のみ）

目的に応じてそれぞれのデータを使い分けたり、この三つの調査データをプール（合併）して行う。

移動・非移動による初職の違い

そこでまず表2-5には、一九六五年から二〇〇五年のデータをプールしたうえで、男女別に初職を示した。カイ二乗検定の結果からみて、男女とも移動類型と初職の間には〇・一％水準で有意な関連がある。[5] このコーホートの初職では、男女とも中小企業ブルーカラーがもっとも多いが、移動類型別にみると、男女とも集団就職者を含む都市移動者においてもっとも多く（男性で七〇・九％、女性で四七・九％）、都市出身者と比べ男性で一三ポイント、女性で七ポイント程度の差がある。ついで入職者が多いのは（ただし地方残留者の農業を除く）大企業ブルーカラーであり、男性では移動類型による差異がほとんどないが、女性では都市移動者が二八・七％ともっとも多い。また自営業への入職は、親の職業を継承したり、家族従業者になることであるから、当然のことながら、地方残留者や都市出身者にはある程度みられるが、都市移動者にはほとんどみられない。なお、女性では専門職への入職者が数％ほどがみられるが、これは主として准看護師また

は看護師見習いとしての入職である。(6)

この初職入職という点では、リプセット＝ベンディックス（Lipset and Bendix 1959=1969）の仮説をもとに東京への地方流入者の階層形成を検討した倉沢（1968）や佐藤（粒来）（2004）の知見と、今回の結果とは部分的には合致している。というのも、中小企業ブルーカラーへの入職が都市出身者よりも都市移動者において、男性で一三ポイント程度、女性で八ポイントほど多くなっているからである。この点で、倉沢（1968）の言うように、同じ低学歴（中学卒業）で入職した場合でも、都市出身者に比べて、都市移動者は不利な地位達成——中小企業やブルーカラーへの入職を経験している。しかし、男性の中小企業ホワイトカラーへの入職率は都市出身者とほぼ同じで、女性の大企業ブルーカラー入職率は、都市出身者を上回っている。これは倉沢（1968）や佐藤（粒来）（2004）らが、東京への地域移動者を扱ったのに対し、本章では他の都市部（阪神圏と中京圏）も含めて分析したことによるのかもしれない。

では、こうした初職への入職経路には、地域移動の影響はあるのだろうか。初職への入職経路に関する設問は一九九五年調査と二〇〇五年調査にあるが、選択肢が若干、異なる。**表2-6**には一九九五年のＳＳＭ調査データから初職への入職経路を示した。(7)男女とも、都市移動者は学校経由（求人票は職安から学校を通じて配布されていた）が他の経路に比べて多い（男性五七・一％、女性三九・一％）。次いで多いのは、男女とも「家族・親戚」の紹介による縁故就職（とくに都市部出身の男性の三三・三％と、都市移動者の女性の三〇・四％）であり、この時期「企業-職安-学校」の制度的リンケージが成立しつつあったとはいえ、従来の縁故採用——結束型の「強い紐帯」（Granovetter 1973=2006）による就職も残存していたとみることができる。とくに都市移動者の女性では、男性に比べ学校経由が少ない分、縁故移動が多い。

表2-6　初職への入職経路（複数回答）　（%）

性別	移動類型	入職経路							
		卒業校・先生	卒業校・先輩	家族・親戚	家業を継いだ	普段からつきあっていた友人	同郷の知人	たまに会う友人・知人	自分ではじめた
男性	地方残留者	15.8	1.3	27.6	11.8	6.6	11.8	6.6	1.3
	都市移動者	57.1	0.0	21.4	0.0	7.1	14.3	0.0	0.0
	都市出身者	26.7	3.3	33.3	10.0	10.0	6.7	6.7	0.0
	全　体	23.3	1.7	28.3	10.0	7.5	10.8	5.8	0.8
女性	地方残留者	22.9	1.0	13.5	14.6	5.2	8.3	8.3	4.2
	都市移動者	39.1	4.3	30.4	0.0	8.7	0.0	4.3	0.0
	都市出身者	46.3	2.4	17.1	9.8	4.9	0.0	4.9	4.9
	全　体	31.3	1.9	16.9	11.3	5.6	5.0	6.9	3.8

（注）データ：1995年SSM調査男女データ

つまり、都市流入のパターンに性差があり、女性ほど家族・親族といったパーソナルな紐帯を利用していたと考えられる。これに対して、「弱い橋渡し型」の紐帯による就職（たまに会う友人・知人、同郷の知人）は、男女ともそれぞれ一割程度みられるにすぎない。とくに都市移動者には、こうした橋渡し型の「弱い紐帯」による就職は、男性の「同郷の知人」の一四・三％を例外として、ほとんどみられない。また「家業を継いだ」は、当然のことながら、男女とも都市移動者にはまったくみられず、地方残留者・都市出身者に一割程度みられる。さらに、女性では都市出身者でも学校経由が四六・三％と三つの移動類型中、もっとも多く、同郷の知人を介した縁故就職はまったくみられない。都市出身者の場合も、男女で入職経路に違いがあった可能性もある。

他方、二〇〇五年調査における初職入職経路をみると（図表省略）、基本的な傾向は一九九五年調査と変わらず、都市部移動者は学校経由の入職が男女とも四割以上を占めているが、家族や親戚、友人・知人の紹介による縁故就職も少なくない。ただし、九五年調査に比べると、女子の都市移動者において家族・親戚の紹介による縁故入職が少なくなっている。

では次にその後の職歴の展開をみてみよう。**表2-7**には、サンプル数をある程度、確保できる男性について、初職と第二職との関係をみたものである。まず目につくのは、中小企業ブルーカラーに入職した者の歩留まり率の高さである。すなわち、初職が中小企業ブルーカラーという者のうち、第二職も同じ中小企業ブルーカラーという者は、都市移動者でもっとも多く八七・一％、次いで地方残留者では八五・一％、都市出身者では八三・一％となっている。初職が中小企ブルーカラーの者のうち、都市出身者では、八・五％が大企業ブルーカラーに移動しているのに対して、都市移動者ではそうしたまとまった移動のルートはみられない。都市移動者の場合、転職に有利な社会関係資本（Granovetter 1995=1996）に恵まれないために、縁故などを頼って大企業ブルーカラーに転出する道を阻まれているといえるだろう。こうした点からも、都市出身者は、農村や地方の小都市出身の者より社会的上昇が容易であり、都市移動者は不利な地位に置かれるというリプセット＝ベンディックスの仮説（LipSet and Bendix 1959=1969, Lipset 1955=1965）は、戦後日本社会において成り立つといえる。

他方、初職からこの第二職に転職するまでどの程度の期間があったのだろうか。さらに、その後の初期キャリアでどのくらいの転職があったのだろうか。**表2-8**には、男女別・移動類型別に初職の継続期間の平均、また一五歳から二九歳までの転職回数の平均を示した。これによると、男性の場合、初職にとどまった期間は、都市移動者が平均八・七四年と最も短く、その期間のばらつき（標準偏差）も小さい。これに対して、都市出身者では平均して一四年程度、地方残留者では一一年程度、初職にとどまっている。また一五歳から二九歳までの初期キャリアにおける転職回数も都市移動者で二・三五回と

表2－7　初職から第2職への転職（男性）　（%）

移動類型	初職	第二職								合計（実数）
		専門	大企業ホワイト	中小企業ホワイト	自営ホワイト	大企業ブルー	中小企業ブルー	自営ブルー	農業	
地方残留	大企業ホワイト	0.0	60.0	0.0	0.0	20.0	20.0	0.0	0.0	100.0 (5)
	中小企業ホワイト	0.0	0.0	77.8	5.6	11.1	5.6	0.0	0.0	100.0 (18)
	大企業ブルー	0.0	0.0	5.1	0.0	82.1	5.1	2.6	5.1	100.0 (39)
	中小企業ブルー	0.0	1.3	3.9	0.6	1.3	85.1	4.5	2.6	100.0 (154)
	自営ブルー	0.0	0.0	0.0	0.0	0.0	12.5	87.5	0.0	100.0 (8)
	農業	1.2	1.2	0.0	0.0	7.1	15.3	0.0	75.3	100.0 (85)
都市移住	大企業ホワイト	0.0	100.0	0.0	0.0	0.0	0.0	0.0	0.0	100.0 (2)
	中小企業ホワイト	0.0	14.3	71.4	0.0	0.0	14.3	0.0	0.0	100.0 (7)
	自営ホワイト	0.0	0.0	0.0	100.0	0.0	0.0	0.0	0.0	100.0 (1)
	大企業ブルー	0.0	0.0	18.2	0.0	63.6	9.1	0.0	9.1	100.0 (11)
	中小企業ブルー	0.0	3.2	1.6	0.0	3.2	87.1	3.2	1.6	100.0 (62)
	自営ブルー	0.0	0.0	0.0	0.0	0.0	0.0	100.0	0.0	100.0 (1)
	農業	0.0	0.0	0.0	0.0	0.0	0.0	0.0	100.0	100.0 (1)
都市出身	中小企業ホワイト	0.0	0.0	88.9	0.0	0.0	11.1	0.0	0.0	100.0 (9)
	自営ホワイト	0.0	0.0	0.0	100.0	0.0	0.0	0.0	0.0	100.0 (1)
	大企業ブルー	0.0	12.5	0.0	0.0	75.0	6.3	6.3	0.0	100.0 (16)
	中小企業ブルー	0.0	1.7	3.4	1.7	8.5	83.1	1.7	0.0	100.0 (59)
	自営ブルー	0.0	0.0	0.0	16.7	16.7	16.7	50.0	0.0	100.0 (6)
	農業	0.0	0.0	0.0	0.0	11.1	11.1	0.0	77.8	100.0 (9)

（注）データ：1965年，95年，2005年 SSM 調査の男性データ

表２－８　男女別・移動類型別にみた初職継続期間と転職回数(15-29歳)

性　別	移動類型	初職継続期間(年)	標準偏差	転職回数	標準偏差
男　性	地方残留者	11.32	13.56	2.02	1.74
	都市移動者	8.74	10.45	2.35	1.99
	都市出身者	13.84	15.86	2.12	1.87
女　性	地方残留者	9.27	10.94	2.50	1.85
	都市移動者	6.53	7.07	3.16	2.14
	都市出身者	7.23	8.34	2.79	1.65

（注）データ：1965年，95年，2005年SSM調査男女データ（1965年は男性のみ）

他に比べ多くなっている。他方、女性の場合も、初職継続年数がいちばん短いのは都市移動者の六・五三年である。また転職回数をみると、男性と同様、都市移住者で三・一六回ともっとも多くなっている。(8) これらの点からみて、都市移住者は初期キャリアという点で、他の移動類型に比べて流動性が高いとみることができる。

こうして都市移動者は、従来からも指摘されてきたように、男女とも地方残留者や都市出身者に比べて、学校・職安経由で大都市圏の中小・零細企業のブルーカラーに入職した者が多い。また初職継続期間が短く、転職回数も多いものの、中小企業ブルーカラーにとどまり、大企業ブルーカラーに上昇する機会に恵まれていない。彼ら・彼女らは長距離の移動によって地縁・血縁や家族の支援を欠き、都市部で転職に有利な社会関係資本を剝奪されていると考えられる。さらには、短期間に転職を繰り返す者が多いが、その背後には中小・零細企業における劣悪な労働環境があることは容易に想像される。

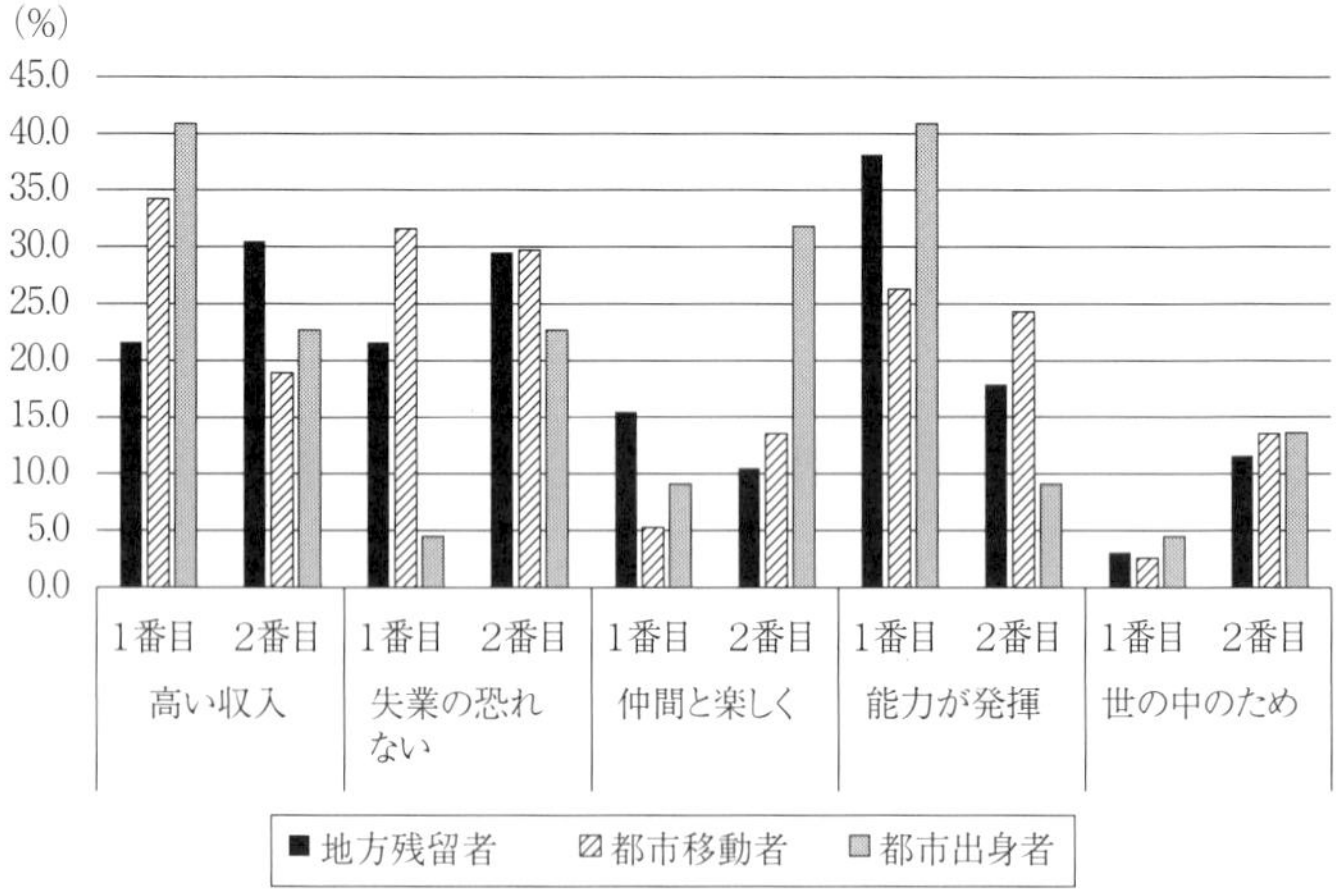

図2-1　移動類型別に見た望ましい仕事（1番目と2番目）

（注）データ：1965年SSM調査データ（男性のみ）

5　集団就職世代の社会意識

職業意識・転職志向　では、こうした都市移動者が、この当時、どのような職業観や社会意識をもっていたのだろうか。以下ではまず一九六五年データ（男性のみ）から、彼らの意識における特徴をさぐってみよう。**図2-1**は、「望ましい仕事」の条件を上位二つまで聞いた結果を示している。これによると、都市移動者は、他に比べて「失業の恐れない」（一番目に望ましい三一・六%、二番目で二九・七%）「高い収入を得られる」（一番目で三四・二%、二番目で一八・九%）仕事を何より望んでいる。また「能力が発揮できる」仕事を一番望ましいと考える者も、二五%以上いるが、他に比べると少ない。都市下層を生きる彼らにとっては、「能力が発揮できる仕事」や「仲間と楽しくできる仕事」、「世の中のためになる仕事」よりも、ま

表２－９　移動類型別にみた転職志向　（%）

移動類型	転職志向			合計（実数）	
	転職志望	どちらともいえない	定着志望		
地方残留者	38.3	10.6	51.1	100.0	(94)
都市移動者	44.0	4.0	52.0	100.0	(25)
都市出身者	50.0	2.9	47.1	100.0	(34)
全　体	41.8	7.8	50.3	100.0	(153)

（注）データ：1965年SSM調査データ（男性のみ）

ずは失業することなく、収入が確保できる仕事が望まれている。また転職については（**表2-9**）、都市移動者には零細企業の劣悪な労働条件下で働く者が多いにもかかわらず、都市出身者に比べても「今の仕事より良い条件であれば、いつでも変わりたい」という転職志望の者が六ポイント少なく、「今より良い条件があっても変わりたくない」という定着志望の者の方が多い。良い条件を求めての転職志望は、むしろ都市出身者の方が多い。このことからすると、さきに都市移動者の転職回数が都市出身者より多いことをみたが、彼らの意識においては定着志望が強いにもかかわらず、転職せざるをえない状況、すなわち彼らが劣悪な労働条件にあることが推測される(9)。

中庸な政治意識

次に、社会意識に関しても、都市移動者には、どちらかといえば中庸ないしは保守的な考え方をもっている者が多い。労働者階級と資本家階級との関係については（**表2-10**）、その「利害は、全く相反しているから、あくまでも戦わなければならない」とする者は、都市移動者で五・四%と際立って少なく、他に比べると「どちらともいえない」という中間的な回答が多くなっている。変革志向（「圧迫されている階級のない社会」を実現する方法）については（図表省略）、移動類型による差はほとんどなく、五～六割の者が「議会を通じてだんだ

表2-10　移動類型別にみた資本家と労働者の関係観　（%）

移動類型	資本家と労働者の関係観			合計（実数）	
	あくまで戦わなければならない	どちらともいえない	協力しなければならない		
地方残留者	20.0	10.5	69.5	100.0	(95)
都市移動者	5.4	21.6	73.0	100.0	(37)
都市出身者	10.0	0.0	90.0	100.0	(20)
全　体	15.1	11.8	73.0	100.0	(152)

（注）データ：1965年SSM調査データ（男性のみ）

んに良くする」と考えている。その一方で、都市移動者では「個人的な努力をつみかさねて直していく」という回答が他の類型に比べると若干、多く（地方残留者の二二%。都市出身者の三九%に対して、都市移住者は四二%）、後にみるような集団就職者の「努力主義」の一端がうかがえる。これに対して、「革命のような非常手段に訴える」という者は、どの類型でも一割に満たない。

この調査が行われた一九六五年は、二月にベトナムへの北爆が始まり、これに反対して哲学者の鶴見俊輔や政治学者の高畠通敏らの呼びかけでいわゆる「べ平連」（「ベトナムに平和を！　市民文化団体連合」）が結成された年としても知られる。また一月には、その後の学生闘争の嚆矢とされる慶応大学の学費値上げ反対闘争がはじまり（小熊 2009：140）、若者の政治に対する関心も高まりつつあった時期であった。しかし、低学歴（中卒）でブルーカラー職にある若者にとっては、そうした大学のキャンパスや海外で起こっている戦争とは無縁の生活をしていたものと考えられる。

階層帰属意識については（**表2-11**）は、都市移動者では「中の下」という回答に五九・五%が集中しており、この比率は地方残留者や都市出身者より多い。そのため、「下の上」「下の下」の合計が、地方残留者の

表２-11　移動類型別にみた階層帰属意識　（%）

移動類型	階層帰属					合計（実数）
	上	中の上	中の下	下の上	下の下	
地方残留者	0.0	17.0	37.2	39.4	6.4	100.0　(94)
都市移動者	2.7	5.4	59.5	18.9	13.5	100.0　(37)
都市出身者	0.0	4.8	52.4	33.3	9.5	100.0　(21)
全　体	0.7	12.5	44.7	33.6	8.6	100.0　(152)

（注）データ：1965年SSM調査データ（男性のみ）

四五・八％、都市出身者の四二・八％に比べ、三二・四％と少ない。実際には中小・零細企業のブルーカラーが多いにもかかわらず、貧しかった家郷の生活との比較からか、都市移住者は自分の生活水準を高く評価しているようにもみえる。また、階級帰属意識（図表省略）では他の移動類型と同じく「労働者階級」がもっとも多く、どの移動類型でも七割以上が労働者意識をもっている。

集団就職者の「金次郎主義」

このように高度経済成長期に地方の中学校を卒業して都市部の下層ブルーカラーに入職した若者たちは、失業の恐れがなく高い収入が得られる仕事を望み、中小・零細企業の劣悪な労働条件にもあるにもかかわらず職場に定着することを重視し、個人の堅実な努力で社会を改良しようと考えていた。彼らは何よりも自らの努力で道が拓けると信じていた。そして、この希望は、この時代・高度経済成長期の「時代精神」すなわち「公害や住宅不足などの社会問題に対する不安を抱きながらも「明日は今日よりも良くなる」という」期待を抱くという「一抹の不安を伴う楽観主義」（佐藤 2000：138）ともシンクロしていた。また、ここには日本の「立身出世主義の底辺」とも言うべき「金次郎主義」（見田 1967=1971：189）を見出すこともできる。それは、低学歴の「多くの民衆のうちからも、能動的なエネルギーをたえず開発しつつ、しかもこれ

表2-12　努力の有効感　（%）

移動類型	そう思う	どちらかといえばそう思う	どちらともいえない	どちらかといえばそう思わない	そう思わない	合計(実数)	
地方残留者	30.0	30.8	22.5	6.6	10.1	100.0	(227)
都市移動者	41.3	22.7	20.0	6.7	9.3	100.0	(75)
都市出身者	31.5	30.1	19.2	9.6	9.6	100.0	(73)
全　体	32.5	29.1	21.3	7.2	9.9	100.0	(375)

（注）データ：2005年SSM調査留置A表男女データ

を、体制の秩序のうちにたえずとじこめておこうとする」二重の要請に適合するものであった（見田 1967=1971：189）。しかも、この努力志向はその後の人生も保持され続けた。二〇〇五年のSSM調査の留置A票[10]で、「努力をしていれば、必ずその成果が得られる」という努力の有効性に関する意見への賛否を尋ねている。表2-12には、その回答を移動類型別に示したが、都市移動者では「そう思う」という強い肯定が他の移動類型に比べて一〇ポイントほど多い。

一九六〇年代に、山形県（天童・新庄市）出身の集団就職者を追跡調査し、その職業意識を調べた調査（松浦・菊池 1968）においても、「人生における努力の意義」を尋ねられた集団就職者は、「努力次第でよい人生が開ける」と答えた者は七六・三％（男子七八・一％、女子七四・三％）にのぼり、「努力は無駄」とした者は六・四％（男子七・一％、女子五・五％）にすぎない（残りは「その他・わからない」）。ここにあるのは、「東北出身者の倫理的職業観と努力に対するオプチミズム」（小川・高沢 1967＝2001：45 傍点原文）であるともいえよう。

6　集団就職世代のライフコース

「集団就職者」の到達点　このように一九六〇年代に大都市圏に入職した地方出身者は、日本の高度経済成長を底辺で下支えする労働者となった。その後、この世代はどのようなライフコースをたどっただろうか。一九九五年SSM調査（A票）[11]において、この世代に当たる一九三六年から四五年と一九四六年から五五年出生コーホートから中卒者をとりだし、その現職を移動類型別にみたものが**表2-13**である。これは一九九五年時点で四〇歳から五九歳における現職を示していることになる。これによると、初職（表2-5）と同様、男女ともまた移動類型にかかわりなく、職業は中小企業ブルーカラーがもっとも多い。中小企業ブルーカラーは、とくに都市移動者では男性で五割、女性でも六割以上と、他の移動類型を超えている。初職とのクロス表（表省略）から中小企業ブルーカラーの歩留まり率（初職が中小企業ブルーカラーで現職も中小企業ブルーカラーに留まった率）を計算すると、地方残留者では男性一五％、女性五一％、都市部出身者は男性六一％、女性二一％に対し、都市移動者では男性四六％、女性七九％と、とくに女性で高率となっている。また、表2-13にあるように、男性の場合、地方残留者には自営ブルーカラーが二六・六％、また都市部出身者には大企業ブルーカラーが二六％ほどみられるが、都市移動者にはこれらの階層に移動した者は少ない。都市移動者では中小企業ホワイトカラーが二一・四％と比較的多く、地方出身の中卒者の階層移動はこれが限界であったかもしれない。とくに自営への進出には、社会関係資本に加えて、資金が必要であったから、そうした資源を欠いた地方出身の

表2-13　1995年の現職（1936年-45年と1946年-55年出生コーホートの中卒者）

性別	移動類型	現職 専門	大企業ホワイト	中小企業ホワイト	自営ホワイト	大企業ブルー	中小企業ブルー	自営ブルー	農業	合計(実数)	
男性	地方残留者	0.0	2.5	7.6	6.3	8.9	40.5	26.6	7.6	100.0	(79)
	都市移動者	0.0	0.0	21.4	0.0	14.3	50.0	14.3	0.0	100.0	(14)
	都市出身者	3.2	3.2	12.9	6.5	25.8	45.2	3.2	0.0	100.0	(31)
	全体	0.8	2.4	10.5	5.6	13.7	42.7	19.4	4.8	100.0	(124)
女性	地方残留者	1.5	4.4	23.5	10.3	8.8	27.9	8.8	14.7	100.0	(68)
	都市移動者	5.6	0.0	11.1	5.6	16.7	61.1	0.0	0.0	100.0	(18)
	都市出身者	10.5	0.0	0.0	5.3	5.3	47.4	26.3	5.3	100.0	(19)
	全体	3.8	2.9	17.1	8.6	9.5	37.1	10.5	10.5	100.0	(105)

（注）データ：1995年SSM調査A票男女データ

低学歴層が都市部で自営業となることは難しかった。

さらに、このコーホートの二〇〇五年時点での現職（五〇歳〜六九歳の現職）をみても（表省略）、やはりの表2-13と同様、中小企業のブルーカラーが多く、どの移動類型でも男性の五割前後、女性の三割程度を占めている。ただこの時期になると、都市移動者の中からも自営ホワイトカラー、自営ブルーカラーになる者が男女を問わず一割程度見られるようになる。高度経済成長期に、集団就職した若者には、佐藤（粒来）(2004)のいう「生業《なりわい》の世界」、すなわち自営業への憧憬が強かったとされる。出身の多くを占めた農業が創意工夫のできる自律性の高い職業であったのに対して、ブルーカラーの仕事は制約が多い。また住み込みの長時間労働にもかかわらず、賃金も低かったが、その一方で「手に職」をつければ独立自営も不可能ではなかった。加えて不利な条件でも修業を積めば、雇用先の経営者の負担で独立がかなう「のれん分け」という慣行も戦前はあった。それが不利な労働条件のもとでの若年労働者の勤労意欲＝「金次郎主義」を支えたのである。しかし、高度経済成長期に新規開店の費用が高騰したために、「のれん分け」は困難になった。それに代わる制度として退職金制度が採用されたが、その退職金の額も都市部で独立自営の「生業の世界」にいるためには完全に不足していたという（佐藤（粒来）2004：228，加瀬 1997：158-159）。

「手に職」志向の行方

しかし、小川ら（1967=2001）が岩手県北部から集団就職した若年労働者を対象に行った追跡調査によると、この若者の多くは、就業後一〇年たっても、「手に職」をつけ独立自営となることを依然として夢見ていた。その背景には、小川ら（1967=2001：34-35）によると、岩手県北部が、もともと半農型の大工・左官が多い地域で、彼らがそうした親を役割モデルとしていたことがあった。この親世代は、戦前の昭和恐慌や凶作、戦争や戦後の混乱期を経験するなかで、離村しても帰村しても生きていくために「手に職」志向という独自の職業意識を形成してきた。すなわち「この地域には、おどろくほど半農型の大工・左官が多く、離村、帰村ともにこの「技能」によって潤滑油と安全弁を与えられている。つまり、出るに出易く、帰るに帰り易い。しかも、その賃率は、農業労働と他産業不熟練労働の循環を繰り返している場合より数等よい」（小川・高沢 1967＝2001：34）。

ただし、戦後はこうした「手に職」をつけさせる伝統的な親方-徒弟制度は崩壊しており、弟子入りしても習得できる技能は限られていたので、帰村しても独立自営どころか副業にもならなかった。また、この時期、農村部にくる求人も「手に職」志向の若者の希望にこたえる技能職よりも、製造業の単純労働が多かった。そこで、学校や職安は近代的な職業訓練のできる工場勤務を勧めたが、彼らは都市で工場に就職後もずっと親から引き継いだ「手に職」志向から、新たな独立自営の道として、男子は飲食業、女子は理美容業などの自営業を夢見ていたのである。「「手に職を」という強烈な発想は、大工、左官であることを要しない。…（中略）…「喰いっぱぐれのない」技能をつけることが問題なのだ。理容師・美容師、寿司・中華職人などは現象の違いでしかない」（小川・高沢 1967=2001：35）。

小川ら（1967：64-69）は、こうした集団就職者における独立自営志向が、「石の上にも三年」といった「東北出身者の倫理的職業観と努力に対するオプチミズムの処世訓」（小川・高沢 1967 ＝ 2001：45 傍点原文）にもとづくものであり、とくに職人型労働者と技能型労働者に顕著にみられるとする。ただし、この「手に職」という努力志向においては、自立への志向性との関連において「転職」に対して異なる態度がみられるという。すなわち、職人型（男子では大工・左官、料理人など、女子では理美容師・洋裁師など）では、「手に職」による「成功」の目標が「徒弟修業の受容」という「辛抱」を経て、「自分の店をもつ」という伝統的な「親方的小生産者…（中略）…への転化」を意味していた。そのためには開店資金が必要なので、現在の勤め先からの「のれん分け」か、資金援助を期待する。そこで、雇用主からの信頼をえるために、転職に対して否定的な態度をとる。これに対して、技能型（男子の旋盤工・印刷工、女子の看護師など）にとって、「手に職」による「成功」の目標は、技能そのものを磨くことにあるので、むしろ積極的に転職を志向し、異なる職場で「腕を磨いていく」という。しかし、両者の「手に職」意識に共通するのは、「学歴」への対抗意識であるという。彼ら彼女らのなかには、出身背景の貧しさに加えて中学校卒業時の成績の悪さから「学歴」を断念し、集団就職という「自己選抜」をしている者が少なくない。そこで、「彼らは〝手に職〟の自信をもち、〝自分の店・自分の職場〟での「実力」をもつにつれて、店と職場のせまい世界で「学歴」に反逆する」（小川・高沢 1967 = 2001：68）。すなわち、「職業の面における「見習」の段階→「手に職」の段階→「自分の店・自分の職場」の段階と、「学歴」意識の面における「劣等感」の段階→「競合感」の段階→「優越感」の段階」とが…（中略）…照応しながらすすんでいく」（小川・高沢 1967 = 2001：67）。こうして学歴への対抗意識は、独立志向にみられる努力信仰の源泉ともなる。

しかし、この調査対象者をさらに二〇年後に追いかけた第三次の調査（遠藤 1989）によると、集団就職者のなかで「自分の店」をもった者はほとんどいないという。実際には「自分の店」をもてたのは、転職を否定してきた職人型労働者ではなく、転職によって「腕を磨く」ことを志向していた技能型労働者であった。彼らのライフコースをみると、当初は製造業や飲食業で働いていたが、「人に使われるのはいや」といった理由から転職し、「自分の店」をもつことを志向し始めた。そして、「腕を磨くための転職」を重ね、腕に自信がつき、自己資金も蓄えられた段階で、「家族を養う」という生活課題を契機に「自分の店をもつ」ことによる「生活の安定」を図った。しかし、自己資金だけでは開業に不足し、資金を借り入れているので、その返済のために長時間労働を強いられ、さらに自営業であるがゆえに景気変動の影響をより直接的にうけることになる。したがって、彼らは「人に使われるのはいや」という動機から自営独立を実現したが、それは「経済的・社会的動向の影響をもろに受けるだろう〔という〕「前提」のうえに築かれた自由」（遠藤 1989：258，〔〕内引用者補足）であり、その生活は自営への転出の際にめざした「安定した生活」には程遠いものであった。

ある男性のライフコース

実際、一九九五年SSM調査A票のデータからみても、この時期、地方から中卒で都市部の中小ブルーカラーに入職した男性のうち九五年の時点で自営ブルーカラーに移動した者は二名だけであった。そのうちの一人の男性は、SSM調査データの職歴・学歴・家族歴などの項目から再構成してみると、次のようなライフコースをたどっている(12)。

まず、この男性は、一九四七(昭和二二)年に東北地方の山村に六人きょうだいの三男として生まれた。父親は旧制尋常小学校卒業で、林業関係の作業者をしていた。母親は、旧制尋常小学校を卒業し、農業をしていた。本人の中学三年の頃の成績は「下の方」で、この中学を卒業した後、家族・親戚の紹介で東海地方の零細(従業員二名〜四名)の製造業に、光学・精密機械器具の組立工・修理工として就職した。しかし、その年のうちに、従業員が三〇人以上の鉱業関係の中小企業に運転手として転職した。その後、一八歳のとき、同じ規模の小売店・卸売りもしくは飲食店の運転手となった。一九歳で一九三九(昭和一四)年生まれの妻と結婚した。妻は新制中学を出て、結婚当時、家業の農業の手伝いをしていた。その後、男性は二三歳で零細(従業員五〜九人)の建設会社で大工の仕事に移った。そして、一九七七(昭和五二)年、三〇歳のとき自分で土木建築の請負をはじめ(この間に故郷に戻っている)、現在は、この土木建築で従業員数名を雇って仕事をしている。子どもは三人おり、いちばん上は三二歳、末子は二四歳である。子どもたちは高校・短大を卒業後、いずれも学校には行っていない。同居家族は、妻のほか結婚している息子とその妻、孫、未婚の子どもの七名である。住まいは一戸建ての持ち家である。

自分の生活は「下の下」と思っており、「まごまごしていると他人に追い抜かれるような不安」を感じるが、「もっと多く手にするよりも、これまで獲得してきたものを維持することが大切である」と考えている。また「自分の仕事のために家庭や私生活を犠牲にしていることが多い」と思っており、「仕事のほかに心のよりどころとなるような趣味」はもっていない。また、「センスのよい趣味や振る舞いには心がける」ことはないが、「人とのつきあいや人間関係を幅広くするようにしている」。最近は、テレビをみたり、余暇や趣味のために自由に使える時間は「あまりない」。クラシックのコンサートや美術館に行くことは「ここ数年したことはない」し、カラオケやパチンコに行くことも、小説や歴史の本を読むこともないが、スポーツ新聞は「週に一回以上読む」ことがある。個人収入は二〇〇万円くらい、世帯収入は四〇〇万円くらいである。そして、現在の生活には「満足している」ものの、世の中は「あまり公平ではない」と考えている。新党ができた一九九一（平成三）年頃も、また現在も自民党を支持している。

この男性の場合、都市部の中小ブルーカラーから出発して転職を繰り返したのちに、出身地に戻ることによって独立自営の道が開けた稀有な事例とみることができる。彼が独立自営となった年には末子が小学校にあがっている。したがって、この男性の場合も、遠藤（1989）が指摘したように、家族生活の安定が独立自営の契機となっている可能性が高い。こうして、この男性は「金次郎主義」（見田 1967＝1971：189-190）あるいは「東北出身者の倫理的職業観と努力に対するオプチミズム」（小川・高沢 1967：45、傍点原文）を地で行くような禁欲的な信念をもとに、ライフコースをたどってきたことが窺える。ただし、現在の仕事もかなり厳しい状況にあると考えられる。「人に使われる仕事」から解放され、「家族を養う」ために入った独立自営の道ではあったが、その代償が「まごまごしていると他人に追い抜かれるような不安」という生活の不安定さであったとみることもできる。

7　高度経済成長と若者

「Always 三丁目の夕日」に見られるように、最近、一九六〇年代を中心とした昭和の時代に対する関心が高まっている。それは、この映画のヒットにみられるように、年長世代のノスタルジアだけでなく、現代の若者の関心も引きつけている。橋本（2013：119）は、その原因をこの時代のある種の「明るさ」に求めている。ここでいう「明るさ」とは、オリンピックの開催や東京タワーの竣工といったイベントだけでなく、高度経済成長によって生活の豊かさが増す一方で、階層（階級）間格差がこの時期、戦後では例外的に縮小していたことに求められる、という。橋本（2013：119-125）によれば、高度経済成長にともなう労働力不足は初任給を引き上げ、とくに高校進学率の上昇によって人員不足が深刻化し、「金の卵」と呼ばれるようになった中卒労働者（男子）の初任給は、一九六〇年から七〇年にかけて五九〇〇円から二万三八〇〇円へと約四倍になった。そして、企業はこの初任給にあわせて全体の賃金体系を調整したので、年齢間・学歴間の賃金格差も縮小した。また人手不足の深刻な中小企業は労働力確保のために賃金を上げざるをえなかった。そして、高度成長によって中小企業にも労働力に投資する余裕があったので、企業規模による賃金格差も縮小した。また農家と被雇用者の収入格差も、六〇年代後半に米価が引き上げられたことと兼業化が進んだことで縮小した。

高度経済成長期における格差の縮小

序章でも触れたように、見田（1995：17-25）はこの時代を「夢の時代」と呼んだ。それは農業基本法

表２-14　コーホート別にみた就職時の収入見通し

出生コーホート	上がりつづける	変わらない	下がりつづける	上がったり下がったりする	合計(実数)	
1976-85年	48.2	25.7	1.2	24.9	100.0	(253)
1966-75年	65.8	15.2	1.2	17.8	100.0	(494)
1956-65年	70.0	11.0	1.1	17.9	100.0	(547)
1946-55年	74.3	10.2	1.2	14.2	100.0	(654)
1936-45年	68.3	17.6	1.0	13.0	100.0	(669)

（注）データ 2005年SSM調査男女データ

表２-15　移動類型別にみた就職時の収入見通し

移動類型	上がりつづける	変わらない	下がりつづける	上がったり下がったりする	合計(実数)	
地方残留者	63.6	19.8	1.4	15.2	100.0	(217)
都市移動者	65.8	15.1	4.1	15.1	100.0	(73)
都市出身者	47.3	28.4	1.4	23.0	100.0	(74)

（注）データ 2005年SSM調査男女データ

（一九六一年）と全国総合開発計画（一九六二年）によって、農村の解体――「貧農切捨て」によって大量の賃金労働者を創出することで、高度成長を達成した時代であった。しかし、これによって将来の生活は豊かになるという「夢」が浸透していった。

表２-14は、二〇〇五年SSM調査で、「あなたがはじめて仕事に就いたころ、収入についてはどのようになると思っていましたか」と尋ねた設問への回答を、コーホート別に集計したものである。本章で扱った集団就職世代、すなわち一九三六年から四五年出生コーホートと一九四六年から五五年出生コーホートでは、「上がりつづける」という回答が七割前後をしめているのに対して、それ以降のコーホートではこの回答が減り続け、最も若い一九七六年から八五年出生コーホートでは五割を切っている。まさに集団就職世代が就職した時期は、右肩上がりの高度経済成長が実感できる「夢」の時代であった。さらに**表２-15**は、このコーホートを取り出し、移動類型ごとに就職時の収入

の見通しをみたものである。「上がりつづける」という者は都市移動者と地方残留者では六割を超えている。地方に住む者、そして地方から都会に仕事も求めて移った者にとって、とりわけ高度経済成長は輝ける時期であったのかもしれない。裏を返せば、それほど地方が貧しく、都市部との格差が大きかったことの現れとも言える。

格差の萌芽

こうして高度経済成長は、収入の増大だけでなく、労働力不足を誘因とした格差の縮小をもたらした。しかし、その一方で、この時期にその後の「格差の遠因」（橋本 2013：123）も胚胎しはじめていた。まず第一にホワイトカラーとブルーカラーの間の賃金格差、また企業規模による格差がまだ残存しており、その縮小のテンポが遅かった。第二に年齢間の格差は縮小したが、この時期、少なからぬ企業が導入した職務給・職能給は、その後の賃金格差の萌芽となった。また第三に一九六〇年代に女性の非正規雇用化が大幅に進展し、これがやがてバブル崩壊後には若年層にも拡大され、格差を生みだす要因となった。こうして一九六〇年代は「格差拡大から縮小への転換期にあたってはいたが、基調としてはまだ格差が大きく、後の格差拡大につながる要素が形成された時期でもあった」（橋本 2013：123）。

とくに一九六〇年代の後半には地域間の賃金格差は拡大しつつあった。こうしたなかで、「集団就職」に象徴されるように、多くの若者が地方から都市へと大量に移動した。その背景には、この時期の労働力不足に対応しようと、学校と職安・企業の「制度的リンケージ」を形成し、労働市場支配力を強めた労働行政の動きがあった。しかし、その結果、都市部の下層労働力となった若年層は、本章でもみてきたように、出口なしの底辺に滞留することになった。彼ら・彼女らの「金次郎主義」にもとづく刻苦勉励は日本の高度経済成長を下支えしたが、そのライフコースは困難を極めた。さらに橋本（2013：133-135）が当時の映画を引証しながら指摘するように、若者には地域間（都会と農村）の格差だけでなく、都市の内部にも若者のどうしの格差（地方出身の下層労働者と都市部出身の大学生など）があったとみるべきだろう。こうして「続く七〇年代、巨大な格差構造に分断された若者たちは、それぞれに異なる形で「中流社会」の到来を迎える」（橋本 2013：136-137）ことになるのである。

注

（1）ＳＳＭ調査は一九五五年から一〇年おきに全国規模で行われてきたが、これとは別に一九六〇年に東京二三区の成人男性を対象に東京ＳＳＭ調査が行われている。この調査の概要については、佐藤（粒来）（2004：63）の第二章の注24参照。

（2）また、戦後復興期と高度経済における社会移動を雇用促進事業団職業研究所（当時）が実施した「一九七三年職業移動と経歴調査」のデータを分析した佐藤嘉倫（2000：145-148）もまた、戦後復興期に比べると高度経済成長期は、初職への入職パターンに地域間格差が顕在化した時期であったとする。それによると、戦後復興期（一九四六年～五四年）の時点では、市部出身者と郡部出身者で大企業・中小企業ホワイトカラー・ブルーカラーに入職する率に差はなかったが、高度経済成長期（一九五五年～七三年）になると、市部出身者は郡部出身者よりも中小企業より大企業に、ブルーカラーよりもホワイトカラーに就職する比率が増えたという。たとえば、中小企業ブルーカラーへの入職率は、戦後復興期では市部出身者で四二％、郡部出身者では五〇％であったが、高度経済成長期になると、前者では三一％まで減少したのに対して、後者では四九％と依然として高い水準を保っていた。この佐藤（2000）の分析では地域移動や学歴は考慮されていないが、郡部出身者が労働市場の二重構造において周辺的な地位に置かれていることの傍証となっている。

（3）二〇〇五年SSM調査（面接票）では中学校卒業地、また一九九五年（A票）と一九六五年調査票では最終学校卒業地が尋ねられている。一九九五年と六五年は学歴が中学卒業の者をとりだせば、最終学校卒業地が中学卒業地となる。

（4）なお、移動類型には、これ以外に「地方から都市部への移動者」があるが、数が少ないので省略した。なお、ここでいう「都市部移動者」にはかなりの数の「集団就職者」が含まれていると考えられるが、後ほどみるように縁故による就職者もみられるので、両者はまったく重なるわけではない。

（5）ここでいう中小企業とは、従業員規模三〇〇人未満の企業を指す。これに対して、従業員数三〇〇人以上の企業を大企業とした（官公庁も含む）。また「経営者・役員」のうち、企業規模三〇〇人未満で従業の地位が「単独」「自営業主」「家族授業者」の者は自営業とした。なお、一九六五年SSM調査のコードブックの規模に「地主」「自作」「小作」というコードがあるが、これらは「農業」とした。

（6）専門職で入職した中卒女性は二三人いたが、一九九五年版SSM職業コード（原，1993）によると、「看護婦・看護士」（ここには准看護婦・准看護士も含まれる）が一四名、「その他の保健医療従事者」（ここに看護婦見習い、保健婦見習いなどが含まれる）が七名、一人は「保母」、もう一人は「個人教師」となっていた。看護婦・看護士のうち、当時、中学卒業で就けるのは、「准看護師（見習い）」であった。看護師養成制度は戦前から「現実を後追いする形」（井本 2009）で整備されてきたため、複雑な様相を呈している。戦後になると、一九四八（昭和二三）年に「保健婦助産婦看護婦法」が制定され、別個に規定されていた保健婦、助産婦、看護婦の資格制度を統合し、国家試験合格による厚生大臣免許資格制度となった。この時、看護師は甲種看護婦と乙種看護婦に分られた。前者は高校卒業後三年間、後者は中学卒業後二年間の教育を受けた後、それぞれ厚生大臣、地方長官による資格試験を受けることになっていた。この時期でも、看護師は甲種・乙種の二重構造に加えて、戦前からの看護師・准看護師の二重構造も残っていたことになる。ところが、この保健婦助産師看護婦法のもとで乙種看護婦養成所に求められる教育機関を設けることは困難を来たした。そこで、日本医師会が、乙種看護婦養成所指定基準の緩和を求めて、保健婦助産婦看護婦法の改正運動を進めた結果、一九五一（昭和二六）年、同法の改正が行われ、甲種看護婦は看護婦に、乙種看護婦は准看護婦となった。これによって、准看護婦養成の指定基準が緩和され、医師会や小規模病院による養成所でも准看護婦養成の指定が可能になった（井本 2009:88-91）。つまり、この時点で、高校卒業で一定の養成期間を経て取得できるものが看護婦資格であり、中学卒業で取得できるものが准看護婦資格となったのである。

（7）なお、表中の項目以外に、「職業安定所の紹介」「民間の職業紹介機関の紹介」「求人情報を見て直接応募」「現在の従業先から誘われた」「前の従業先の紹介」「その他」といった項目があるが、回答者が少ないので省略した。

（8）ただし、標本数が少ないこともあり、いずれの差も統計的にみて有意ではない。また、ここでは中卒者の転職回数をみているが、同じく一九九五年SSM調査データをもとに、学歴別にこの時期の転職回数を検討した吉田（2004）によると、初職入職後、一〇年目までの従業先経験数は、学歴が低いほど多いという。たとえば、大学卒の男性の場合、入職一〇年目までの従業先経験数は一回（転職せず）という者が五四％いる。これに対して、義務教育卒（中学卒）の男性では、一回という者は三五％程度にとどまり、三回が二二％程度、四回以上も一〇％近くいる。このことからみて、特に男性では学歴の低いことが初期キャリアにおける移動性を高めていることがうかがえる。

(9) こうした集団就職者の定着率の低さは、集団就職を制度化した職業安定所の職員にとっても、解決すべき課題であった。菅山（2000：37-38）によれば、集団就職に付き添って上京した職員は、生徒が就職したのちも最低半年間は「定着指導」――職場訪問と激励、悩み事相談などを行ったという。そこには離転職が非行を生み出す温床であり、「石の上にも三年」という職業哲学が行政の側にあったからだとされる。

(10) 二〇〇五年ＳＳＭ調査では全員に聴く面接票に加えて、留置票二種類（Ａ票・Ｂ票）が併用された。

(11) 一九九五年ＳＳＭ調査では、Ａ票、Ｂ票、威信票の三種類の面接調査票が用いられた。このうち、Ａ票には職歴に関する詳しい設問があり、初職の入職地も訊かれていたので、ここではＡ票を分析に用いた。

(12) もう一人は近畿地方の出身で、大工（または左官・とび職）の自営業を営む父親のもと、六人きょうだいの四番目として生まれた。そして、中学卒業後、中部地方に移り、やはり自営で大工・左官・とび職の仕事をしている。

コラム　東京オリンピックと出稼ぎの悲劇

東京オリンピックと出稼ぎ――『オリンピックの身代金』

高度経済成長期に都市部の底辺労働を支えたのは、第２章で扱った集団就職の青少年とともに、やはり地方から都会に働きに出た出稼ぎ労働者であった。彼らは主として農閑期を利用して都市部に出て、ビルや道路建設などの現場で働いていた。一九五八（昭和三三）年から七二（同四七）年までの出稼ぎ労働者数をみると（渡辺・羽田 1977：23）、その数は一九六〇年代に集中している。そのピークは一九六三（同三八）年の二九万八〇〇〇人である。この年は東京オリンピックの前年で、競技施設をはじめ、東海道新幹線や高速道路の建設に大量の労働力を必要としたからである。出稼ぎ者労働者における建設業比率をみると、一九六二（同三七）年から東京オリンピックのあった六三（同三九）年頃までに建設業に携わる者が五割を超え、その傾向は一九七〇年以降まで続いた。オリンピックは巨大な公共事業であり、その実行にあたっては、出稼ぎという形の労働移動を伴うことになる。

この東京オリンピック時の出稼ぎ労働をモチーフに書かれた社会派ミステリに、奥田英朗の『オリンピックの身代金』（角川書店）がある。一九六四（同三九）年七月、オリンピックの工事現場で死んだ兄の死因に疑問をもった東京大学大学院生の嶋崎国男は、その死因を解明すべく、夏休みを利用して兄が働いていた飯場に潜入し、働き始める。嶋崎兄弟は秋田の寒村の生まれ、兄は弟（大学院ではマルクス経済学を専攻）の学資や家の生活費を稼ぐために出稼ぎをしていた。

その兄の遺骨を秋田に届ける夜行列車のなか

で知り合った行商の男はこう言う。

「東京と秋田が同じ国とは思えねえべ。片やオリンピックを控えて祭りの準備に大忙しで、おどが出稼ぎしてやっどのことで生計を立てで…（中略）…神様はこういうの、どう考えているのがねえ」（奥田 2008：55）

嶋崎自身も、兄の遺骨を墓所に埋めながらこう思う。

この村の貧しさと夢のなさはどういうことなのか。経済白書がうたった「もはや戦後ではない」とは東京だけの話なのか。この村は戦前から一貫して生活苦にあえいでいる。生活が苦しいと、なんのために生まれてきたのかがわからない。まるで動物のようだ。（奥田 2008：65）

やがて弟は灼熱の東京での過酷な労働のなかで、兄の死因がヒロポン中毒（長時間労働のためにしばしば使用された）による心臓麻痺であったことを突き止めるだけでなく、当時の建設工事の重層構造（大手――下請け――孫請け）のもとでの不当労働行為などを知る。そして、建設作業で知り合った男色家の発破請負業者からダイナマイトを手に入れ、スリの村田老人と画策して都内で連続爆発事件を起こしながら、オリンピックを人質に政府に身代金を要求する……。

物語はまず警察とメディアの視点（すなわち爆破事件が起こった時点）で描かれた後、その事件を起こした嶋崎や村田の視点から、その事件に及ぶに至った経緯が遡及して語られる。そして、その時間差は物語の終盤になるほど短くなり、両者が一致したとき物語は大団円を迎える。この物語のラストシーンで、嶋崎に利用された何も知らない東京の娘・小林良子が、新調したワンピースで女友達と無邪気にバレーボールの試合を観にいくシーンは、F・カフカ『変身』のラストシーンを思わせる。どちらも悪夢のあとの「健全な」日常生活の描写であるからだ。

本書は期せずして、3K労働の非正規化が進む日本で、また東京オリンピックを招致した東京都への警告となったか。そうだとしたら、一九六四年の東京オリンピックがテロにも邪魔されず成功裏に終わった閉会式直後に、新幹線・高速道路も含む一連のオリンピック工事で事故死した人の数を数え上げた開高健『ずばり東京』（朝日新聞社）の慧眼を、本書もまた継承していることになる。開高（1982=2007：410）が調べ上げた東京オリンピック工事関連死傷者は、次のとおりであった。高層ビル（競技場・ホテルなどを含む）建設で一六人、地下鉄工事で一六人、高速道路工事で五五人、モノレール建設で五人そして東海道新幹線建設で二一一人――以上合計三〇三人。これが死亡者数である。負傷者、病人となると、新幹線関係者を除いて一七五五人、このうち約一割が障害者になるという。オリンピック閉会式の翌月、開高は『週刊朝日』の特派員として、当時すでに泥沼化していたベトナム戦争の最前線に潜入し、『夏の闇』『輝ける闇』（新潮社）など戦争の実情を告発する作品を残した。そこで彼は文字通り自身が死線をさまよい、抽象的な数字には表せない具体的なおびただしい死を視ることになる。

東北地方からの出稼ぎ

第2章でみたように、「集団就職」で都会に出た若者は、東北地方より西南各県の方が多かったが、出稼ぎは冬場の農閑期における東北・北海道からの労働力の一時的流出という性格をもった。この点で、都市部での永続的な定住を目指した「集団就職」と性格を異にする。渡辺・羽田（1977）および渡辺・羽田（1987）

は、東京都と秋田県をフィールドに、一九六〇年代から七〇年代の出稼ぎ労働の実態を調査したものだが、それによると出稼ぎの主体となった農民は、第一種兼業農家でも中上層の基幹農業従事者（中高年層の世帯主）であったという。この点でも、新規学卒者からなる「集団就職」と大きく異なる。九ブロック別にみると、一九七二（昭和四七）年の場合、東北地方の出稼ぎ農家率は二一・七％と他を圧倒していた（第二位は北海道の八・九％）。その結果、全国の出稼ぎ農家数の過半数（五三・四％）を東北地方が占めていた。（渡辺・羽田 1977：16）。彼らは冬場の農閑期を利用して、京浜地方を中心とする都市に働きに出かけ、建設業における土工・人夫といった非熟練・単純労働者として一時的な就労をしたのである。

渡辺・羽田（1977：367-392）によると、出稼ぎが始まった背景には、都市側のプル要因と農村部のプッシュ要因がある。まず都市側のプル要因としては、一九六〇年代に本格的に始まった高度経済成長による慢性的な労働力不足があった。とくに経済成長が設備投資主導型であった一九六〇年代は、オリンピックや新幹線の建設もあり、建設業その他における労働力需要が高まった、これに対して、一九六〇年代後半から七〇年代前半には財政・消費需要主導型の要因が加わり、製造業その他の労働需要を埋めるために、企業は臨時労働者を大量に雇用するようになった。出稼ぎ労働者は、短期性・非熟練性という難点はあったものの、その「素朴さや早出・残業や休日出勤をいとわない勤勉さなどの農民的要素をフルに利用する形で把握されている点、また、農民の季節的兼業という事情から可能となる低賃金というメリット、さらにいえば、不況期に真先に整理できる景気調整弁的存在ということが作用」（渡辺・羽田、1977：369-370）して、大量採用されたのである。またこの時期、所得倍増計画や全国総合開発計画などが実施されるなかで、労働行政の側においても、広域職業紹介が制度化されていたことも、「出稼ぎ」を促進した。

他方、農村側のプシュ要因としては、この時期、農業所得の低迷と都市的生活様式の浸透によって、農業のみによる家計経済がすでに破綻しかかっていたことがあった。加えて、農業基本法から総合農政に至る国の農業政策も決定的な役割を果たした。とりわけ、農業構造改善事業（圃場整備事業）によって大型農業機械の使用が可能になることで、その購入費用のため現金収入の必要性が出稼ぎを促進し、出稼ぎと農機具購入が相乗的に作用することになった。こうしたなかで、出稼ぎは階層性を伴って進行したという。まず１ha未満の零細農家の生活苦からくる出稼ぎの場合、家計維持はほとんど出稼ぎによるものである。次に１～２ha層の兼業的出稼ぎがあり、生活向上志向が強く、季節出稼ぎの中心的な供給源となった。これに対して、２～３ha以上の農家になると、営農的出稼ぎ、すなわち農機具購入等の営農資金の調達を目的として行われたという（渡辺・羽田 1977：370-371）。農機具購入のために出稼ぎをし、購入した農機具によって省力化が図られると、農機具を購入した借入金の返済のためにさらに出稼ぎをする――こうした「出稼ぎ促進的過剰投資」（渡辺・羽田 1977：378）が出稼ぎへの依存をさらに強めていった。

第3章　モラトリアム人間の就職事情

一九七〇年代は大衆教育社会が成立した時代であり、都会へ向かう青年の目的も集団就職から大学進学に代わった。しかし、高学歴化の進行は学歴インフレをもたらし、戦前から継承されてきた教養主義も解体していった。学生たちは大衆文化を受け入れ、時代の風潮も「政治の季節」から「消費の季節」へと移行した。

その一方で七〇年代には、二度のオイルショック等で高度経済成長が終焉を迎え、増加した大学生の就職難が注目された。この時期、登場したのが「モラトリアム人間論」であった。それによると、未決定・不関与の状態が多くの若者に共有され、「アイデンティティ拡散」が常態化していったという。しかし、それも不況下における雇用調整の結果、就職先を失った若者が、当時の学費の安さを利用して留年戦略をとったことにもよるものであり、一九七五年SSM調査の分析からも、当時の若者の意識にとりたててモラトリアム意識と呼ぶべきものもみられなかった。この「モラトリアム人間論」は、その後、続く心理主義的若者バッシングの嚆矢とも言え、社会経済的要因による若者の苦境を若者自身に帰責する新自由主義《ネオリベラリズム》の「自己責任論」へと道を拓くものでもあった。

1　大衆教育社会における「モラトリアムな季節」

集団就職から大学進学へ

ＳＦ作家を夢見る岩淵和也は、二年の浪人生活後、東京の私大受験を終えて上野駅のホームに立っていた。まだ東北新幹線は開通しておらず、上野から仙台へは特急「ひばり」に乗っても四時間半かかった時代のことである。集団就職列車の運行は彼が高校三年の春に終了し、東北から東京をめざす若者は、中卒の集団就職者から大学受験をめざす高校生や浪人生に代わっていたのである。しかし、まだ改築前の上野駅には、「鈍行列車に揺られ、不安に押しつぶされそうになりながら上野駅に降り立った」多くの中学生たちの「魂の残滓《ざんし》」が漂っていた。和也は上野駅のホームでこの時代をこう考える。

「金の卵」という彼らに与えられた呼称は、彼ら自身のことを指す誉め言葉でもなんでもなく、あくまで雇い主から見て重宝する労働力を形容したものであることを、当時の僕を含めた一般の人々が、現実問題として知るようになってきた時代だった。高度経済成長とともに育った僕らの世代において、急激に高校進学率が上がり、学歴重視の風潮が広まって受験戦争が過熱しだしたのは、それが理由だと思う。中卒じゃどうにもならない、最低でも高校くらいは卒業しておかなきゃ話にならん、と皆が考え始めた時代に生まれ、その波に呑まれて成長してきた最初の世代が、僕たちだったかもしれない。（熊谷 2010：255）。

これは、仙台在住の作家・熊谷達也の自伝的小説『モラトリアムな季節』の一節である。一九五八年生まれの熊谷自身、宮城県北部の高校を卒業したのち、仙台での浪人生活を経て、東京の私立大学を卒業している。そして、中学校教師などを務めた後、東北のマタギを扱った『邂逅の森』（熊谷 2004）で二〇〇四年に直木賞と山本周五郎賞を受賞して作家として認められた。この『モラトリアムな季節』は、熊谷自身の仙台での浪人生活をモチーフに書かれたものと思われるが、ここに引用した一節にもあるように、高度経済成長を経た一九七〇年代後半には、地方にも高学歴化の流れが押し寄せ、地方から東京（あるいは大都市圏）に移動する若者の目的も、集団就職から大学進学に代わっていった。

大衆教育社会の成立

こうした背景には、大衆的規模での大学進学があった。苅谷（1995）によれば、一九五〇年代から七〇年代は日本の「大衆教育社会」が成立した時代であるという。ここでいう「大衆教育社会」とは、いわゆるメリトクラシーの価値が浸透して、大衆的規模で高等教育機関への進学率が上昇した社会を意味する。とりわけ、戦後日本の「大衆教育社会」においては、教育機会の形式的平等が追求された結果、欧米とは異なって、明確な文化的アイデンティティをもたない学歴エリート、すなわち大衆と文化的に連続したエリートが創出されたという。そして、欧米とは異なり、とりわけ出身階層による教育の機会の実質的な不平等が不問に付せられるという形で「平等信仰」が生まれてきたという。

苅谷（1995：200-201）はまた、こうした日本の「大衆教育社会」は、平等主義を基調としながらも、能力主義の徹底により大衆的規模で業績主義的な心情をもつ協調的な労働者を創出することによって、「高度で柔軟な経済運営」を可能にした、という。さらに、「大衆教育社会」は人々に学歴の重要性も誤認させた。すなわち、学歴が社会的地位の達成において果たす役割が、客観的にみて、日本社会では他の先進国にくらべて高いわけではないが、他の国以上に学歴を獲得するか否かによって人生が決定されるかのような「学歴信仰」を生むことで、人々をかえって学歴獲得競争に駆り立てていった。その一方で、「大衆教育社会」はまた、学校を通じて業績主義的に形成される不平等を人々に受容させ、社会の階層性を正当化した。すなわち「大衆教育を通じての大衆社会の誕生が、学校の場で生まれる社会的不平等を正当的なものとして受容する心理的基盤をつくりあげた」（苅谷 1995：201）という。SF作家を夢見た青年・岩淵和也もまた、こうした「大衆教育社会」で学歴獲得に煽《あお》られた「最初の世代」として、結果的には二年間の浪人生活という「モラトリアムな季節」を体験し、東京の私立大学へと進学して行ったのである。

2　戦後における高学歴化と学歴インフレの進行

高学歴化の局面

こうした「大衆教育社会」の成立をもたらした戦後日本の教育拡大については、尾嶋（2002）が四つの局面に区分して記述している。それによると（図3-1参照）、まず第Ⅰ期（高等教育進学年が一九五四年～六四年）は、戦前生まれのコーホートが進学時期を迎えた時代で、高校および大学・短大進学率が緩やかな上昇を続けたが、男女間の格差が明瞭にみられた時期にあたる。第Ⅱ期（同一九六五年～七九年）は、「団塊の世代」を先頭にして、急激に進学率が高まる「進学率上昇の第一局面」（尾嶋 2002：128）である。この時期の終わりには、高校進学率は男女とも九割を越

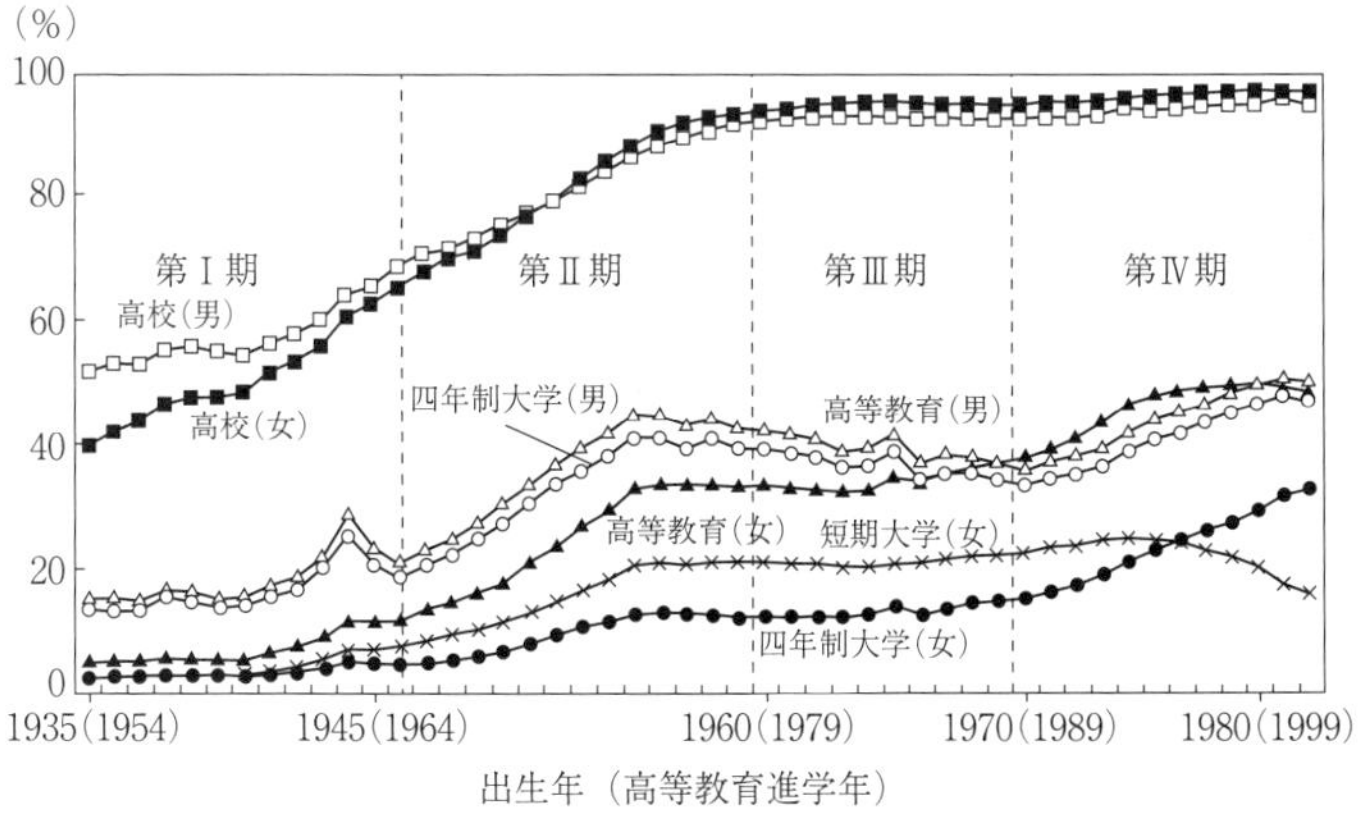

図3-1　進学率の推移

(出典)尾嶋(2002:128)

え、高等教育進学率も男子で四割、女子で三割を超えた。その背景には、高度経済成長にともなう労働力需要の高まりや、「団塊の世代」の進学期を迎えた高等教育政策の転換があった。(1) ただし、この時期における女子の高等教育進学率の上昇を支えたのは、大学進学よりも短大進学であり、「短大=女子向き進路」という「ジェンダー・トラック」(中西 1998)が確立した時期である。

これに対して、第Ⅲ期(同一九八〇年~八九年)は、高等教育の抑制政策のもとで進学率が停滞する時期である。高等教育進学率は、とくに男子で停滞もしくは低下の様相をみせたが、女子では緩やかに上昇傾向を示した。最後の第Ⅳ期(同一九九〇年~九九年)は、第二次ベビーブーム世代が大学・短大へと進学する時期に当たり、臨時定員増や大学・学部の新設により、大学の収容定員が急増している。そして、とくに一九九五年までは女子の高等教育進学率が高まるが、「それをリードしたのは第Ⅱ期とは異なり、四年制大学への進学であった」(尾嶋 2002:129)とされる。これが戦後日本における高学歴化の第二の局面である。

学歴インフレの進行

こうして戦後の日本社会は急速な高学歴化を実現してきたが、その一方で、高等教育卒業者の過剰供給による学歴の希少価値の低下、すなわち学歴インフレも、「戦後における進学率上昇の第一局面」（尾嶋 2002：128）である第Ⅱ期（高等教育進学年が一九六四年〜七九年）の頃から指摘されてきた。たとえば、潮木（1978：96）によれば、一九六〇（昭和三五）年当時、全体で二九〇万人いた大卒労働力は、一九七〇（昭和四五）年には五五四万人と増加している。そして、各職業の学歴構成が六〇年代当時とまったく変わらなかったとした場合、職業構造の変動によってもたらされる大卒者の雇用機会の拡大は一五九万人にとどまり、現実に発生した大卒者の増加分二六四万人の六割程度しか吸収できなかった。その結果、残り四割の大学卒業者の入職先では、一九六〇年と七〇年で比較してみると、販売的職業が二七万人から七〇万人へと大幅に増加した。そして、一九七〇年代には、大卒者のうち専門的・技術的職業に入職できた者は三六％程度に留まっている。さらにこの時期、急増した大卒者のなかには、従来は中卒者や高卒者が占めていたブルーカラー的職業に吸収される者も現れはじめた。実際、一九六〇年にはブルーカラー的職業のうち大卒者の占める比率は一・三％にすぎなかった。したがって、ブルーカラー的職業における大卒者比率がこのままだったと仮定すると、七〇年までの一〇年間でブルーカラー的職業が「絶対数で一七二万人だけ増加したとしても、この程度の増加では、せいぜい二万人程度の大卒者しか吸収されなかったはずである。ところが現実には、その一六倍の三三万人の大卒者が、この職業で吸収されている」（潮木 1978：97）。

また所得の点でみても七〇年代には高等教育卒業者とそれ以外の者の賃金格差は縮小している。アメリカと学歴別生涯賃金を比較してみても、日本では学歴間の格差は小さく、かつその縮小の進行も早い。その結果、日本の高等教育の学歴収益率は、日本の高等教育の拡大が学費の高い私学セクターを中心に拡大してきたこともあり、一九六〇年代の時点ですでに九・〇%と低い（アメリカは一三・六%、イギリスは一二・〇%）(2)。

こうした大卒者の伝統的な労働市場の崩壊にともなって、大卒者の職業観も変容せざるをえなくなった。そして、高学歴社会における新しい職業観の方向性の一つとして、潮木（1978：133-144）は、「脱学歴化」もしくは「学職分離」とでも呼ぶべき志向性を指摘している。それは、大卒学歴が自動的な昇進を保証するという可能性に見切りをつけ、大学での専攻分野とはまったく関係ないが、何らかの形で自律性を確保できる仕事に就いて満足感を得るという選択肢（たとえば、大学で哲学を専攻したがタクシー運転手になる）である。こうして、学歴インフレが進行すると、ある種の「学歴離れ」が進行することが、すでにこの時点で予想されていたのである。

解体する教養主義

こうした大学の大衆化や学歴インフレの進行が「学生界」にもたらしたものは、竹内（2003）によれば、規範としての教養主義の「没落」であった。竹内（2003）によれば、そもそも「教養主義」は日本では戦前（とくに大正期）の旧制高校に起源をもつが、この旧制高校に教師を供給したのが、主として帝国大学の文学部であった。竹内（2003：109-111）は、この帝国大学文学部学生の出身背景を検討した結果、他学部にくらべて農村出身者の割合が高かったことに注目する。すなわち「農業出身者や地方出身者、相対的な貧困層にとって教養主義の殿堂である文学部は敷居の高い学部ではなく、むしろ親和的な学部だった」（竹内 2003：110-111）。そのため、彼らは農民的な刻苦勉励のエートスを背景に、西欧的教養を身につけることによって、大衆との差異化を図ろうとした。ところが、帝国大学文学部卒業生の就職先は、法学部や経済学部、工学部等に比べても制約されており、地方の旧制高校の教職が主たる就職先であった。そのため、教養主義への志向の強い文学部出身者が、旧制高校の教員として教養主義を伝播させたという。その結果、地方の旧制高校生たちは大学入学前から教養主義に目を向けるようになっていた。このようにして、教養主義は循環・再生産されていたという（竹内 2003：169-204）。つまり、日本の教養主義とは、地方出身の青年が都市部において西欧的知を受容することで、地方の農民や都市部の大衆に対して文化的に卓越化する戦略となっていたのである。それは、西洋と日本、日本における都市と地方の文化的格差を基盤とした。こうして西欧文化を志向する教養主義は「農村的エートスを前提にしながらの飛翔感」（竹内 2003：170）であったのである。

したがって、日本の教養主義は、ヨーロッパのように階級的基盤をもつ「相続文化資本」ではなく、学校文化に基盤を置く「獲得文化資本」であった。しかし、それは高田（2005：205）も指摘するように、「ブルジョア的視点からは、身のほど知らずの上昇志向の落ち着きのなさ」と否定的にとらえられ、また「庶民的存在には、自分たちを置き去りにする裏切り者のエゴイズムが非難」されるという不安定な位置を占めるものであった。こうした不安定な基盤ゆえに、戦後、教養主義は「没落期」を迎える。竹内（2003：218-220）によれば、戦後の高度経済成長は、地方の全般的都市化を推し進めた。そして、都市と農村の文化格差が消失し、学生がエリートでなくなったとき、教養も意味を失ったとする。実際、教養主義の出自たる農林漁業人口は、昭和初期の一九三〇（昭五）年には五〇%、戦後でも一九五五（同三〇）年には四一%あったが、高度経済成長期を迎えた一九六五（同四〇）年には二五%まで減少した。

また、この年には第二種兼業農家の割合が専業農家を超えた。そして、一九七〇（同四五）年には、農林漁業人口は一九％となり、ホワイトカラー（専門・管理・事務職）の二五％を下回るに至った。さらに、この時期、大衆消費財の普及により農村と都市の生活様式の格差は縮小し、またメディアの普及によって都市と地方との文化格差も消滅しつつあった。こうした状況では、当時、教養主義が全共闘世代からその非政治的な文化主義が糾弾されたこともあって、もはや西洋的知識を身につけることは文化的な卓越化戦略とはならなくなったのである。

くわえて、先にもみたように、七〇年代に学歴インフレによって大学卒業の学歴が希少価値を失ったことが教養主義の解体を加速した。大卒者は、学歴貴族（竹内 1999）すなわち官庁や企業の幹部候補生として期待されるエリートから、一般職員として大量に採用され、下位の職位に滞留した後に徐々に昇進していく大衆的サラリーマンになった（竹内 1999：311-317，竹内 2003：223）。このように大衆的サラリーマンが予定された学生にとって、学歴エリート文化である特権的な教養主義は、もはや収益を見込んで投資すべき文化資本ではなくなったのである。竹内（2003：303-310）は、日本では六〇年代末の学生叛乱とは、こうした大衆化しつつあった学生が教養主義に向けたルサンチマンの捌《は》け口になっていたとみる。しかし、六〇年代末の「全共闘世代」が教養主義に対するアンビバレンスを抱えた「家庭内（大学内）暴力」世代であったなら、一九七〇年代以降のポスト全共闘世代――当時は「しらけ世代」「モラトリアム人間」とも呼ばれた――は、そもそも教養書や思想書には初めから眼を向けない「家出」世代であった――もっとも大卒の学歴だけは必要としていたから「家庭内別居」世代とも言われる（竹内 2003：224）。竹内（1999：322，竹内 2003：220-228）は、この時期の東京大学・京都大学の学生読書調査の分析から、いわゆるエリート大学でも七〇年代後半に明確に教養書・思想書から娯楽書・情報誌へと読書傾向の移行が生じたことを指摘した。こうして、教養主義的志向を欠いた「若者文化」が、都市部の大学生を中心に成立していったのである。

3　語られ始めた「青年問題」

「モラトリアムの制度化」としての高学歴化　このように一九七〇年代は、進学率の上昇と若年層の進学移動によって、都市部を中心に「若者文化」が形成された時期に当たる。しかも、学歴インフレによって大学生もエリート意識を喪失し、大衆的なメディアの影響をつうじて消費文化を受け入れていった。しかし、その一方で、この時代はまだ一九六〇年代後半に日本の大学を席巻した「学生叛乱」の残滓《ざんし》も漂っていた。一九七〇年代は青年層自体が「政治の季節」から「消費の季節」への移行途上にあったとみることができる。

この時期はまた、社会学において本格的に「青年問題」が語り始められた時代である。序章でも述べたように、この問題が日本の社会学会で最初に本格的に取り上げられたのは、一九七〇年の第四三回日本社会学会大会におけるシンポジウム「現代の青年問題」であった。そして、先にも触れたように、塩原（1971）は青年問題へのアプローチとして、①労働の問題としての青年論（階級論的青年論）、②文化の問題としての青年論（世代論的青年論）、③政治の問題としての青年論（時代論的青年論）という三つのアプローチの仕方を提示していた。

このうち、まず労働の問題としての青年論は、一九六〇年代から七〇年代にはリアリティを帯びていた。第２章でもみたように、高度経済成長期の集団就職にみられる若年層の労働移動の問題は、この時期の青年研究の中心的テーマであった。序論で触れた見田（1979=2008）によるＮ・Ｎの生活史に関する分析はその典型であろう。したがって、この時期は「青年理解において、労働の末端に位置づけられる勤労青年を射程に入れない「青年問題」は逆にリアリティを欠く」ものであった（岩佐 1993：10）。その一方で、一九六八年の東大闘争をピークとする高学歴青年の異議申し立て（小熊 2009）にみられるように、政治の問題としての青年論もまた社会学における青年研究において重要な位置を占めた。しかし、七〇年代に入って学生運動が衰退の一途をたどるようになると、日本の青年論は「「異議申し立て」の嵐が過ぎ去ったあとに」（小谷 1993b：2）という問題設定を迫られることになる。その意味で、一九七〇年代は戦後の若者史および若者論のターニングポイントをなしている。

こうした課題の転換は、小谷（1993a：iii）の表現を借りると、「青年」研究から「若者」論への視座の転換でもある。「青年（adolescence）」とは発達段階の一つで、青年期が子ども段階から成人段階への移行期として捉えられるのに対して、「若者（youth）」とは、そうした発達段階というより、消費社会や情報社会のなかで成人世代とは異なる独自の文化（若者文化）の担い手として捉えられる。これは塩原（1971）の類型化で言えば、文化の問題としての青年論という問題設定である。一九七〇年代の青年論は当初、精神分析学者エリクソン（Erikson 1968=1973）のアイデンティティ論の枠組みにもとづく青年論として出発したが（片瀬 1993）、やがて若者文化論として展開していくことになる。(3)

そもそも、この時期に青年問題へ注目が集まった背景には、先に触れた一九七〇年代の高学歴化、すなわち高等教育進学率の急増があった。エリクソン（Erikson 1959=1973）によれば、かつての「モラトリアム」は、一部の優秀な青年が自らの修練の期間を「遍歴」という形で自前で作り出すものであったが、この時期の高学歴化の進展（大学のマス化）は、高等教育を通じて大衆的規模で経験されるモラトリアム――いわば高等教育によって「制度化されたモラトリアム」を準備したのである（小谷 1993d：56）。しかし、このモラトリアムは、一九七〇年代を通じて変容し、これによって青年問題は若者文化の問題として捉えられるようになったのである。

モラトリアム言説の変容　当時、こうした日本社会における「モラトリアム」の質的転換を指摘したものに、エリクソン（Erikson 1968=1973）のアイデンティティ論を日本に紹介した一人でもある小此木（1978：8-75）の「モラトリアム人間論」があった。小此木（1978）は、エリクソンの発達理論を日本の若者研究によって換骨奪胎し、発達論的な青年研究を世代文化論的な若者論へと転換していった。エリクソンにとって「モラトリアム（心理社会的モラトリアム）」とは青年期の発達課題とされるアイデンティティを確立するための「猶予期間」を意味していた。この「モラトリアム」期に青年は、さまざまな役割実験（社会的遊び）を試行することで、自分にふさわしい成人役割を見出し（たとえば職業の選択）、自己のアイデンティティを確定していくものとされた。そして、アイデンティティを確立できない「アイデンティティ拡散」または「役割混乱」の状態は、エリクソンによって「病理状態」として記述された。

ところが、こうした「古典的モラトリアム心理」は、小此木（1978：21-30）によれば、一九六〇年代後半から七〇年代の日本社会において、「新しいモラトリアム心理」へと変容していったという。それは、いわば「アイデンティティ拡散」が常態化した心理である。しかも未決定もしくは不関与の状態が多くの若者のスタイルとして共有され、変動しつつある社会に対応するのに適合的なものと肯定的に評価されたという点で、フロム（Fromm 1941=1951）らのいう「社会的性格」となったという。これによって自立していないという「半人前意識」は新しいものを受容する「全能感」に、禁欲的な修業感覚は解放的な遊び感覚に、また自己探求や自立への渇望は意欲の欠如や「しらけ」の態度へとって代わった（小此木 1978：31-50）。しかも未決定でいることが、エリクソン理論を継承したリフトン（Lifton 1970=1971）のいう「プロテウス的人間」[4]と同様、変動著しい現代社会に適合的な社会的性格であることから、それは成人世代にも浸透していった、とされる（小此木 1978：53）。

こうした「モラトリアム心理」の変容をもたらした要因として、小此木（1978：21-30）は二つのものに注目する。一つは消費社会や情報化を背景とした若者文化の成立であり、もう一つは高学歴化に伴う青年期の延長すなわち「制度化されたモラトリアム」である。

まず若者文化——小此木は青年文化に代えて若者文化と呼び、この時期以降、この用語が定着する——についてみると、エリクソン（Erikson 1968=1973）のいう古典的な「モラトリアム」概念が社会的現実から一歩距離をおいて（これがエリクソンのいう「社会的遊び」のニュアンスでもある）、将来に向けて自我を確立する「猶予期間」であったのに対して、新しい「モラトリアム」意識では、こうした将来への志向性や目的意識は希薄化し、社会的現実と対峙するというより、これを受動的に受け入れるようになった。その背景にあったのは、産業化の進行によって、未決定という「モラトリアム」の状態が新しいものを受け入れ、創造するものとして価値が上昇したことであり、豊かな消費社会において著者が商品の消費者として注目されたことである、という（小此木 1978：21-23）。

他方、高学歴化はかつては一部のエリート青年の特権であったモラトリアムを高等教育への進学という形で大衆的規模で実現し、制度化した。この時期はまた高等教育進学率の上昇によって受験競争が深刻化した時代でもあった。そして、受験競争が終わると、大学の大衆化によって豊かな消費文化を享受できる大学生活がまっていた。小此木（1978：31）の表現を借りると、そこには「高学歴社会における大学入学までの過酷な進学競争と、大学時代の平和なモラトリアム（猶予期間）」の「相反並存」があった。こうしたなかで、当時、注目されたのが過酷な受験競争への反動としての「五月病」や「スチューデント・アパシー」であったという。過酷な受験競争から「居心地のよい」モラトリアムに移行すると、再び企業社会という競争社会に出るのを嫌がり、留年を繰り返す学生たち、また社会に出たとしても企業の中で「内なるモラトリアム」を抱えたまま当事者意識をもたない若者たち——こうした「モラトリアム人間像」が精神分析語を用いた言説によって心理主義的に構築されたのである(5)。

4　「モラトリアム人間の時代」の実相

モラトリアムな季節の雇用調整

では、こうした心理主義的な「モラトリアム人間」言説は、この時代の若者の実像をどれだけ正確に捉えていただろうか。たしかに一九六〇年代後半から七〇年代は、いわゆる「団塊の世代」の大学進学期を迎えて大学入学定員の大幅増もあって、先にみたように急速な高等教育進学率の上昇期であった。したがって、大学生活という「モラトリアム」が大衆的規模で「制度化」された時期には間違いない。しかし、そこからたとえば就職しない若者、留年する大学生が「モラトリアム心理」を社会的性格といえるほど広範に共有していたと結論づけることができるだろうか。

というのも、一九七〇年代はドルショックと二度にわたるオイルショックによって高度経済成長が終焉を迎え[6]、生産設備や労働力の過剰を抱えた日本企業が利益率の確保のため、「減量経営」の名のもとに「雇用調整」を行ってきた時期にもあたるからである（中村 1986=2007）。この「雇用調整」は、まずは定年退職者の後任を採用しないで労働者数を減らしていくという方法で行われた。これ以外にも中村（1986=2007：328）によれば、「雇用調整」のために、早期希望退職による人員整理、人員過剰となった工場の労働者の配置転換や関連会社への出向、パートタイマーなど期限つき雇用者の雇い止めといった方法がとられたが、やはりもっとも効果的な方法は新規雇用の削減であった、という。このことは、当然のことながら、おりしも増加してきた新規大卒者の就職難をもたらす。たとえば、この当時、潮木（1978：85）は次のように述べている。

> 一九七三年のオイルショック以来、日本経済はにわかに変調をきたし、それとともに新卒者の採用を手びかえる企業が続出しはじめた。労働省の調査でも、ここのところ大卒者の採用を中止した大企業はかなりの数にのぼり、求人数はひところに比べ大幅に減少してしまった。（潮木 1978：85 傍点引用者）

ここで、この引用の傍点部分「一九七三年のオイルショック以来」を「一九九一年のバブル崩壊以来」と変えてみても違和感がないことに注目しておこう。本田（2006：23-38）が明らかにしたように、二〇〇〇年代の「モラトリアム人間」ともいうべき「ニート」の実態が、「働く意欲のない若者」ではなく「求職型無業者＝失業者」であって、そのなかには少なからぬ「進学・留学準備」「資格取得準備」中の者が含まれている（とくに男性）。彼らの多くはバブル経済崩壊後の長期不況による「雇用調整」――それは日本型長期雇用の恩恵を受けている先行世代の「既得権益」を守るものでもあった――の結果として「働けない」のであって、働く意欲を欠いているのではなかった。それにもかかわらず、現代の若者には「人間力」が欠如している（厚生労働省 2006）、依存性や自己愛が強いために就職を怖がる（香山 2004）といった心理主義的な言説による「若者バッシング」（後藤 2006）がなされているのである。この点からすると、こうした二〇〇〇年代の「ニート」と同様、一九七〇年代の「モラトリアム人間」論も、不況による労働市場のひっ迫という経済問題から生じた就職難を若者の「心」の問題に帰責し、社会経済問題を個人化した「はしり」である可能性もでてくる。そこで、以下では当時の大卒者のデータから改めて「モラトリアム人間の就職事情」を検討してみよう。

大学卒業者の就職状況

まず、一九五五（昭和三〇）年度以降の新規大卒者の就職率の推移（**図3-2**）をみると、一九五〇年代後半から八〇年代までは、大卒就職率の男女間の差異が大きく、とくに一九七二（昭和四七）年頃までは、女性の就職率が男性を二〇ポイント程度下回っていたことがわかる。次に、年次変化に注目すると、高度経済成長期末期の一九六一（昭和三六）年度から六四年（同三九）年度にかけて、男女とも就職率の第一のピークがあり、男性では八五％、女性で

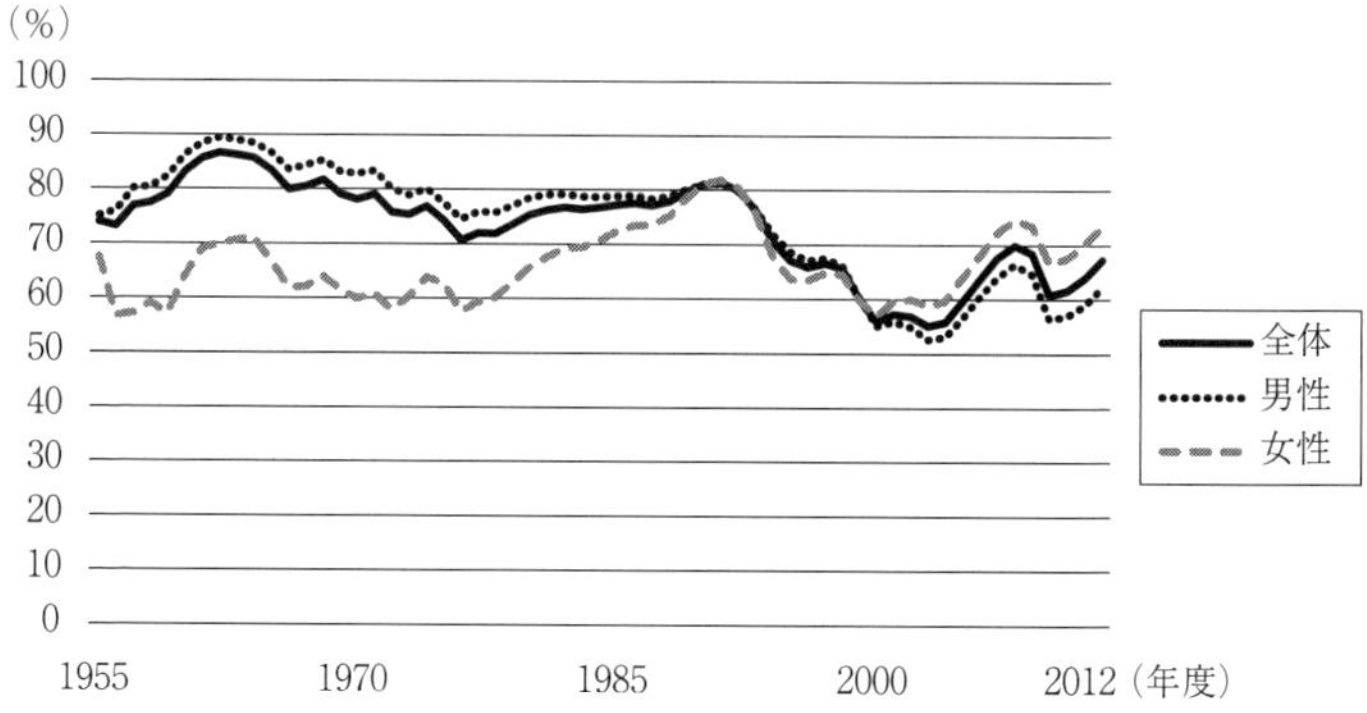

図３-２　新規大卒者の就職率

（注）就職率は，各年３月卒業者のうち，就職者（就職進学者も含む）の占める割合を示す。
（出典）文部科学省・文部省『学校基本調査』各年次（「政府統計の総合窓口」(2013年12月20日公表）より。

も七〇％を超す就職率を示している。その後、就職率は低下傾向にあり、とくに二回のオイルショックに挟まれた一九七六（昭和五一）年度から七八年（同五三）年度の間は男性で七五％程度、女性で六〇％前後と低迷期を迎えた。小此木（1978）の『モラトリアム人間の時代』が刊行されたのは、ちょうどこの時期であった。それは、まさに不況期の就職難の時代であった。

しかし、翌七九（昭和五四）年度からは、とくに女性において就職率が上昇し、男女差を縮小させていった。そして、一九九一（平成三）年度と九二（同四）年度には、男女とも就職率が八割を超し、戦後第二のピークを迎えた。しかし、九一年度からバブル経済の崩壊は大学生の就職難となって表れ、翌九二年度から就職率は大幅に低下しはじめる。とくに「就職氷河期」と呼ばれた一九九三（平成五）年度から二〇〇二（同一二）年度にかけては、男女とも就職率は七五％程度から五五％程度の間で低迷した。その後、二〇〇六（平成一六）年度からは景気の一時的な回復に加え、「団塊の世代」の大量退職期を控え、企業が採用者を増やしたため、大卒の就職率も回復傾向を示し、男性で六〇％程度、女性では六〇％台の後半から七〇％台まで回復をみせる。ところが、二〇〇八（平成二〇）年度の世界的な金融危機を引き金として、大卒就職率も二〇一〇（平成二二）年度には男女とも、かつての「氷河期」並みに低下した。しかし、その後は少子化による労働力不足もあり、二〇一二（平成二四）年度にかけ、回復の兆しをみせている。こうしてみると、大卒の新規労働市場は、その時々の景気動向と人口動態を敏感に反映するものであるといえる。

また卒業後進路が「無業・その他」という者に注目すると、ドルショックの翌年（一九七二年）頃から増加しはじめ、七六（昭和五一）年には、大学卒業後も「無業・その他」という者は、この当時の最高二三・四％を記録している。その後は、一九八〇年代後半のバブル経済に向けて就職率の上昇、無業率の低下が続いたが、バブル崩壊後は無業率が増え、二〇〇〇（平成一二）年度には三二・三％と戦後最大を記録している。

こうしてみると、戦後の大卒者における就職率・無業率は、景気動向と軌を一にしていることがわかる。そして、「モラトリアム人間の時代」とも言うべき一九七〇年代後半はやはり不景気を反映して、二〇〇〇年代ほどではないが、就職が決まらないまま大学を卒業していった者が五人に一人近くいたことになる。

留年する大学生

ただし、一九七〇年代後半と二〇〇〇年代の大卒者の状況は単純に比較できない面がある。それは「モラトリアム人間論」でも「モラトリアム心理」の表れとさ

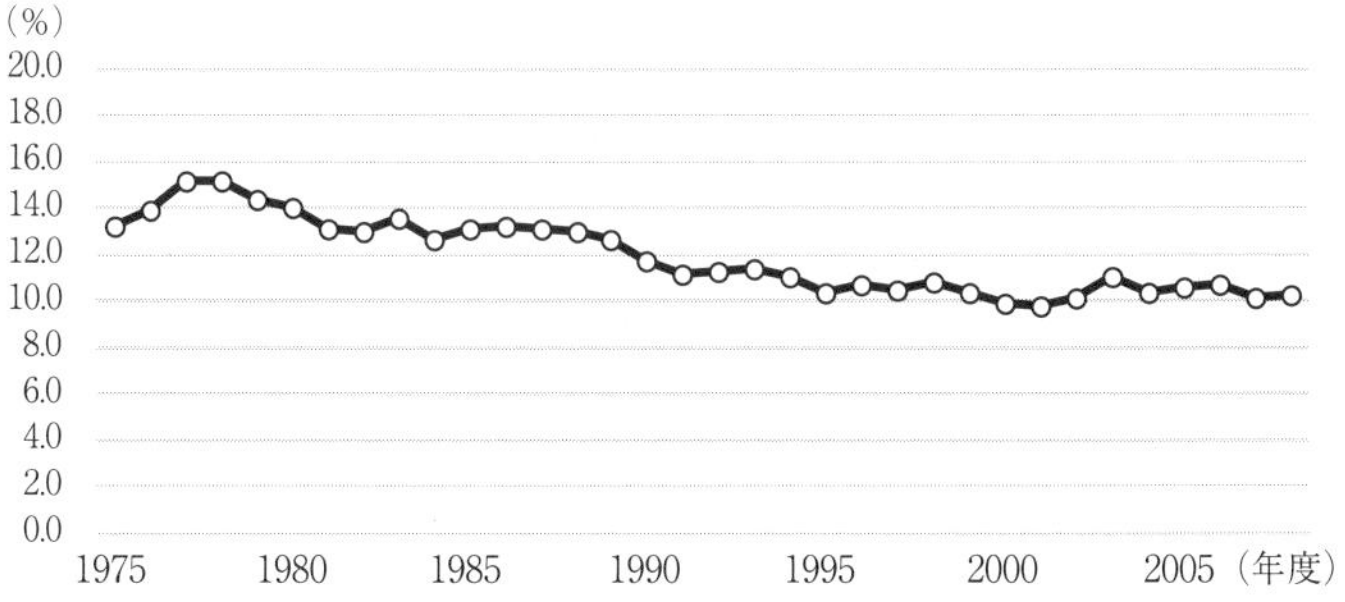

図３-３　大学生の留年（過年度卒業）率の推移

（注）「留年率」の算出方法は注(8)参照。
（出典）文部省・文部科学省『学校基本調査』各年次より作成。

れていた留年率が一九七〇年代後半には高かったことである。**図3-3**によれば、大学生の留年率（過年度卒業率）(8)は、就職状況の悪化がみられた一九七五（昭和五〇）年度頃から増加し、七七（同五二）年度から七八（同五三）年度にかけ一五％を超え、ピークを迎える。そして、その後は長期にわたって漸減傾向を示し、バブル経済が崩壊した一九九〇年代初頭以降もおおむね一〇～一一％台で推移している。つまり、一九七〇年代後半の不況期に卒業時を迎えた者で就職が決まらなかった者のなかには、「留年」という形で就職の先送りあるいは次年度の再チャレンジを試みていた者が少なからずいたと推測される。

このような「無業卒業回避策」ともいうべきモラトリアム戦略、すなわち「留年」が可能だったのは、一九七五（昭和五〇）年度までの入学者（卒業年度は七八年度以降）はとりわけ授業料が格安であったことによる。すなわち、一九七五（昭和五〇）年まで国立大学の授業料は年間三六、〇〇〇円に据え置かれてきた。これは月額にすると三、〇〇〇円で、当時の幼稚園の保育料七、二〇〇〇の半額以下であった（週刊朝

表3-1　国立・私立大学の授業料の推移(円)

年度	国立大学	私立大学	格差
1975	36,000	182,677	5.1
1976	96,000	221,844	2.3
1977	↓	248,066	2.6
1978	144,000	286,568	2.0
1979	↓	325,198	2.3
1980	180,000	355,156	2.0
1981	↓	380,253	2.1
1982	216,000	406,261	1.9
1983	↓	433,200	2.0
1984	252,000	451,722	1.8
1985	↓	475,325	1.9
1986	↓	497,826	2.0
1987	300,000	517,395	1.7
1988	↓	539,591	1.8
1989	339,600	570,584	1.7
1990	↓	615,486	1.8
1991	375,600	641,608	1.7
1992	↓	668,460	1.8
1993	411,600	688,046	1.7
1994	↓	708,847	1.7
1995	447,600	728,365	1.6
1996	↓	744,733	1.7
1997	469,200	757,158	1.6
1998	↓	770,024	1.6
1999	478,800	783,298	1.6
2000	↓	789,659	1.6
2001	496,800	799,973	1.6
2002	↓	804,367	1.6
2003	520,800	807,413	1.6
2004	↓	817,952	1.6

(注) 1. 年度は入学年度である。
2. 私立大学の額は平均額、国立大学の2004度以降の額は国が示す標準額。
(出典) 文部科学省 HP(http://www.mext.go.jp/b_menu/shingi/kokuritu/005/gijiroku/06052921/005/002.htm)より改編して転載。

日編 1995：212)。そのため、**表3-1**に示したように、私立大学との格差は五・一倍あり、この格差への批判や受益者負担の議論もあって、その翌年の一九七六（昭和五一）年度には実に二・六七倍の九六、〇〇〇円に引き上げられ、その後も一年おきに数万円規模の値上げがおこなわれた。そして、二〇〇三年には五二〇、八〇〇円と五〇万円を突破した。その背後には、一九七三（昭和四八）年に起こった連合赤軍事件によって新左翼=全共闘が一般学生の支持を失い、学費をめぐる大学闘争が困難になったこともあった。もちろんこれによって私立大学との格差は縮小し、教育機会の平等化は達成されていった。しかし、二〇〇〇年代の「ロスジェネ世代」は就職浪人＝留年というモラトリアム戦略をとることが困難になったことも事実である。

このように「モラトリアム人間の時代」は、一九六〇年代前半に大学進学期を迎えた「団塊の世代」のために大学入学定員が増員された結果、大学進学率が急増していった一方で、七〇年代の高度経済成長の終焉に伴う不景気によって、大卒者の就職難をもたらしていた時期であった。その結果、国立大学を中心に格安な授業料の恩恵を受けて就職浪人という形で大学に残った者がいる一方で、無業のまま大学を去った者も二〇〇〇年代と同程度の水準であった。そして、彼ら・彼女らが「モラトリアム人間」と呼ばれたのである。

二〇〇〇年代の「ニート」が、内藤（2006）も指摘するように、若者への「いいがかり資源」をもとに社会的に構築され、結果的にバブル崩壊後の長期不況の所産であった就職難を若者個人に帰責したたものであったと同様、「モラトリアム人間論」も経済不況と大学の大衆化の結果であった就職難に対する社会経済的視点を欠いた精神科医が精神分析や心理学のタームによって構築したものとみてもよいだろう。つまり、大学の大衆化と不況によって生じた社会‐経済問題である若年層の就職問題を若者の「心」の問題として構築する「まなざし」の起源はこの「モラトリアム人間論」にあったということもできる。

表3-2　コーホート別にみた大卒男性の初職（従業上の地位）　（%）

大学卒業コーホート	正規雇用	自営・家族従業	非正規雇用	合計（実数）	
1928-37年出生（1950-59年卒業）	87.6	10.9	1.5	100.0	(201)
1938-47年出生（1960-69年卒業）	93.0	5.4	1.6	100.0	(371)
1948-57年出生（1970-79年卒業）	91.1	6.3	2.6	100.0	(537)
1958-67年出生（1980-89年卒業）	93.2	3.9	2.9	100.0	(411)
1968-77年出生（1990-99年卒業）	88.6	1.8	9.6	100.0	(219)
1978-85年出生（2000-2005年卒業）	80.5	4.9	14.6	100.0	(41)
全　体	91.0	5.5	3.5	100.0	(1780)

（注）データ：1985年，95年，2005年SSM調査大卒男性データ

5　「モラトリアム人間論」の検証

「モラトリアム人間」の初期キャリア　このことをさらに確かめるために、正規雇用と非正規雇用が区別できるようになった一九八五年から二〇〇五年のSSM調査データを合併してから大学を卒業した男性のみを取り出し、五つのコーホート（大学卒業時コーホート）ごとに初職の従業上の地位をみた（**表3-2**）。この表からみて、一九七〇年代に大学卒業期を迎えた一九四八年から五七年出生コーホートでは、初職が非正規雇用という者は二・六％で、その前後のコーホートと比べても、それほど多いわけではない。非正規雇用による入職は、バブル経済が崩壊した時期に卒業を迎えた一九六八年から七七年出生コーホートから増え始め、次の一九七八年から八五年出生コーホートでは一五％近くに達する。したがって、「モラトリアム人間の時代」には、まだ男子大学生が卒業後、非正規雇用者として労働市場に参入するというルートは確立していなかったとみることができる。

しかし、卒業から入職に至る期間をみると（**表3-3**参照）、いわゆる「間断のない移行」がこの時期、揺らいでいたことがわかる。というの

表3-3　コーホート別にみた大卒男性の学校　職業移行期間　（%）

大学卒業コーホート	すぐに（1ヶ月未満で）仕事についた	少ししてから（1～3ヶ月以内に）仕事についた	だいぶしてから（4ヶ月以上）仕事についた	合計（実数）	
1928-37年出生（1950-59年卒業）	85.0	10.0	5.0	100.0	(20)
1938-47年出生（1960-69年卒業）	89.7	4.4	5.9	100.0	(136)
1948-57年出生（1970-79年卒業）	87.4	2.1	10.5	100.0	(190)
1958-67年出生（1980-89年卒業）	89.9	3.7	6.3	100.0	(189)
1968-77年出生（1990-99年卒業）	83.5	8.5	7.9	100.0	(164)
1978-85年出生（2000-2005年卒業）	79.1	11.6	9.3	100.0	(43)
全　体	87.1	5.1	7.8	100.0	(742)

（注）データ：2005年SSM調査大卒男性データ

も、二〇〇五年ＳＳＭ調査には学校から職業への移行期間に関する設問があるが、これをみると卒業後「だいぶしてから（四ヶ月以上）仕事についた」という者の比率は、一九四八年から五七年コーホートでは一〇・五％と前後のコーホートを上回っており、この時期（大学卒業時が一九七〇～七九年）の就職状況の厳しさを物語っている。

モラトリアム人間の「モラトリアム意識」

では、この当時の若年層は意識の面でもモラトリアム意識をもっていたのであろうか。このことを確認するために、一九七五年のＳＳＭ調査における意識項目への回答を、先行する二つのコーホートと比較してみよう。ここで「モラトリアム意識」として取り上げるのは、一九七五年ＳＳＭ調査で社会的性格を聞いた設問のうち、物事への関与を聞いた質問「遊びでも仕事でも、やりだすと、とことん熱中して、まあまあものにするほうだ」「すこし無理だと思われる位の目標をたてて、頑張る方だ」「なにごとによらず、あまりガツガツやるのはきらいで、気ままにのんびりやる主義だ」、およびリーダーシップについて尋ねた「リーダーになって苦労するよりは、のんきにひとに従っているほう

表3-4　コーホート別にみた大卒男性の社会的性格

大学卒業コーホート	熱中する	がんばる	気ままにのんびり	従うほうが気楽	人から頼られる	お山の大将
1928-37年出生(1950-59年卒業)	86.3	68.8	36.1	40.5	74.7	39.7
1938-47年出生(1960-69年卒業)	84.5	70.6	31.4	41.1	65.0	36.4
1948-55年出生(1970-1977年卒業)	73.0	57.4	40.2	66.7	59.1	28.1
カイ二乗検定結果(χ^2値と有意性)	7.610*	5.467 n.s.	1.919 n.s.	20.328***	5.092 n.s.	3.496 n.s.

（注）***；$p < 0.001$　*；$p < 0.05$
データ：1975年SSM調査大卒男性データ

が気楽でよい」「他人のめんどうをみるのが好きなほうで、他人から頼られるほうだ」「小さい頃から、お山の大将になるのが好きなほうだった」の六項目である。**表3-4**には、三つのコーホート別に大卒男性がこの六つの問いに「はい」と答えた比率とカイ二乗検定の結果を示した。

これによると、この六つの項目のうち、世代と有意な関連がみられたのは、関与を示す「とことん熱中してものにする」と、リーダーシップに関する「リーダーになって苦労するよりは、人に従っているほうが気楽でよい」の二項目であった。このうち、関与を示す「とことん熱中してものにする」ことが当てはまるとする者は、上位のコーホート（一九二八年～三七年、一九三八年～四七年出生コーホート）で多く、「モラトリアム世代」といわれた一九四八年から五五年出生コーホートでは一〇ポイント以上少なくなっている。また、リーダーシップへの非関与を示す「リーダーになって苦労するよりは、のんきにひとに従っているほうが気楽でよい」は上の世代と比べて、「モラトリアム世代」において肯定率が二〇ポイント以上高くなっている。しかし、残りの四項目「目標をたてて、がんばる方だ」「気ままにのんびりやる」「他人のめんどうをみるのが好きなほう」「お山の大将になるのが好きなほう」といった項目についてはコーホート間で有意な違いはみられない。こうしてみると、いわゆる「モラトリアム心理」は一部の項目が「モラトリアム世代」に当てはまるものの、それ以外の項目は先行する世代との有意な違いはみられなかった。したがって、小此木（1978）の言うように、いわゆるモラトリアム心理がこの世代に特有の「社会的性格」となったというには無理があると考えられる。

以上のことからして、一九七〇年代の若者について展開された「モラトリアム人間論」は、この時期の大学生に貼られた精神分析の「ラベル」であった可能性も高い。彼らは、ドルショックやオイルショックの直撃による新卒労働市場のひっ迫によって入職機会を奪われ、留年や就職浪人というモラトリアム戦略をとっていたと考えられる、それは、本田ら（2006）らが指摘したように、二〇〇〇年代の「ニート」の実態を軽視して心理主義的な「物語」が構築されたことと酷似している。その意味では「モラトリアム人間論」は、内藤（2006）の指摘する若者への心理主義的な「いいがかり」言説――その後、「オタク」「ひきこもり」「パラサイト」などヒット商品が続く――の幕開けであったともみることができるだろう。

6　語られ続けた「若者」

〇〇年代のフリーター・ニート言説

こうして同様のことは、二〇〇〇年代初頭の「フリーター・ニート」問題にも当てはまることになる。この頃のフリーターについては、厚生労働省の『労働白書』で二一七万人（二〇〇三年）、内閣府の『国民生活白書』では四一七万人（二〇〇一年）という数字が公表され、いずれも八〇年代に比べて増加しているとされる。しかし、両者ではフリーターの定義が違うために、その数値が大きく異なっている。厚生労働省の定義では、フリーターという立場を選択している人（正社員になりたくない人）だが、内閣府の定義では、フリーターにならざるを得ない人（正社員になれない人）や派遣・契約社員も含むという違いがある。そのため、内閣府のいうフリーター数は、厚生労働省の倍近くとなっている。まず、こうしてフリーターは、その操作的定義からして恣意的・政治的に「物語」られている。

では、ほんとうにフリーターは九〇年代から二〇〇〇年代にかけて増えたのだろうか。新谷（2004）は、行政によるフリーター対策が、文部科学省の「キャリア教育」や厚生労働省の「自立支援」の推進にみられるように、若者個人を対象としていることに疑義を呈し、若年無業者の問題が若者個人の問題であるのか、それとも近年の労働市場の問題かという観点から、フリーターに対する問題認識を問い直そうとした。そして、学校基本調査のデータから一九七〇年代の高卒無業者層の比率を再計算し、この時代の無業者率はフリーター問題が顕在化した二〇〇〇年代とほぼ同じ水準にあったことを明らかにした。すなわち、一九七〇年代後半の「高卒無業者」数は一九七〇年代とほぼ同じ水準にあり、逆にバブル期の一九八〇年代後半は好景気のため「高卒無業者」数が例外的に低かった時期である。そして、この例外的な時期に比べて、現在「高卒無業者」が増えているという「物語」が構築されているのである。

ここから新谷（2004：20）は、より長期的スパンでみれば、現在の学卒無業者が著しく多いわけではなく、以前から一定の割合で存在したものであると指摘する。それにもかかわらず現代の問題としてフリーター問題が注目されるのは、若者が変わったからではなく、若者をみる「まなざし」の変化があったからだとする。その「まなざし」とは、学校から職業への移行の困難化が、本来、労働市場の構造的変動がもたらした「社会問題」であるにもかかわらず、若者個人に帰責されるという心理主義である。そして、この「まなざし」にもとづいて、若者個人を対象としたフリーター対策が立てられるが、その妥当性は疑わしいという。

心理主義的若者「物語」の嚆矢としての「モラトリアム人間論」

本章でもまた、この新谷（2004）と同様、一九七〇年代の大卒労働市場や大学生の入職について検討してきた。その結果、「モラトリアム人間論」が心理主義的に構築された若者「物語」の幕開けであった可能性が示唆された。すなわち、まず一九六〇年代、「団塊の世代」の進学期を迎えて大学の学部・学科の増設・定員増によって進学率が急速に上昇した。そして、高等教育の大衆化によって高等教育の収益率が低下して、学歴インフレが起こった。加えて、七〇年代のドルショック、オイルショックによって高度経済成長が終焉すると、増加した大学生の就業機会が奪われていった。そして、自己防衛のためにモラトリアム戦略を強いられた当時の学生に対して、アメリカから入った青年研究のための精神分析学のターム「モラトリアム」が、その本来の意味を換骨奪胎して当てはめられたのである。

さらに加藤隆雄（2005：108）は、「モラトリアム」そのものの変容に着目して、バブル崩壊後の消費社会や若者文化市場の変化を考察している。それによると、この時期、「終身雇用制から流動的労働力への依存を強めていった企業が、モラトリアム人間＝フリーターの構造を作り上げ」ることで、消費社会に適合的ですらあったモラトリアム人間のメリットを削ぐシステムを用意する一方で、オンリーワンを求める「夢市場」が設立されたという。そこでは、実現不可能なオンリーワンの「夢」をメディアが若者に消費させることで、アイデンティティは「充分な時間をかければ達成できるものではなく、追い求めるだけのものへと変質」したという。そして、「夢に対して社会はもはやクーリング・アウト…（中略）…はしない」ために、モラトリアムには終わりがなくなった状況は、「モラトリアム人間の搾取」とも呼ぶべきであるという。

しかも、加藤（2005：104）によると、このオンリーワンの「自分探し」は「病的」な様相すら呈してきたという。「オンリーワン」という語が「『唯一性』という『一般的特性』をもつという点で矛盾している」（傍点原文）だけでなく、それは「アイデンティティ」を求める偏執狂的な志向性をもち、この時期、アイデンティティの可変性を気づかせる「多重人格」や、アイデンティティの根源に関する「物語」を心理主義的に構築する「トラウマ」への関心が高まるほどに、現代の「アイデンティティ探求＝自分探し」は病的になっているという。

こうしてみると、一九七〇年代には、日本社会学会のシンポジウムにおいて青年問題が初めて取りあげられるなど、社会科学的な関心からの青年論も現れはじめたものの、七〇年代の若者論の基調は「モラトリアム人間論」に代表されるように、心理主義的に構築された若者「物語」であった。それは当時の日本の社会経済状況や高等教育の変容が若者に及ぼした影響を実証的に検討・検証することもなく、メディアや論壇向けに「分かりやすく」若者の心性像を創作し、提供していったのである。そして、その構図はその後の「失われた二〇年」（朝日新聞「変調経済取材班 2009）の若者「物語」にも継承されていった。モラトリアム人間の就職事情の検証から浮かび上がってきたのは、こうして心理主義的に構築された若者言説の幕開けであったのである。

こうした心理主義的な若者言説が、やがて二〇〇〇年代に本格的に登場する新自由主義的な「自己責任論」の素地を作ったことはまちがいない。例えば豊泉（2010：20）によれば「ここ一〇年あまりの若者論の主流は、圧倒的に「モラル」や「心」の問題として若者問題を解釈し、批判する類の言説であった。それらの多くは、ほとんど社会の仕組みにふれることなく、問題の原因を若者自身のモラルや心に、あるいは若者の家族関係に求め、結局、新自由主義の自己責任論に合流するものであった。実際、自己責任イデオロギーはこの間、巨大な奔流となって、戦後思想を根こそぎにして飲み込むほどの猛威を振るってきたのである」。こうして、一九七〇年代に始まった心理主義的な若者論は、やがてくる新自由主義的な「自己責任論」へと道を拓く役割を担うことになったのである。豊泉（2010：104-105）は、R・N・ベラーの『心の習慣』（Bellah etal. 1985=1991）を引きながら、「経営管理者とセラピスト」に支配される新自由主義がこの時代に始まったという。実際、一九八四（昭和五九）年には中曽根政権下で臨時教育審議会が設置され、「心」の教育への端緒が開かれた。そして、学校でも「いじめ」などの問題を「心」の問題として操作化する「心の専門家（セラピスト）」が教育行政と結託していく。そこではセラピストは経営管理者と同じく、「個人主義化した人びとの内面に働きかけて、私的なライフスタイルと「人生の意味」を経営効率の追求に折り合わせ、あるいはその不適応を治療する者」（豊泉 2010：105）として、文化的支配を強めていくのである。この点で、日本でもアメリカでも、「モラトリアムの時代」の次に来るのは、教育における新自由主義と「心の時代」であった。それはまた、見田（1995：17-36）の表現を借りると、高度成長期の「夢の時代」から、ポスト高度成長期の「虚構の時代」への移行でもあった（豊泉 2010：102）。

注

（1）具体的には、ベビーブーム対策として一九六二（昭和三七）年に私立大学・短大の学部・学科の新増設が許認可制から届出制になったうえに、国がこうした私立大学・短大に対して定員増を求めたことが指摘されている（米澤 2008：121）。こうして戦後の高等教育の拡大は、政策的にも私学セクターを中心に成し遂げられていくことになる。

（2）ここでいう大学教育の収益率は、「内部収益率」のことで、大学授業料・勉学費、大学在籍中に放棄した所得、大学卒業者の賃金から求められるものであり、具体的な計算式は（潮木 1978：158）を参照のこと。なお、潮木（1978：159）によれば、高等教育の収益率は、国民一人当たりの国民所得や高等教育普及率と関連を示し、経済発展が遅れて所得の少ないガーナ（三七・〇％）、メキシコ（二九・〇％）などで高く、逆に人口一〇万人当たりの高等教育在籍者が多いノルウェー（七・七％）やイスラエル（八・〇％）で低い。つまり、大学在籍者の少ない発展途上国ほど、学歴の希少価値によって経済収益率は高くなる。しかし、実際には高等教育の収益率は各社会の学歴観・平等観にも影響され、北欧のように再配分政策によって平等化がはかられる場合には高等教育の収益率が低下するが、個人が教育で獲得した知識・技能が私有財産とみなされ、個人に帰属される社会ほど収益率も高くなるという（潮木 1978：159-160）。

（3）古市（2011：49-50）は、『朝日新聞』電子版における「見出しとキーワード分析」から「若者」と「青年」の使用頻度を調べ、七〇年代初頭までは「青年」の使用頻度の方が多く、七〇年代半ばでは両者の使用頻度が拮抗するものの、八〇年代に入ると「若者」という語が頻出し、「青年」の使用頻度を凌駕することを示している。そして、中野収（1996）の回顧を引きながら、この時期、高度経済成長のなか団塊の世代が二〇歳前後の「若者」となり独自の文化を形成し始めたことが、「青年」から「若者」へという用語の変化が起こったとしている。

（4）プロテウスとは、ギリシア神話に登場する海神・ポセイドンの従者で、予言と変身を得意とする老人である。エリクソン門下のリフトンは、日本の全共闘世代のライフコースを研究する中で、彼らがその後、政財界や学界で成功していったことに着目し、変動著しい現代社会にあっては、プロテウスのように変幻自在に姿を変える「プロテウス的人間」こそ、適応的な自我のあり方であるとした（Lifton 1970=1971）。小此木（1978：53-55）は、こうした「プロテウス的人間」を「自己実現型のモラトリアム人間」と呼んだ。

（5）また笠原（1977, 1984）による「アパシー・シンドローム」という議論でも、高学歴化によって延長された青年期にある若者の「しらけ」「態度未決定」が「精神病理」として論じられた。そこで問題になったのは、進路や目標を決定しないまま就職を先延ばしし、留年を繰り返す大学生たちであった。

（6）一九七〇年代は、一九七三年にスミソニアン体制の固定相場制が崩壊し、変動相場制に移行したことに加え、七七年のニクソン声明によるドルショックによって、日本は円高による輸出の不振＝国際収支の悪化、経済不況を経験した。さらに、当時の田中角栄内閣による積極政策（「日本列島改造論」）や金融緩和政策に加えて、輸入品の価格上昇によるインフレも続いていた。ここに二回のオイルショック（一九七三、七六年）が重なり、これによって日本の高度経済成長が終わった、とされる（中村 1986=2007）。

（7）ここでいう「無業その他」とは、一九五五（昭和三〇）」年度から八七（昭和六二）年度までは無業者＋死亡者＋不詳、八八（昭和二三）年度以降は無業＋一時的就業＋その他を意味している。一時的就業が加わっているので、八八年度以降は「無業その他」が多くなっていると考えられる。

（8）ここでいう「留年率」とは、文部科学省『学校基本調査（高等教育編）』の「卒業後の進路」から、各年度の超過年数卒業者（一年超過、二年超過、三年超過、四年以上超過）を合計し、それを当該年度の最低修業年数卒業者で除した値である。

（9）ここには新制大学・大学院卒業者に加えて、旧制高校・旧制専門学校・旧制高等師範学校・旧制大学の卒業者も含む。

コラム　政治の季節が終わったあとで

『赤頭巾ちゃん気をつけて』——他者に開かれたやさしさ

庄司薫が『赤頭巾ちゃん気をつけて』で、一九六九（昭和四四）年上半期の第六一回芥川賞を受賞したことは、政治の季節の終焉すなわち「「異議申し立て」の嵐が去ったあと」（小谷 1993b：2-5）を象徴している。それまでは、柴田翔の『されどわれらが日々——』（柴田 1964=2007）のように、学生運動のなかで葛藤を抱えた男女の愛を描く作品が注目を集めていた。ただし、「学生紛争と対抗文化のほてり」（小谷 1993b：3）という点では、『赤頭巾ちゃん気をつけて』も、私生活主義を基調としながらも、その道具立てとしては、六〇年代末期の様相をとどめている。この作品の舞台は一九六九（昭和四四）年二月の山の手、主人公の「薫くん」は、東大紛争（安田講堂事件）によって入試が中止となった年の「旧東大受験生」である。この作品は、こうした「薫くん」の饒舌ともいえるモノローグによって展開していく。

「薫くん」は、高校では友人に「きみはベーテーをどう思いますか?」と聞かれることもある（ちなみに、この作品では、島田雅彦の『優しいサヨクのための嬉遊曲』（島田 1983=2001）同様、「サンパ」「ミンセー」といったように、左翼用語がカタカナ表記され、作者および主人公との距離が暗示されている）。この学校には、こうした「革命派」のほか「芸術派」など、多士済々の高校生がいる。こうしたなかで、彼は「お行儀のよい優等生」を自認しながらも、何か釈然としないものを内面に抱えている。

この「薫くん」は、物語の冒頭から足の爪を剝しているのだが、ある日、そのままゴム長靴をはいて銀座に行く。そして、足のけがからうまく歩けない彼を雑踏の人々は押しのけて歩いて行くのをみて、こう考える。

そうなのだ。この人たちは要するに誰のことでもない自分のこと、自分のささやかな幸福やそのささやかな利益のことだけを考えて生きているのだ。ぼくがおかしなゴム長をはいて足に怪我をして歩いていようと、そんなことはかまいはしないのだ。誰もひとのことなどほんとうに考えはしない、ましてやみんなを幸福にするにはどうしたらよいのかなんて、いやそんなことを真面目に考える人間が世の中にいることさえ考えてもみないのだ。そしてそれは恐らくはごく当たり前の自然なことなのだ。（庄司1969=2012：155）

そう考えた直後、「薫くん」は書店で、幼い少女に痛めた足を踏まれる。少女は痛がる彼を気遣ってくれる。少女が「赤頭巾ちゃん」を買い求めに書店に来たことを知った「薫くん」は、彼女と手をつなぎながら、少女にふさわしいグリム童話の「赤頭巾ちゃん」を選んであげる。母親のもとに急ぐ少女の先の信号が赤であることに気づいた「薫くん」は、彼女に「気をつけて」と叫ぶ。少女は振り向いて微笑みながら彼に何かを言うが、それが彼には「あなたも気をつけて」と言ったように聞こえた。その熱い思いを胸に彼は絶交状態にあった幼馴染で恋人の由美のもとに行き、自分が大学に行くのをやめたことを告白する。つまり、彼は自ら「未決の状態」すなわち「モラトリアム人間」になることを宣言したのである。

ここにも「中途半端さ」を自ら選択する七〇年代青年の特質がでている。そして、由美と手をつなぎながら歩くうちに「薫くん」は、突然、自分が考えていたことがはっきりしてくる。それは「ぼくは森のような男になろう、たくましくて静かな大きな木のいっぱいはえた森みたいな男に。そのなかでは美しい金色の木もれ陽が静かにきらめいていて、みんながやさしい気持ちになってお花を摘んだり動物とふざけたりお弁当をひろげたり笑ったり歌ったりできるような、そんなのびやかで力強い素直な森のような男になろう」（庄司 1969=2012：178）という思いであった。ここには「他者に開かれたやさしさ」あるいは「達成価値・生産価値」にかわる「共同性価値・存在価値」（栗原 1981）がある。高度産業社会におけるモラトリアムの延長に育った「〈やさしさ〉価値は、高度産業社会が要求する達成価値・生産価値に原理的に対立する。〈やさしさ〉は高度産業社会の閉塞状況が強いたものであると同時に、それへの反流傾向」（栗原 1981：154）であった、とされる。実際、栗原（1981）は、『赤頭巾ちゃん気をつけて』について、「やさしさ」と自己抑制を主題としていると指摘したあと、若者が消費社会の主役として祭り上げられるなかに「仕掛けられた罠」を見出していたとする。そして、「赤頭巾ちゃん気をつけて」という叫びが消費社会という「狼に対抗する生き方の方法的提示」であったとする。

『僕って何』――「やさしさと受け身」による社会への対抗

他方、栗原（1981：159）によれば、『赤頭巾ちゃん気をつけて』の方法が「やさしさと自己抑制」であったのに対して、その八年後に同じく芥川賞を受賞した三田誠広の『僕って何』には「やさしさと受け身」が、社会に対抗する方法となっているという。三田の年譜によると、この作品のもととなったのは、東大闘争が終焉を迎えた翌年、一九六九（昭和四四）年の第二次早稲田闘争に自身が参加した経験であるという。しかし、主人公の「僕」は、栗原（1981）も指摘するように、徹底して「受け身」である。

「僕」は、田舎のF町からアパートさがしのために付き添ってきた母親を追い返した後、マスプロ化した大学に「居場所」を見つけられないまま、同級生・山田からの勧誘にのって大学内の文学部自治会を占拠するセクトB派に参加する。そして、B派の理論は理解できなくても、デモの隊列にいることで束の間の連帯感や高揚感を感じる。やがて、B派の情宣部長で年上の女子学生（かつてB派の北川委員長の恋人でもあったらしい）戸川レイ子が、「僕」の下宿に押し掛けてきて、同棲することになる。しかし、やがて「僕」はB派の暴力的な行動に疑問を抱く。「僕」は、一人ひとりの人間としては山田やレイ子に親しみを覚えるのだが、それがB派という「組織」となると違和感を禁じえない。また北川やレイ子らB派幹部からいつまでも組織の「下っ端」として扱われていることにも不満を抱く。そうしたなかで開かれたクラス討論は、弁舌の立つ海老原という級友に主導権を奪われ、B派の提案が否決されるが、逆に「僕」は海老原に魅力を感じ、レイ子にB派を離脱し全共闘に入ると宣言する。しかし、全共闘の一員として学生大会に参加し、ビラ配りをした「僕」は、自分がビラに書かれた内容を理解しないまま、海老原に与えられた「任務」どおりビラ配りをしていることに自己嫌悪を感じる。学生大会では、ストライキをめぐって、文学部自治会を牛耳るB派の案も全共闘の案も否決され、「平和主義」を標榜するA派の対案が採択される。やがて、全共闘によるB派へのリンチが行われ、学内は内ゲバ状態となって、大学側は機動隊を導入する――。

一九六〇年代における「青春の終焉」――実存主義とマルクス主義の撤退

栗原（1981）も指摘するように、「薫くん」には、都会生まれで素直な「優等生タイプ」の自恃があるので「僕って何」という問いがないが、三田の描く地方出身（とはいえ三田自身は大阪市出身）の主人公には「僕って何」、さらにいえば「人にとって僕って何」という他者指向型（Riseman 1961=1964）の問いが絶えずつきまとう。この内言は、栗原（1981）も指摘するように、青年の自意識である「アイデンティティの拡散」をあらわしている。一九七〇年代は、高学歴化の進展によって、モラトリアムが大衆化したが、これによってかえって青年の自己実現は困難になった。「この時青年は、アイデンティティを拡散させたまま、一挙にモラトリアムを捨てて組織やイデオロギーや指導者に過剰同調や同一視を行うか、逆に、モラトリアムに閉じこもって社会から退引しようとする」（栗原 1981）。エリクソンも、青年期のアイデンティティを可能にする社会制度を「イデオロギー」すなわちあらゆる思想の「根底に潜む無意識的傾向」であり「アイデンティティの感覚を確実に支える世界像」（Erikson 1958=2002：25）であるとし、それへの「忠誠」の獲得こそがアイデンティティの達成であるとみなしていた。しかし、アイデンティティの達成は、高度経済成長期を経て「豊かな社会」となった七〇年代の日本ではかえって困難な課題となりつつあった。

これに対して、三浦雅士は、「一九六〇年代試論」の副題をもつ『青春の終焉』（三浦 2001）の冒頭で、政治の季節の終焉とともに青春も終わりを告げたと書く。すなわち「一九六〇年代を最後に、青春という言葉はその輝きを急速に失ってゆく。学生叛乱の年として知られる一九六八年、おそらくその最後の輝き、爆発するような輝きを残して、この言葉は消えていった」（三浦 2001：8）。三浦が一九六〇年代を青春の最後の時期とみたのは、この時期の学生運動がマルクス主義という「イデオロギー」に若者が実存主義的に関与しようとしたからである。こうして一九六〇年代の学生叛乱は、実存主義的マルクス主義を通じて、青年のアイデンティティ形成を「イデオロギー」に結びつけることで、青年に行動の指針を与えた。

小熊（2009）もまた、一九六〇年代から七〇年代の学生叛乱の背後に青年のアイデンティティやリアリティの確認という問題をみている。彼は全共闘運動が先鋭化した理由として、大学の大衆化によって学生がエリートとしての性格を喪失したこと、高度経済成長がもたらした社会変化に違和感をもったこと、初等・中等教育で教えられた民主主義的価値を忠実に実現しようとしたことに加えて、当時の青年のアイデンティティ危機と「現代的不幸」（見田 1965 ＝ 1984）からの脱却願望をみている。小熊（2009：787）によれば、彼らは「親世代が直面してきた貧困・飢餓・戦争などのわかりやすい「近代的不幸」とは異なる、言語化しにくい（そして最後まで彼らが言語化できなかった）「現代的不幸」に集団的に直面した最初の世代であった」。それゆえ未来の見通せない深刻な閉塞感をいだくことになった。こうした閉塞感は、現在なら「心」の問題として専門家に委ねられるが、当時の公式的マルクス主義の見解によれば、「心」（意識）といった上部構造の問題は、経済的な下部構造に決定されるものだから、革命によって下部構造を変革することで解決されるものとされた。それゆえ、アイデンティティの問題に直面し、「現代的不幸」を抱えた青年たちは、政治運動に自己実現をもとめたという。逆に言えば、今の若者が政治に無関心なのは、アイデンティティや「心」の問題を社会や政治と結びつけて考える慣習や言説をもたないことにもよる。

こうして、三浦（2001）も言うように、「青春」あるいは「青年」は、一九六〇年代末に終焉を迎えた。それは、他者の視線を内在化させた自意識をもち、それをイデオロギーを媒介に社会や政治に結びつけることで、自らのアイデンティティを確認し、政治運動のなかで成長していく青年の退場である。かくして消費文化が成熟し、情報化が進展し始める一九七〇年代以降は、小此木（1978）にみられるように、発達論的含意をもつ「青年」にかわって、世代論的・文化論的含意を表す「若者」という言葉が使われていくようになるのである。

第Ⅱ部　新人類の時代から「失われた二〇年」へ

第4章　新人類の情報格差《デジタルデバイド》

一九八〇年代になると、若者は「モラトリアム人間」から一転して「情報新人類」と呼ばれるようになった。彼らは、この当時、登場した新しい情報技術を使いこなす先端的な人間ととらえられる一方で「理解しがたい若者」ともみなされた。当初は前者の評価が優位に立っていたが、八〇年代末に起こった幼女連続誘拐殺人事件を契機に後者の評価、すなわち「おたく（オタク）」としての新人類という見方が優勢になる。

こうした「新人類」内部の格差を確かめるために、一九九五年SSM調査のデータから、この時期の新人類を情報コンシャス層と非コンシャス層に分けて比較した結果、前者は後者に比べて、出身階層だけでなく学歴・職業・文化資本などの点で優位に立っていた。こうした情報コンシャス層は、新たなエリート層（オルトエリート）となることが期待されていたが、情報コンシャスネスは政治的認知能力を高めていたが、当時はまだエリート対抗的な政治参加志向と結びついてはいなかった。

しかし、やがてインターネットが普及するなかで、情報技術を基盤とした新しい公共圏の創出を展望できるようになりつつある。一九九五年の阪神大震災から二〇一一年の東日本大震災に至る間に情報機器は市民に浸透し、災害ボランティアの組織化に力を発揮するようになったからである。

1 「新人類」登場

「モラトリアム人間」から「新人類」へ

一九七〇年代の若者たちが「モラトリアム人間」とラベリングされたのに対して、一九八〇年代半ばから九〇年代初頭――いわゆる「バブル期」の若者に対して、メディアは「新人類」なるラベルを付与した。この言葉は、一九八四年にマーケティング情報誌の『アクロス』が最初に提唱した、とされる。同年にはまた『朝日ジャーナル』に、筑紫哲也（当時、編集長）が一〇代から二〇代の若者との対談を行う企画「新人類の旗手たち」が連載された。こうした新たな若者像の登場の背景には、好調であった日本経済と、それがもたらした大衆消費社会の成熟があった。すなわち、一九七〇年代の二度のオイルショックをくぐりぬけ、体質強化を成し遂げた日本経済は、一九八〇年代半ばにはグローバル化しはじめた世界経済での地歩を固めていった。そして、中曽根内閣の私的諮問機関「国際協調のための経済構造調整研究会」の報告書（通称「前川レポート」）は、市場中心主義と経済のグローバル化を標榜し、規制緩和・民営化と金融自由化を提言した。また、一九八四年に設置された臨時教育審議会は、のちの「個性化」を標榜した「ゆとり教育」の端緒をひらいた。さらに、一九八五（昭和六〇）年のG5（先進国五ケ国財務相・中央銀行総裁会議）におけるプラザ合意を契機とする円高は、のちにバブル景気と呼ばれる資産インフレをもたらした。

「遊」と「俗」の結託

こうしたなかで若者は、情報消費社会で先端的な位置を占めることになる。一九八〇年代はブランド名をちりばめた『なんとなく、クリスタル』（田中

1981）によって幕を開け、消費社会のなかの「「総ノリ」現象」（小谷 1993c：82-85）として若者のサブカルチャーが開花した。小谷（1998：184-187）によれば、この「新人類」世代の社会心理的基盤は、彼らの子ども時代と高度経済成長期が重なっていることにあり、「消費による自己確認」は八〇年代の若者の「心の習慣」（Bellah et al. 1985=1991）ともなっていたという。すなわち、まず第一に、七〇年代には成熟できない青年の問題系として語られていた「モラトリアム」志向は肯定的にとらえられ、大人になることを拒み、豊かな社会でサブカルチャーを消費する主体となるという積極的な意味を帯び始めた。第二に、七〇年代の「やさしさ」（栗原 1981）が対抗文化的性格をもち、他者（とりわけ弱者）へと開かれていたのに対して、八〇年代の「やさしさ」は若者のなかで内閉し、お互いの自我を傷つけないよう、他者の内面に踏み込まない「やさしさ」へと変容していった。第三に、七〇年代の青年を特徴づけていた「遊戯性」（井上 1977）もまた、消費社会のなかで変容していった。というのも、消費社会の先端に位置する若者の「遊戯性」は、企業にとって大きな収益を生みだすものとなったからである。その結果、この時期、「「遊」と「俗」の結託」が生まれ、本来、批評的機能を有するはずの「遊」（井上 1992）が変容し、「遊戯性の専横」とも呼ぶべき事態が生じた（小谷 1998：187-190）。

こうして、成熟できないまま彷徨う七〇年代の「モラトリアム人間」から、消費社会の主役としてモラトリアムを享受する八〇年代の「新人類」へと青年論の論調が転換したのである。そして、前章で述べたように、この頃から発達論的な含意をもつ「青年」に代わって、消費文化やサブカルチャーの担い手としての「若者」という用語が多用されるようになった。このことは、若者が大人との連続性よりも断絶性においてとらえられることであり、まさに「新人類」という表現は、こうした若者論の転換を象徴している。

2 「新人類」から「おたく（オタク）」へ――情報化の光と影

一九八〇年代はまた、情報化の流れが若者のサブカルチャーに大きな影響を与えた。そして、「コンピュータ新人類」（野田 1987）、「情報新人類」（逢沢 1991）なる造語が若者に冠せられることになる。政治の熱狂が冷めた一九七〇年代はモラトリアムを長期化させた「シラケ世代」と呼ばれた若者が、一九八〇年代には一転して情報化の流れに乗ることで、一躍、時代の最先端に踊りだしたかのように語られ始めたのである。ここでは「新人類」なる語は、成人世代から理解不可能な「異星人」（中野 1985）であると同時に、最先端のブランドを身につけたり、新たな情報機器を自在に扱う先端的な存在を示す両義性を帯びることになったのである。

「情報新人類」の誕生

この「情報新人類」論の先駆けとなったのは、守弘（1993：145-148）によれば、平野・中野（1975）の「カプセル人間」論だったという。ここでいう「カプセル」とは情報機器を備えた「自我の殻」であり、当初、念頭に置かれたのは、個室で受験勉強をしながら深夜放送を聴く若者たちであった。やがて移動可能な「自我の殻」としての車――エアコンのきいた快適で移動可能な「カプセル」のなかでカーステレオの音楽を聴く若者たちへの注目も集まった。彼らにとって個室も車も自分だけの居場所であり、好きな情報だけを収集することができる。たとえば、好みでない音楽や情報はスイッチを切ることで遮断することもできる。この点で、「カプセル」は、外界との境界を形成する「バリア」であると同時に、情報をろ過する「フィルター」でもあった。[1] 守弘（1993）は、こうした「カプセル人間」論こそ、一九八〇年代に展開される「情報新人類」論の原型をつくったとみる。

そして、一九八五（昭和六〇）年に開催された「つくば科学万博」に象徴されるように、この時期、情報化の流れが日本に本格的入ってきた。そうしたなかで、若者をメディアのメッセージの「裏」まで解読する能力をもった「創造的受け手」（稲増 1985）、「情報的能力」と「統合的能力」のバランスをとることのできる「高感度人間」（成田 1986）としてとらえる論調が現れる。たしかに「カプセル人間」以来、孤立した「個室」「車」に閉じこもる若者の社会性の欠如を指摘する議論もあった。[2] こうして「情報新人類」に対する評価には、肯定・否定の両面的評価が相半ばしたが、八〇年代後半には肯定的な評価が優位に立ち、「理解はできないが将来性がある」という評価に収斂していった、とされる（守弘 1993：151）。

暗転する「新人類」

ところが、こうした「新人類」への評価を暗転させる事件が八〇年代末に起こる。それは、一九八九（平成元）年八月に連続幼女誘拐殺人犯としてＭ元死刑囚（二〇〇八年に死刑執行）が逮捕されたことである。それまで「情報新人類」は、「理解できない」ものの、それは来るべき情報化社会の「未来を先取りする」者という肯定的な評価によって「打ち消された形になっていた」（守弘 1993：158）。しかし、この事件を境にメディアは「情報新人類」に今度は「おたく（オタク）」というラベリングをし、その否定的側面を強調し始める。とくにＭ元死刑囚が個室に閉じこもり、ビデオとコミックに囲まれた生活をしていたことから、生身の人間とのコミュニケーション能力を欠き、現実と虚構の区別がつかないまま、連続幼女誘拐殺人事件という理解不能で異常な犯行に及んだと、メディアによって喧伝され、社会に大きな衝撃を与えた。小谷（1998：197-199）は、こうした「おたく（オタク）」的な行動様式を情報化社会における情報爆発に対する反応の一形態としてみる。過剰な情報は他者の真意を図りがたい存在とし、コミュニケーションを不安定化する。そこで、「おたく（オタク）」的な行動様式は、「個室」という「シェルター」にこもり、過剰な情報や他者から「逃避」するという意味をもつという。

宮台（1994：141）もまた、八〇年代の若者論が「「新人類」論に明けて「オタク」論に暮れた」と総括する。そして、記号消費論をもとに、両者を次のように対比する。すなわち、「新人類」が記号的な消費行動と対人関係を結合した若者であったのに対して、「オタク」はそうした新人類的な記号的対人関係から退却して、メディアの与える世界に自閉する若者たちである、という。そして、一九八五年と八六年に行った大学生の調査をもとに、若者をいくつかのクラスターに分けた上で、両者が分化していく過程を仮説的に描き出した。それによると、どんな文化も拡大期にリーダーとフォロワーが分化する。当初（一九七〇年代中盤）はリーダー部分で新人類文化とオタク文化は未分化であったが、まず新人類文化が広範なフォロワーを獲得し、八〇年代に入るとメディア水準において新人類文化が優位にたった。これによってメディアによって喧伝される「メジャー文化」としての新人類文化は「取り残された者」にとって参入が困難な「敷居の高い」文化になっていく。こうしたなかで新人類文化に「取り残された者」の「救済コード」となったのが「オタク文化」だという（宮台 1994：164-165）。そして、この「オタク文化」にも広範なフォロワーが成立していった。その過程で、宮台（1994：165）によれば、二つの文化類型が「対人関係得意人間」（情報新人類）と「対人関係不得意人間」（オタク）という人格類型と重なる事態が進行したという。つまり、当初は同一のリーダー部分で発生した文化が、フォロワー部分で担い手の分化を引き起こしているというのである。

階層コードから消費コードへ？　この人格類型と文化類型の対応関係に注目して、宮台（1994：166–167）はまた文化の差異における「階層コードの崩壊」を主張する。すなわち「文化の敷居」は従来は階層的要因（所属階層・可処分所得・財産など）によって形成されてきたが、八〇年代は中流意識の飽和と高度消費社会の到来が「階層コードに言及する〈物語〉」を無効化したという。とりわけ人格システムにとっては、階層コードの無効化によるコミュニケーションの手がかりの不足を複数の選択可能な〈物語〉によって埋め合わせることになった。そこでは、記号消費と対人関係の様式が相互に前提を供給しあうようになった。その結果、対人関係が不得意な「オタク」的な若者は、新人類的な記号消費が高い「敷居」となって参入しにくくなった。このように消費コードが、階層コードを媒介とせずに、直接、対人関係能力に言及し始めたこと――これが新人類とオタクを分化させる要因になった、というのが宮台（1994：166–170）の仮説である。

これに対して、新井（1993）は、七〇年代から八〇年代に至る若者像の変遷を次のように総括している。すなわち、まず「七〇年代青年論」の基調をなした自我論の図式に、八〇年代前半にメディア親和性によって描かれた「高感度人間」（成田 1996）が付加された。そして、戦後の日本的個人主義を特徴づけるミーイズムが徹底されてライフスタイルのプライバタイゼーションが進行し、最終的に情報消費感覚が一般化した。その結果、対人的なコミュニケーションが回避され、メディアに依存した「オタク」的な存在が描き出されるにいたった。さらに新井（1993：197–200）は、こうした「情報新人類」論の言説を批判的に検討し、論者たちが実証的手続きを二の次にして、自らの生活体験（学生時代の体験）をもとに時代迎合的な若者論を展開してきたのではないか、という疑義を提起する。それによると、八〇年代の若者論の論者は、いわゆるエリート的な教育経験をもっている。そうした「難関」を突破するためには並はずれた情報処理能力が必要である。こうして主に首都圏で「高感度人間」としての訓練を受けた学歴エリートが展開したのが、この時期の若者論であったというのである。

そこで新井ら（新井・岩佐・守弘 1993）は、一九八九年と九二年に首都圏に住む若者（高校生・専門学校生・大学生）を対象にメディア接触行動を調べた。その結果、彼らのメディア接触は稲増（1985）が指摘するほど「創造性」はなく、たんに一時的な余暇として視聴する「消費性」が強かった。つまり、この時期の若者は、創造的なメディア駆使能力をもっていなかったのである。こうして新井ら（新井・岩佐・守弘 1993：226–229）は、「新人類論の虚構性」を指摘する。そして、その背後にある要因として、若者像の過度の単純化や若者の親メディア性に対する極端なオプティミズム、先端風俗の過度の一般化、さらには時代精神の問題（情報化に適合的な若者像が求められたこと）を指摘している。

しかし、この新井ら（新井・岩佐・守弘 1993）の調査もまた、首都圏（しかも「新人類論」とはずれた世代）の若者（高校生・専門学校生・大学生）に限られている。さらに先に触れた宮台らの調査対象者も、リクルート社に登録された首都圏の大学生であった。調査時点（一九八五年、八六年）の大学・短大進学率が、三〇％程度であることを考えると、どちらの調査もサンプルに偏りがあることは否めない。したがって、ここでも全国的な規模のサンプリング調査にもとづき、情報新人類世代を再定義して分析する必要がある。

3　情報新人類論の再検証

脱階層志向性と情報格差のパラドックス

こうした「情報新人類」をめぐる言説を再検討するために、以下では一九九五年のＳＳＭ調査データを使って分析を行う。しかし、ＳＳＭ調査は階層と移動に関する調査なので、職業や学歴・所得といった階層変数を中心に設問が設定されている。そのため、実際の情報行動が質問にとりいれられたのは、二〇〇五年ＳＳＭ調査（Ｂ票）で「インターネットで買い物やチケット予約をする」頻度や、「インターネットや携帯電話などの通信の費用」が訊ねられたくらいである。しかし、一九九五年ＳＳＭ調査には、所有財の質問項目に「ビデオデッキ」「パソコン・ワープロ」「ＦＡＸ」がある。そこで、以下ではこれらの項目を用いて、当時の若者の情報行動に関する分析を行う。

ただし、一九九五年のＳＳＭ調査で、この項目を使った分析は、すでに遠藤薫（1998, 2000）によってなされている。遠藤（1998：125-128）は、まず「パソコン・ワープロ所有者」と「ＦＡＸ所有者」に注目し、一五歳時の情報関連機器（ラジオ・テレビ・電話）の保有状況や学歴との関連をみた。そして、パソコン・ワープロの所有は、一五歳時の情報関連機器の保有や学歴と関連するのに、ＦＡＸ所有はそれらと関連しないことを指摘する。(3) そして、両者の間には階層の重視度や「自己―社会認識」にも違いがあることから、「パソコン・ワープロ所有者」を「情報コンシャスなグループ」と定義し、その社会的属性および社会意識・ライフスタイル戦略を年齢層も考慮に入れながら分析している。それによると、情報コンシャスなグループは、学歴が高く、収入・財産も多いうえに、自己評価や階層帰属意識も高いという。そして、階層帰属意識の高い者は、「階層志向」と「脱階層志向」（片瀬・友枝 1990：141-143）の双方が高いが、そのなかにあって「情報コンシャスなグループ」は、社会活動やサークル活動、家族などを重視する一方で、収入や財産の獲得を重視しない「脱階層志向」が顕著（ただし学歴の重視度のみ高い）であり、また「現状変革志向」も強いという。

さらに遠藤（2000：115-116）によれば、パソコン・ワープロといった情報関連機器が、一般の耐久消費財のもつ地位表示機能とは異なり、使用して初めて価値を生むから、①使用目的がある、②使用する能力（コンピュータ・リテラシー）がある、という二つの条件を満たさないと所有する意味がないという。このうち①の条件から、情報コンシャス層は専門・管理職に偏り、②の条件からリテラシー獲得機会としての高い学歴も必要になるという。そして、エーレンライヒ（Ehrenreich 1989=1995）のエリート層としての「専門職の中流階級」――すなわち資産よりも収入の高さによって特徴づけられる高学歴の専門・管理職――という概念を援用しながら、情報コンシャス層を「コンピュータおたく」よりも社会の中核を占める層と特徴づける。

情報コンシャスネスと年齢層　遠藤（2000：125-129）はまた、年齢層別の分析により、こうした「情報コンシャスなグループ」のもつ脱階層志向的なライフスタイル戦略が普及してきた過程に関して二つのシナリオを想定している。一つは二〇代から四〇代にかけて社会化が進行することによって、情報コンシャスなグループの脱階層志向性が拡大するというシナリオである。すなわち、若い世代ほど情報機器に関心があると言われてきたが、一九九五年のSSM調査のデータからは、必ずしもそのような傾向は見られなかった。むしろ三〇歳代、四〇歳代に「情報コンシャスなグループ」が多かった。二〇歳代ではまだ社会的経験が少なく、そのライフスタイルは自分で築き上げてきたというより出身家庭の属性に依存している。しかし、社会的経験を積んだ三〇歳代では情報コンシャスなグループの割合が増大し、階層的地位にもその影響が及び始める。そして、四〇歳代になると階層的地位の上昇に対する情報コンシャスネスの有効性の結果として、「情報コンシャスなグループ」はますます社会的優位性を獲得する――これが遠藤（2000：127-128）の言う第一のシナリオである。

これに対して、第二のシナリオは、四〇歳代から二〇歳代へと社会の情報化が進行するというものである。情報化が進展し始めたのは、九五年時点での四〇歳代が二〇歳代はじめであった頃であり、フロンティア精神をもった人々がこれに関心を示し、脱階層的な志向をもつ若者文化とコンピュータ技術が結びついた。そして、このコンピュータ技術が社会的優位性をもたらすことから、情報コンシャスネスと脱階層志向的なライフスタイル戦略が結びついて一般化した。その結果、後続する世代ではこうした脱階層志向的なライフスタイル戦略がより受け入れやすいものとなり、情報コンシャスネス以上に普及したために、「情報コンシャスなグループ」とそれ以外のグループの差異が曖昧化した。そして、さらに情報化が大衆化することによって、情報コンシャスネスのライフスタイル戦略は、もっとも若い二〇歳代では、社会的優位性を表示するものでなくなり、むしろ階層志向的な価値を重視する傾向が現れ始めた、という（遠藤 2000：128-129）。そして、遠藤（2000：129）は、現実にはこの二つのシナリオが混在して現在の状況を作り出したと推測している。ここから、遠藤（1998）は、「情報コンシャスなグループ」は優位な位置を占めているので、その脱階層志向的なライフスタイル戦略が今後、日本社会において全般的な潮流となる可能性がある一方で、情報コンシャスを「梃子」として、階層社会における優位性が再生産され、現実には階層格差が維持・拡大されるという「脱階層志向と情報格差のパラドックス」（遠藤 1998：166–167）がみられると結論づける。

情報コンシャスネスと対抗的エリート

さらに遠藤（2000：136–137）は、情報コンシャス層の全般的公平感の高さと領域別不公平感（とくに性別・年齢などの属性要因による不公平感）の高さから、この層を「オルトエリート」[4]すなわち「潜在的にはエリート層になることの可能な能力を持ちながら、何らかの（個人の努力を超えた）理由でその能力が社会的に評価されないかもしれないとの大きな不安を抱え、この不安にせき立てられるように何らかの行動を起こそうとする」（遠藤 2000：137）対抗的エリート、現状のエリートにとって代わろうとするエリート予備軍であるとする。そこで、遠藤（2000：138–140）は、二〇歳代の情報コンシャス層／非コンシャス層に注目する。そして、二〇代の若年層が、他の世代に比べて、地位不安が高く、現状維持志向が低いという。この世代は自分が社会の周縁に位置づけられていることを自覚しているために、社会の優位層に上昇しようとする志向が、とくに情報コンシャス層で高い。また全般的不公平感も情報コンシャス層で高く、非コンシャス層で低いという分化もみられる。ここから遠藤（2000：138–139）は、若者層における二つの地位戦略を推測する。一つは、社会における未熟者という地位を受け入れ、そこから着実に社会の階梯を登ろうとする同調戦略であり、もう一つは自らを革新的な「オルトエリート」として位置づけ、年長世代に挑むという対抗戦略である。

このように、遠藤（1998，2000）においても世代に着目した分析がなされているが、必ずしも「情報新人類」といった若者論の文脈での検討はなされていない。また情報機器としてＦＡＸとパソコン・

ワープロの所有に着目し、最終的に「パソコン・ワープロ所有」を「情報コンシャスネス」の指標としているが、もう一つ「情報新人類」を考察する上で重要な情報機器が一九九五年のSSM調査の財産項目に含まれていた。それは「ビデオデッキ」である。これは先にもみたように「情報新人類」の「亜種」ともいうべき「おたく（オタク）」を特徴づける情報機器である。[5] さらに、遠藤（1998）は、社会意識（とくに脱階層志向性）との関連に関心があったためか、一九九五年SSM調査のB票のみを分析しているが、財産項目はA票・B票に共通してある。そこで、両者のデータを統合することでサンプル数を確保することができる（ただし、実際の分析ではA票・B票のいずれにしかない項目については、それぞれの調査票のデータを使う）。以下では「情報新人類」の社会的性格という観点から、一九九五年SSM調査のデータ分析を行うが、それに先立ってどの世代（出生コーホート）を「情報新人類」とするか検討しておく必要がある。

情報新人類の世代

「情報新人類」の世代の定義については、さまざまな論者が議論しているが、それらの議論はおおむね一致している。たとえば、逢沢（1991）は、「情報新人類」を当時の二〇歳代（一九六二年〜一九七一年出生）としたうえで、「物質的な面で不自由することもなく育った世代」とする。そして、その特徴を企業への帰属意識が低く、転職をいとわず、場合によっては特定の企業に属さず「フリーター」的な生き方をする点に見出している。[6] また、逢沢（1991）は、「情報新人類」は、企業に入っても昇進を望まない傾向があると述べているが、この点は先の「情報コンシャスなグループ」の脱階層志向性を指摘した遠藤（1998）の議論とも符合する。

また、小谷（1998）は、「新人類」を一九六〇年代以降に生まれた者（一九九五年SSM調査でいえば、二〇歳〜三五歳に該当する）と規定し、この世代が幼少時からテレビをはじめとするメディアに囲まれて成長してきたために、「高度のメディア・リテラシー」と、先行世代にはない「感性」とを有している」（小谷 1998：180-181）と特徴づけた。そして、彼らは自らが所有する消費財と、メディアから得た情報の新奇性・豊富さを誇示することで「自己の比較優位性を確認」する傾向をもつとした。

他方、野田（1987：26-27）は、コンピュータ体験の仕方から、世代を三つに分けている。まず、コンピュータ第Ⅰ世代は、当時（一九八七年時点）、三〇歳代（一九四八年〜五七年出生）で就職後、仕事上の必要からコンピュータに接した世代で、「コンピュータ思考に浸る以前に、産業社会への社会化の過程を終えて」いるので、しばしばコンピュータの作動に苛立ち、いわゆる「テクノストレス」を感じている人々である。これに対して、第Ⅱ世代は、当時の二〇歳代（一九五八年〜六七年出生）で、マイコンの登場（一九七七年から七九年）の頃、高校生か中学生であり、成人としての社会的役割を獲得する以前もしくはそれと並行してコンピュータ世界になじんだ青年たちである。さらに、コンピュータ第Ⅲ世代は、やはり当時でいえば一〇歳代（一九六八年〜七七年出生）で、多様なゲームのソフトを通じてコンピュータに出会った世代である。そして、野田（1987）は、このうちコンピュータ第Ⅱ世代と第Ⅲ世代を「コンピュータ新人類」と呼んでいる。つまり、職業役割を獲得する以前にコンピュータと遭遇したのが、「コンピュータ新人類」というのである。

そこで、これらの議論を踏まえたうえで、以下では一九九五年ＳＳＭ調査データから二〇歳から三五歳（コーホートでは、一九六〇年〜七五年出生コーホート）を「情報新人類世代」として取り出す。そして、それ以上の世代、ただし年齢幅を一五歳にそろえて三六歳から五一歳まで（コーホートでいうと、一九四四年～一九五九年の戦後出生コーホート）を仮に「情報旧人類世代」と呼び、この世代との比較も交えながら、「情報新人類世代」の特徴をみるとともに、遠藤（1998）の議論を再検討していきたい。

その際、それぞれの世代ごとに情報コンシャス層と非コンシャス層とをわけておく。まず、遠藤（1998：2000）に倣って、どちらの世代もパソコン・ワープロ（以下まとめてＰＣと略記）を保有する者（ビデオの有無は問わない）を「情報コンシャス層」とする。これに対して、ＰＣを保有せずビデオのみを保有する者を「非コンシャス層」と呼ぶことにする。つまり、①新人類世代情報コンシャス層、②新人類世代情報非コンシャス層、③旧人類世代情報コンシャス層、④旧人類世代情報非コンシャス層（以下ではそれぞれ新人類コンシャス層、新人類非コンシャス層、旧人類コンシャス層、旧人類非コンシャス層と略記）の四つのグループに分けて、その間の階層的格差やライフスタイル戦略の差異をみていく。

ただし、遠藤（1998：2000）も注意を促しているように、ＰＣとビデオデッキは、世帯単位の保有財として訊かれている。したがって、既婚者の場合、配偶者が購入し、もっぱら配偶者が使用していたことも考えられる。また年長世代の場合、とくに娯楽性の強いビデオは、子世代の要望によって購入し、実際に使用していたのは子世代であった可能性が高い。そこで、「情報新人類世代」は一九六〇年から七五年出生コーホートのうちでも未婚者とする。そして、「旧人類世代」はこの「新人類世代」の子どものいない一九四四年から一九五九年の戦後出生コーホートと操作的に定義して分析をすすめていく。(7)

4　情報コンシャス層と非コンシャス層

情報化をめぐる世代間・世代内分化

まず、ＰＣとビデオデッキの保有状況を二つのコーホートごとにみたところ（表4-1の全体欄参照）、ＰＣの所有率は新人類で五五・八％、旧人類で六〇・四％と、むしろ旧人類の方が所有率が高かった。このことは、ＰＣの保有率を年代別に集計した遠藤（1998：125;2000：115）が、「若者の方がパソコンに強い」という俗説に反して、ＰＣの保有率は四〇歳代を中心とした単峰型の分布を示していると指摘したこととも合致する。これに対して、ビデオデッキの所有率は、新人類では九六・七％であるのに対して、旧人類では九四％と両者の差はほとんどない。また、どちらの世代でも、ビデオデッキ所有率が、ＰＣの所有率を三〇ポイントから四〇ポイントほど上回っていることも確認できる。

内閣府の「消費動向調査」（http：//www.esri.cao.go.jp/jp/stat/shouhi/shouhi.html#jikeiretsu）によれば、一九九五年のＶＴＲ（テレビ録画機）の普及率は七三・七％であったの対して、ワープロは三九・四％、パソコンは一五・六％とＶＴＲより普及率は低かった。また総務庁青少年対策本部（1997：9）が、一九九六年に全国の一二歳から二九歳までの青少年とその親を対象に行った「第三回情報化と青少年に関する調査」によれば、自宅にある情報機器でもっとも多かったのは「ビデオデッキ」の九三・三％で、「ヘッドホンステレオ（ウォークマンなど）」と「テレビゲーム機（ファミコンなど）」がこれに続き、「ワープロ」は四二・八％、「パソコン」は二三・九％に留まっていた。さらに「ふだんよく使用している情

表4-1　情報新人類と情報旧人類　（%）

世　代	ビデオデッキ	PC 所有	PC 非所有	全　体
新人類	所　有	55.2	41.5	96.7
(N=1287)	非所有	0.6	2.6	3.3
	全　体	55.8	44.1	100.0
旧人類	所　有	58.8	35.2	94.0
(N=2024)	非所有	1.6	4.3	6.0
	全　体	60.4	39.5	100.0

（注）新人類　$\chi^2 = 23.871$（$p < 0.001$）$\phi = 0.136$
旧人類　$\chi^2 = 59.148$（$p < 0.01$）$\phi = 0.171$
データ：1995年SSM調査A票B票データ

報関連機器」についても、「ビデオデッキ」が六二・〇%と際立って高くなっている。

そこで両者の保有状況をクロスして示したのが**表4-1**であるが、PCとビデオデッキの普及率の違いを反映して、どちらのコーホートでも「PCとビデオデッキとも所有」（新人類では五五・二%、旧人類では五八・八%）と「ビデオデッキのみ所有者」（新人類では四一・五%、旧人類では三五・二%）は多いが、「PCのみ所有者」（新人類では〇・六%、旧人類では一・六%）や「どちらも非所有者」という者は、新人類で二・六%、旧人類では四・三%ときわめて少ない。さらにビデオデッキとPC所有の関連をみると、新人類でも旧人類でも有意な関連を示し、ビデオデッキを持っている者ほど、PCを保有する傾向がある。また、関連係数でみると旧人類の方が新人類よりもやや両者の保有の関連が強い（新人類：$\phi = 0.136$, 旧人類$\phi = 0.171$）。

情報新人類の階層的基盤

以下ではこの四つのグループについて、その階層的基盤をみていこう。まず、**表4-2**は、二つの世代ごとに学歴と情報コンシャス層・非コンシャス層との関連をみたものである。この表によると、新人類世代

表 4-2　世代別にみた学歴と情報コンシャス層・非コンシャス層の関連

（%）

世代/情報コンシャス度	学歴 初等	学歴 中等	学歴 高等	全体
新人類コンシャス	22.5	29.1	55.3	39.7
新人類非コンシャス	77.5	70.9	44.7	60.3
合計	100.0	100.0	100.0	100.0
（実数）	(40)	(475)	(369)	(884)
旧人類コンシャス	32.7	59.9	75.9	62.3
旧人類非コンシャス	67.3	40.1	24.1	37.7
合計	100.0	100.0	100.0	100.0
（実数）	(153)	(799)	(474)	(1426)

（注）新人類：$\chi^2 = 64.872$（$p < 0.001$）
旧人類：$\chi^2 = 113.875$（$p < 0.001$）
データ：1995年SSM調査A票B票

の場合、高等学歴（短大・高専・大学・大学院卒）の者では情報コンシャス層は五五・三%を占め、他の学歴の者に比べてもっとも多くなっている。これに対して、中等学歴（高校卒）では二九・一%、初等学歴（中学卒）では二二・五%にとどまっている。また旧人類世代でも、情報コンシャス層は、同じく高等学歴の者で七五・九%ともっとも多く、中等教育の経験者では六〇%程度、初等教育経験者では三三%程度にとどまり、高等教育経験者との間に四三ポイント以上の差がある。したがって、遠藤（1998, 2000）も指摘するように、情報コンシャス層は世代にかかわらず、学歴エリート層であることがわかる。このことからは、学歴の高さが、情報機器（とくにPC）を利用するための情報リテラシーの獲得を促進していることが推測される。

次に**表4-3**では、世代別に職業と情報コンシャス・非コンシャス層の関連を示したが、ここからも世代にかかわらず、情報コンシャス層の階層的優位性を確認することができる。すなわち、まず新人類世代からみると、情報コン

表４-３　世代別にみた職業と情報コンシャス層・非コンシャス層の関連（％）

世代／情報コンシャス度	現職								
	専門	大企業ホワイト	中小企業ホワイト	自営ホワイト	大企業ブルー	中小企業ブルー	自営ブルー	農業	全体（実数）
新人類コンシャス	58.5	50.0	38.2	30.4	31.5	37.1	33.3	14.3	43.2
新人類非コンシャス	41.5	50.0	61.8	69.6	68.5	62.9	66.7	85.7	56.8
合計（実数）	100.0 (118)	100.0 (120)	100.0 (110)	100.0 (23)	100.0 (54)	100.0 (116)	100.0 (21)	100.0 (7)	100.0 (569)
旧人類コンシャス	76.6	72.6	65.5	66.7	50.5	46.4	46.6	48.0	62.6
旧人類非コンシャス	23.4	27.4	34.5	33.3	49.5	53.6	53.4	52.0	37.4
合計（実数）	100.0 (197)	100.0 (212)	100.0 (171)	100.0 (105)	100.0 (93)	100.0 (207)	100.0 (58)	100.0 (25)	100.0 (1068)

（注）新人類：$\chi^2 = 24.150$（$p < 0.01$）
旧人類：$\chi^2 = 64.828$（$p < 0.001$）
データ：1995年SSM調査A票B票

シャス層が多いのは、専門職（五八・五％）、大企業ホワイトカラー（五〇・〇％）となっている。旧人類世代でも、情報コンシャス層は専門職（七六・六％）、大企業ホワイトカラー（七二・六％）で多くなっている。とくにホワイトカラーで多いのは、遠藤（1998：125）が、一九九四（平成六）年のＩＤＣジャパンによる家庭におけるＰＣの利用の実態調査[8]を引用しながら指摘しているように、この時期のＰＣの利用は文書作成などのビジネス・ユースが大きな割合を占め、今日のように娯楽（音楽やゲームなど）に用いられることが少なかったためであろう。また専門職の利用が多いのも、文書や教材作成の必要があるとともに、専門職（とくに非正規雇用の専門職）は自宅への仕事の持ち帰りが多いため（片瀬 2012）であるからと考えられる。

他方、所得（個人所得）という点からも、情報新人類の階層的基盤をみておこう。これまでと同じく、二つの世代ごとに情報コンシャス層と非コンシャス層の個人所得の平均値を集計した結果、新人類世代では、情報コンシャス層の平均個人年収（税込）は二二五・九万円、非コンシャス層でも二一五万円で、統計的にみても有意差はない。これに対して、旧人類世代では情報コンシャス層では四三〇・二万円程度の所得があるのに対して、非コンシャス層で三六二・六万円程度と、六七万円ほどの格差がある。そして、この差は統計的にみても一％水準で有意である。また標準偏差をみても、旧人類世代では新人類世代よりも大きく、層の内部でも所得のばらつきが大きくなっている。つまり、情報関連行動によってもたらされる経済格差は、新人類世代では見出せないが、旧人類世代では見出されることになった。

次に、ＰＣとビデオデッキ以外の財産の保有状況を比較してみよう。出身階層の経済状況をあらわす一五歳時の主要な財産保有状況は、**表４‐４**に示した。まず、新人類世代からみると、普及が飽和状態にあったテレビや、応接セット、株券・債権を除き、いずれも情報コンシャス度と一五歳時財産には有意な関連がある。そして、情報コンシャス層は非コンシャス層に比べて、財産の保有率が高い出身階層に属していたことがわかる。とくに関連係数（φ係数）からみて、情報コンシャス層は、文学全集・図鑑、ピアノといった客体化された文化資本(9)（Bourdieu 1979=1986）に恵まれた環境で育ったと考えられる。他方、旧人類世代でも、持ち家を除き、情報コンシャス層は非コンシャス層に比べて、一五歳時の財産の保有率が高い家庭の出身者が多い。関連係数からみると、情報コンシャス層は、文学全集・図鑑、美術品・骨董品といった文化資本だけでなく、株券・債券といった経済資本にも恵まれていたことがわかる。以上のことから、いずれの世代でも、情報コンシャス層は富裕層、とくに文化資本に恵まれた階層

表4-4　情報コンシャス層・非コンシャス層の15歳時財産

世代/情報コンシャス度	持ち家	応接セット	テレビ	ピアノ	文学全集・図鑑	美術品・骨董品	株券/債券
新人類コンシャス	85.2	46.2	99.1	37.6	68.1	18.8	23.4
新人類非コンシャス	78.1	40.1	98.9	24.2	53.7	12.7	13.7
φ係数	0.88**	0.74 n.s.	0.013 n.s.	0.144***	0.143***	0.083**	0.041n.s.
旧人類コンシャス	82.8	33.3	93.5	**13.4**	48.8	19.4	19.0
旧人類非コンシャス	79.5	24.6	89.2	**8.2**	34.1	11.8	9.7
φ係数	0.041 n.s.	0.092**	0.076***	0.080*	0.144***	0.100***	0.127***

（注）***：$p < 0.001$　**：$p < 0.01$　*：$p < 0.05$
　　データ：1995年SSM調査A票B票

の出身と言うことができる。

最後に、現在の財産保有を世代・情報コンシャス度ごとに比較したところ（表省略）、新人類世代の電子レンジ、乗用車を除き、いずれの世代でも情報コンシャス層は非コンシャス層に比べ、財産保有率が高い。とくに、情報機器であるＦＡＸや経済資本である株券／債券に加えて、美術品・骨董品、ピアノといった文化資本の保有率が高い。旧人類世代でも、同様に情報コンシャス層では非コンシャス層よりも、ＦＡＸといった情報機器だけでなく、ピアノ、美術品・骨董品といった客体化された文化資本の保有率が高い。ここからは、世代のいかんを問わず、情報コンシャス層は、非コンシャス層に比べ、とりわけ情報機器や文化資本の保有でも優位に立っていることがうかがえる。

情報新人類の文化的特性

では、「身体化された文化資本」すなわち文化的活動という点では、情報コンシャス層と非コンシャス層に差異はあるのだろうか。一九九五年ＳＳＭ調査では、Ａ票で現在の文化活動を正統的文化活動（クラシック・コンサートや美術館・博物館に行く頻度、小説や歴史の本を読む頻度など）と大衆的文化活動（カラオケやパチンコをする頻度、スポーツ新聞や女性週刊誌を読む頻度など）にわけて訊ねている。これらは「身体化された文化資本」（Bourdieu 1979=1986）とみなすことができる。表4-5にはこれらの文化活動を「週一回以上」「月一回くらい」すると答えた合計比率を示した。

まず新人類世代からみると、正統的文化資本のうちクラッシックのコンサートや美術展・博物館に行く頻度、小説や歴史の本を読む頻度が情報コンシャス度と有意な関連があり、情報コンシャス層ほどこれらの活動をする頻度が多い（ただしクラッシックのコンサートや美術展・博物館に行く頻度はいずれもそれほど高くはない）。とくに小説や歴史の本を読む頻度は、両者の間で二四ポイントほどの開きがある。他方、大衆文化活動についてみると、パチンコをしたり、スポーツ新聞を読む頻度には情報コンシャス層と非コンシャス層で大きな差はないが、カラオケをする頻度はコンシャス層の方が多い。つまり情報新人類のうちでも情報コンシャス層は、正統的文化活動にも、大衆的文化活動にもコミットしているという点で、「文化的オムニボア」（片岡 2000：187-188）といえるだろう。[10]他方、旧人類世代では、情報コンシャス層と非コンシャス層で正統的文化活動にはあまり差がないが、小説や歴史の本を読む頻度が、情報コンシャス層において有意に多い。このことから、旧新人類世代でも、情報コンシャス層は非コンシャス層よりも、正統的な文化に接する傾向がみられるといえるだろう。またパチンコ・カラオケなどの大衆的文化への接触は、情報コンシャス度と有意な関連を示していない。このことから、情報新人類世代のコンシャス層は、正統的文化にも大衆文化にも接触する「文化的オムンボア」であったのに対して、情報旧人類世代のコンシャス層はもっぱら正統的文化に親しむ「文化的ユニボア」という性格をもつとみ

表４-５　情報コンシャス層・非コンシャス層の身体化された文化資本　（%）

世代/情報コンシャス度	クラッシックコンサート	美術展や博物館	小説や歴史の本	カラオケ	パチンコ	スポーツ新聞
新人類コンシャス	6.7	6.7	56.4	61.5	22.6	68.9
新人類非コンシャス	1.6	2.4	32.8	46.3	27.8	67.8
φ係数	0.134**	0.106*	0.235***	0.149**	-0.059 n.s.	0.011 n.s.
旧人類コンシャス	1.6	6.0	51.3	23.5	16.3	62.6
旧人類非コンシャス	1.5	3.0	34.2	27.3	24.1	62.0
φ係数	0.005 n.s.	0.069 n.s.	0.167***	-0.043 n.s.	-0.068 n.s.	0.007 n.s.

（注）***：$p < 0.001$　**：$p < 0.01$　*：$p < 0.05$
データ：1995年SSM調査A票

ることができる。(11)

以上のことからみて、情報コンシャス層は、情報旧人類世代においても、情報新人類世代においても、学歴や職業的地位に関して階層的に優位な位置を占めていた。彼らの職業的地位の高さ（たとえば専門職の多さ）は学歴の高さにも由来し、それが情報リテラシーの獲得機会になっていたと推測される。また、出身階層の文化資本からみても豊かな文化的環境で育ち、とくに若年層では正統的文化を受け入れながらも、大衆文化にも受容性を示す「文化的オムニボア」であることがわかる。したがって、情報コンシャス層は、遠藤(2000：117)も指摘するように、エリート層としての「専門職の中流階級」――資産よりも収入の高さによって特徴づけられる高学歴の専門・管理職であり、「コンピュータおたく」よりも社会の中核を占める層として特徴づけることができる。また、個人収入の点では、新人類世代では情報コンシャス層と非コンシャス層では差異がみられなかったが、旧人類世代では有意な差がみられ、コンシャス層は非コンシャス層よりも高い所得を得ていた。この収入の多さは、当時、まだ高価であったＰＣを個人所有する資源になっていたと同時に、ＰＣの所有によってさらに職業的地位の階梯を登り、より高い所得を得ていたという可能性も想定することができる。先にもみたように，宮台（1994：166-168）は，この時期，中流意識の飽和とも相まって，新人類の誕生によって「階層コード」が無効化したと主張したが，これまでの分析からみて，情報新人類世代においても，情報コンシャス層と非コンシャス層の間には，経済的にも文化的にも明らかに階層格差が存在していたことになる。つまり，世代のいかんを問わず，情報コンシャス・非コンシャスという情報格差《デジタルデバイド》は，そのまま階層間格差とシンクロしていたことになる。

5　オルトエリートとしての情報新人類？

情報コンシャス層の社会意識　先にみたように，遠藤（2000：118-120）は，情報コンシャス層では，生活満足度や階層帰属意識も高い一方で，社会活動やサークル活動，家族などを重視し，収入や財産の獲得を重視しない「脱階層志向」（片瀬・友枝 1990：139-143）が顕著であり，また「現状変革志向」も強いと特徴づけた。さらに遠藤（2000：138-140）によれば，とくに二〇代の情報コンシャス層は，全般的不公平感が高いうえに，とりわけ性別・年齢などの属性要因による領域別の不公平感が高いことから，この層を「オルトエリート」すなわち潜在的にはエリート層になる能力をもちながらも，個人の力を超えた理由でその能力が評価されないという地位不安を抱え，この不安を背景に行動を起こそうとする対抗的エリートであるとした。このような社会意識は，今回，定義した新人類世代の情報コンシャス層にも見出すことができるだろうか。

表4-6　情報コンシャス層・非コンシャス層の脱物質主義　（%）

世代／情報コンシャス度	脱物質主義						
	よくあてはまる	ややあてはまる	どちらともいえない	あまりあてはまらない	まったくあてはまらない	合計	（実数）
新人類コンシャス	37.3	40.4	14.5	7.8	0.0	100.0	(166)
新人類非コンシャス	30.7	35.9	21.4	9.3	2.8	100.0	(290)
全体	33.1	37.5	18.9	8.8	1.8	100.0	(456)
旧人類コンシャス	43.8	39.6	14.5	2.0	0.0	100.0	(408)
旧人類非コンシャス	39.5	37.4	18.0	4.1	1.0	100.0	(347)
全体	42.1	38.8	15.9	2.8	0.4	100.0	(755)

（注）新人類：$\chi^2 = 9.508$ n.s.
旧人類：$\chi^2 = 9.841$（$p < 0.05$）
データ：1995年SSM調査B票

まず、ライフスタイルという点では、情報コンシャスなグループは、「脱物質主義的志向」や「脱階層志向」をもっているのだろうか。**表4-6**は脱物質主義を示す「これからは、物質的な豊かさよりも、心の豊かさやゆとりのある生活をすることに重きをおきたいと思う」という意見への賛否（ただしB票のみ）を世代別・情報コンシャス度別に集計したものである。新人類世代では、情報コンシャス度と脱物質主義は統計的にみて有意な関係にはないが、旧人類世代では両者に有意な関係がみられ、非コンシャス層よりもコンシャス層の方が脱物質主義的傾向を示している。この問いに「よくあてはまる」「ややあてはまる」と答えた者の合計は、旧人類世代の場合、情報コンシャス層では八三・四%であるのに対して、非コンシャス層では七六・九%にとどまっている。したがって、情報コンシャス層は非コンシャス層よりも「脱物質主義」ないしは「脱階層志向」が強いという遠藤（2000）の指摘は、どちらかといえば旧人類世代に当てはまる。

るのだろうか。

これに対して、政治意識という点では、「情報新人類」はどのような志向をもっているのだろうか。遠藤（1998：2000）は、政治意識の志向的側面に関しては、対自己的意識の脱階層志向性を扱っているが、対社会的意識の政党支持（政治意識）については触れていない。それは、遠藤（2000）が主として個人のライフスタイル戦略に関心があったからであると推測されるが、「オルトエリート」の社会的性格を考えるためには、フロム（1941=1951）やアドルノら（1950=1980）以来、問題にされてきた政治的志向性や権威主義的意識を検討する必要があるだろう。[12]

エリート対抗的政治の登場

一九九五年のSSM調査における政治意識研究で問題にされたことは、いわゆる五五年体制の崩壊に伴う支持なし層の増大と政治参加様式との関連（小林 2000，片瀬・海野 2000）であった。そこでは、遠藤（2000）が注目した「脱物質主義」を背景とした「エリート対抗的政治参加」すなわち「オルトエリート」による政治参加が注目されたのである。というのも、イングルハート（1990=1993：293-294）によれば、無党派層が増えても、政治参加は衰退しないばかりか、その政治参加の様式を変えるという。というのも、①若い世代ほど学歴が上昇して政治的認知能力が高まり、②従来の性別役割分業の衰退によって女性の政治参加が増大し、③脱物質主義的な価値の浸透によって政治のように疎遠で抽象的な事象への関心は高まるからである。その結果、彼によると、従来の「エリート指導型」党派心は低下して既成政党への支持者は減少するが、「認知動員型」の非政党帰属者は増大する。彼らは、特定の支持政党はもたないものの、個人の政治認知にもとづく自発的な政治参加を行い、エリートへの批判を強める。その結果、これまでの「エリート指導型政治」は終焉を迎え、「エリート対抗的政治」が登場する——これがイングルハートのシナリオであった。[13]

彼の予測は西欧社会に関するものであったが、一九九五年ＳＳＭ調査データによる検証（片瀬・海野 2000：226-227）からは、日本でも一九八五年に比べて九五年では支持政党なし層の政治的認知能力が高まっていること、また政治参加志向には一九八五年の時点から政党支持層と支持政党なし層で有意な差はなく、この時点から支持政党がないことがただちに政治参加からの撤退につながっていないことがあきらかにされた。そして、政治的認知能力と党派性（支持政党の有無）の組み合わせから、①認知的党派型、②認知的無党派、③儀礼的党派型、④非認知的無党派にわけ、社会的属性との関連をみたところ、認知的党派型（政治的認知能力が高く支持政党がある層）が五〇歳代を中心とした高年層にみられるのに対して、認知的無党派（政治的認知能力が高く支持政党がない層）は都市部居住者および若年層で多く、とくに二〇歳代では約四割を占めていた。その一方で、年齢が若いほど非認知的無党派（政治的認知能力が低く支持政党がない層）も多くなっていた（片瀬・海野 2000：227-230）。つまり、若年層はその政治意識の点からからみると、認知的無党派と非認知的無党派に二極化しているといえる。

他方、階層的地位との関連では、認知的無党派層は、学歴が高いほど多く、高等学歴層ではほぼ半数を占める。逆に高等学歴層で少ないのは、非認知的無党派層と儀礼的無党派型（政治的認知能力が低く支持政党がある層）であった。また職業では、エリート対抗的な認知的無党派層は、専門職・大企業ホワイトカラーで多いのに対して、認知的党派型は管理職でもっとも多く、大企業ブルーカラーがこれに次いでいた。このことからイングルハートが想定した認知動員にもとづくエリート対抗的な無党派層は、高学歴で都市部に居住する若年の専門職や大企業ホワイトカラー層に典型的にみられることがあきらかになった。さらに、実際の政治参加様式との関連からは、認知的無党派層の方が認知的党派型に比べてエリート対抗的な政治参加志向が強いことも示唆された（片瀬・海野 2000：230-232）。

しかし、この分析では、遠藤（1998：2000）が注目した「情報コンシャス」という観点から政治参加のあり方が検討されているわけでない。けれども、政治的認知能力の高さが、情報コンシャスネス（PCなどによる情報処理能力）と関連している可能性もある。そこで、以下ではこの情報コンシャスに注目して、政治的認知能力や政治参加の様式について改めて一九九五年のSSM調査データを用いて分析を行う。そして、遠藤（1998：2000）の言うように、情報コンシャスな「オルトエリート」が、その政治的認知能力を背景に、エリート対抗的な政治参加を志向しているのか検討していきたい。

情報コンシャス層の政治志向

ここでは、次の手順で分析を行う。まず二つの世代（情報旧人類・新人類世代）ごとに情報コンシャスネスによって、政治的認知能力とエリート対抗的政治参加スコアに差異があるか検討する。次いで、片瀬・海野（2000：229）にならって、政治的認知能力と党派性（支持政党の有無）の組み合わせから、四つの政治参加類型（認知的党派型、認知的無党派、儀礼的党派型、非認知的無党派）を作成したうえで、二つの世代ごとに、情報コンシャス度との関連をみる。そして、階層的地位を統制したうえでも、情報コンシャス度がエリート対抗的な政治参加志向を促しているか検討する。(14)

まず、**表4-7**は、世代別・情報コンシャス度別にみた政治的認知能力とエリート対抗的政治参加のスコアを示している。まず新人類世代からみていくと、政治的認知能力については、情報コンシャス度によって統計的にみて有意な差がみられ、情報コンシャス層の方が非コンシャス層よりも政治的認知能力が高い。他方、エリート対抗性では情報コンシャス層と非コンシャス層の間に有意な差異がみられ

表4-7　世代別・情報コンシャス度別にみた政治的認知能力・エリート対抗的政治参加志向

世代/情報コンシャス度	政治的認知能力		エリート対抗的政治参加スコア	
	平均スコア	標準偏差	平均スコア	標準偏差
新人類コンシャス	2.98	1.29	6.84	1.97
新人類非コンシャス	2.64	1.28	6.84	1.88
t値	2.695**		-0.009 n.s.	
旧人類コンシャス	3.29	1.34	7.10	1.92
旧人類非コンシャス	2.81	1.40	6.77	2.09
t値	4.666***		2.063*	

（注）***：$p < 0.001$　**：$p < 0.01$　*：$p < 0.05$
データ：1995年SSM調査B票

なかった。これに対して、旧人類世代ではどちらのスコアも統計的にみて有意な差があり、情報コンシャス層は非コンシャス層よりも、政治的認知能力も高く、エリート対抗的政治参加志向も強いことがわかる。

次に、**表4-8**は、世代別にみた情報コンシャス度と政党支持類型の関連を示している。まず、全体欄に注目して世代差をみると、新人類世代は旧新人類世代に比べて、認知的党派型と非認知的無党派が少なく、儀礼的党派型が多いという特徴をもつ。その一方で情報コンシャス度と政党支持類型には有意な関係がみられない。ただし、認知的無党派は、情報非コンシャス層にくらべて、情報コンシャス層で七ポイントほど多い。これに対して、旧人類世代では情報コンシャス度と政党支持類型には有意な関係がみられた。とくに認知的無党派と認知的無党派は情報コンシャス層で、また非認知的無党派は情報非コンシャス層で多くみられる。

そこで階層的地位を統制したうえでも、情報コンシャス度が政治的認知能力やエリート対抗的な政治参加志向を促しているか検討するために、重回帰分析を行った。まず従属変数である

表4-8　世代別にみた情報コンシャス度と政党支持類型

世代/情報コンシャス度	政党支持類型				合計(実数)	
	認知的党派型	認知的無党派	儀礼的党派型	非認知的無党派		
新人類コンシャス	8.5	44.1	37.3	10.2	100.0	(59)
新人類非コンシャス	14.6	37.2	38.0	10.2	100.0	(137)
全体	12.8	39.3	37.8	10.2	100.0	(196)
旧人類コンシャス	23.5	45.0	22.1	9.4	100.0	(131)
旧人類非コンシャス	17.9	32.1	29.9	20.1	100.0	(163)
全体	20.8	38.9	25.8	14.5	100.0	(294)

（注）新人類：$\chi^2 = 1.797$ n.s.　旧人類：$\chi^2 = 11.317$（$p < 0.05$）
データ：1995年SSM調査B票

エリート対抗的な政治参加志向は、一九九五年SSM調査B票から、参加志向を示す「政治のことはやりたい人にまかせておけばよい」に反対する程度および権威主義的傾向を示す「この複雑な世の中で何をすべきかを知る一番よい方法は、指導者や専門家頼ることである」に反対する程度を合成（単純に合計）した得点である（政治的認知能力スコアについては注14参照）。まずモデルⅠ-1（情報新人類）、モデルⅡ-1（情報旧人類）では性別（男性ダミー）・教育年数・職業階層（基準は農業）を独立変数にして、政治的認知能力を説明した。次にモデルⅠ-2（情報新人類）とモデルⅡ-2（情報旧人類）では、先のモデルにある変数を統制したうえでも、情報コンシャス度（情報非コンシャスを基準とするダミー変数）によって、政治的認知能力が影響を受けるか検討した。その結果は、**表4-9**に示した。

　政治的認知能力の規定因について、まずモデルⅠ-1から情報新人類の特徴をみていくと、男性であるほど、また教育年数が長いほど、政治に関する認知能力は有意

表4-9　政治的認知能力の規定因(重回帰分析：標準化偏回帰係数)

独立変数	情報新人類		情報旧人類	
	モデルⅠ-1	モデルⅠ-2	モデルⅡ-1	モデルⅡ-2
男性ダミー	0.280 ***	0.288 ***	0.204 ***	0.207 ***
教育年数	0.229 ***	0.213 ***	0.271 ***	0.257 ***
専門職ダミー	0.010	0.008	0.058	0.050
大企業ホワイトダミー	0.003	-0.006	0.069	0.059
中小企業ホワイトダミー	-0.029	-0.030	0.007	0.003
自営ホワイトダミー	-0.107 *	-0.106 *	-0.034	-0.032
大企業ブルーダミー	-0.055	-0.067	-0.028	-0.032
中小企業ブルーダミー	-0.091 *	-0.094 *	0.018	0.018
自営ブルーダミー	-0.007	-0.010	0.041	0.037
情報コンシャスダミー		0.107 **		0.065 *
調整済み R^2	0.145 ***	0.155 ***	0.162 ***	0.165 ***

(注) ***：$p < 0.001$　**：$p < 0.01$　*：$p < 0.05$
データ：1995年SSM調査B票

に高くなる。また職業階層では、農業に比べ自営ホワイトカラーおよび中小企業ブルーカラーであることは、政治的認知能力を有意に低下させる。そして、モデルⅠ-2ではこれらの要因を統制して情報コンシャス度の影響をみると、情報コンシャス度は政治的認知能力に有意な効果をもっており、コンシャス層は非コンシャス層に比べ、政治的認知能力が高い。他方、情報旧人類の政治的認知能力の規定因を探ったモデルⅡ-1からみて、旧人類世代では、男性であること、教育年数が長いことは、同様に政治に関する認知能力を高めているが、職業階層からの影響はみられない。次に、モデルⅡ-2で情報コンシャス度を追加投入すると、五％水準で有意な正の効果をもっていることがわかる。以上のことから、階層的地位（学歴・職業）を統制しても、旧人類世代でも、情報コンシャスであることは政治的認知能力を有意に高めている、と言える。

次に、**表4-10**には、エリート対抗的政治参加志向の規定因について世代別に示した。まず、新人類世代では、基本属性（性別）と階層要因（教育年数、職業）を入れたモデルⅢ-1からは、教育年数が有意な効果をもち、学歴が高いほどエリート対抗的であることがわかる。職業では自営業ホワイトカラーのみがエリート対抗的政治参加志向に有意な負の効果をもつ。すなわち、自営業ホワイトカラーであることは、エリート対抗的な政治参加志向を弱めることになる。自営業は、従来から「自前的職業」（三宅・木下・間場 1967：117-132）、すなわち「自分の仕事や職業をコントロールする主体が自分の手にある」という「一種の利害感覚」をもてる職業とされてきた。具体的には管理職、農業、商工自営業者を意味する。そして、これらの自前的職業は伝統的に保守政党（具体的には自民党）を支持するとされてきた。一九九五年は、先にみたようにいわゆる「五五年体制」の崩壊の時期に当たるが、「自前的職業」である自営業ホワイトカラーは、この時点でもエリート対抗的志向が弱かったことになる(15)。

そこで、モデルⅢ-2では、情報コンシャスダミーと政治的認知能力を追加投入したところ、エリート対抗的政治参加志向に対して、情報コンシャス度は有意な影響をもっていなかったが、政治的認知能力は有意な正の効果をもち、政治的認知能力が高いほどエリート対抗的な政治参加を志向することがわかった。またこれらの変数の追加投入によって、決定係数が大幅に増加するとともに、モデルⅢ-1で有意あった教育年数と自営ホワイトカラーの効果が消失している。このことから、教育年数と自営ホワイトカラーの効果は政治的認知能力に媒介されるものであったことがわかる。すなわち、教育年数が長い者ほど政治的認知能力が高くなり、その結果、エリート対抗的な政治参加を志向するのに対して、逆に自営ホワイトカラーほど政治的認知能力が低いために、エリート対抗的政治参加志向も低くなっていたことになる。

表4-10　エリート対抗的政治参加の規定因（重回帰分析：標準化偏回帰係数）

独立変数	情報新人類		情報旧人類	
	モデルⅢ-1	モデルⅢ-2	モデルⅣ-1	モデルⅣ-2
男性ダミー	0.074	-0.023	-0.004	-0.084 *
教育年数	0.116 **	0.050	0.150 ***	0.058
専門職ダミー	0.044	0.034	0.052	0.042
大企業ホワイトダミー	-0.040	-0.035	0.035	0.016
中小企業ホワイトダミー	-0.075	-0.061	-0.018	-0.021
自営ホワイトダミー	-0.157 ***	-0.121	0.001	0.014
大企業ブルーダミー	0.016	0.040	-0.075 *	-0.066
中小企業ブルーダミー	-0.049	-0.015	-0.035	-0.034
自営ブルーダミー	-0.027	-0.019	0.011	-0.004
情報コンシャスダミー		-0.029		-0.011
政治的認知能力		0.332 ***		0.375 ***
調整済み R^2	0.040 ***	0.130 ***	0.033 ***	0.153 ***

（注）***：$p < 0.001$　**：$p < 0.01$　*：$p < 0.05$
データ：1995年SSM調査B票

次に、情報旧人類世代の政治志向に目を向けよう。モデルⅣ-1からみると、まず教育年数がエリート対抗的な政治参加志向を有意に強めていることがわかる。また職業では大企業ブルーカラーであることが、エリート対抗的政治参加に負の影響を与えている。次にモデルⅣ-2で政治的認知能力と情報コンシャス度を追加すると、やはり決定係数が大きく上昇する。そして、政治的認知能力はエリート対抗的政治参加志向を有意に高めているが、情報コンシャス度はエリート対抗的政治参加志向に影響していないことが分かる。

以上のことからみて、まず政治的認知能力は情報新人類・旧人類世代の双方において、エリート対抗的な政治参加志向を強めていた。これに対して、情報コンシャス度は、どちらの世代でもエリート対抗的政治参加志向に影響していない。したがって、情報コンシャスネスが政治意識に及ぼす影響は限定的なものであり、政治的認知能力は高めても、エリート対抗的な政治参加志向を強めるものではないと結論づけることができる。

6　情報社会における市民的公共圏の可能性

情報コンシャス層と情報非コンシャス層の階層分化　本章の分析によれば、「情報新人類」と呼ばれる世代にも、遠藤（1998：2000）が指摘したように、一九九五年の時点ですでに「情報コンシャス層」と「非コンシャス層」の間には、「情報格差」が存在していることが分かった。「情報格差《デジタルデバイト》」とは、PCやインターネットなど、情報機器やサービスを利用する能力の差によって、就職機会や収入に差が出てくることであった（四元 2000：6）[16]。加えて、「情報コンシャス層」は出身階層という点でも上層出身者が多かった。そして、客体化された文化資本や身体化された文化資本にも恵まれていた。その結果、学歴が高く、職業も専門職、大企業ホワイトカラーが多くなっていた。これに対して、「非コンシャス層」は、経済的・文化的にも下層出身者が多く、学歴や職業的地位も低かった。彼らはPCを持たず、情報発信というよりビデオなどによる情報消費的な行動をしていたと推測することもできる。

　このことは、当時、青少年（全国の一二歳から二九歳、一七歳までは親も調査）を対象に行われた調査結果（美馬 1997）からも窺い知ることができる。それによれば、本章での分析でいう「新人類世代（一九六〇―七五年出生コーホート）」よりも世代が下るが、調査時点（一九九六年）で一五歳から一七歳の全国の青少年では、ＰＣを学校で使い始め、教師の影響が強かった。それはこの世代では、一九八九（平成元）年に公示された新学習指導要領で、情報教育の重要性が強調され、中学校の「技術家庭」において「情報基礎」が選択領域となったためである。逆に二三歳から三〇歳の年齢層で「一度も使ったことがない」という回答が男女とも二割近くともっとも多いのは、この学習指導要領の施行前であったためだとも考えられる。これに対して、一四歳以下でＰＣを使い始めた者では、自宅で使用し始めた者が多く、この世代では親の学歴が高いほど子どもにＰＣ操作を教える傾向が強く、逆に学歴が低い親は子どもからＰＣを教わる者が多くなっている。したがって、親の学歴階層（子どもの出身階層）は、青少年層の情報コンシャスネスに影響していることがわかる。ここからは中学校で情報教育に接する前に、家庭でのＰＣの有無や親の指導が子どもの情報格差を生む可能性が高いとされる。そして、実際に親子とも「情報弱者」が社会に取り残される懸念を抱いている者が少なくない（美馬 1997：244-275）。

また、同じデータの分析から、井上理（1997：276-281）は、情報メディアを「受信型パッケージ系」（ビデオ、テレビゲーム機、ヘッドホンステレオなど）と「参加型相互通信系」（ＰＣ、ワープロ、携帯電話・ＰＨＳなど）にわけ、今後は前者から後者への移行が生じるという。このうち、今回、情報コンシャス度の指標としたのは、ＰＣとビデオデッキの保有状況であった。すなわち、情報コンシャス層はＰＣという「参加型相互通信系」メディアを保有しているのに対して、非コンシャス層はビデオデッキという「受信型パッケージ系」のメディアのみを保有しているのであった。この「受信型パッケージ系メディア」であるテレビゲームの利用層の対人行動パターンを分析した橋元（1997：266-275）によると、テレビゲームの利用者ほど、共感性やコミュニケーション耐性、批判受容耐性が低いという。この分析は、今回の分析で使用したビデオデッキではなく、テレビゲームの利用頻度であるが、もしこのことが同じ「受信型パッケージ系」メディアであるビデオデッキのみを保有する層である「情報非コンシャス層」にも当てはまるとしたなら、「非コンシャス層」もまたコミュニケーション耐性や共感能力が低い――

いわゆる「おたく（オタク）」的性格をもっていると推測される。

他方、政治意識からみると、情報コンシャス度は世代のいかんを問わず政治的認知能力に有意な効果をもち、情報コンシャスであるほど政治に関する認知能力も高くなっていた。しかし、情報コンシャス度は、エリート対抗的な政治参加への志向を強めてはいなかった。したがって、この当時の情報コンシャス層もまだ「オルトエリート」的性格をもつとは言えなかった。これに対して、もっぱら情報消費的なビデオ視聴をする非コンシャス層は、政治的認知能力も低く政党支持もない無関心層を形成していた。そして、政治的・社会的関心の低さも「おたく」の定義に加えるならば、この層は「おたく」的な社会的性格をもつといえるだろう。

オルトエリートによる「遅れてきた市民革命」

しかし、この時期の若者にオルトエリート的性格をもつ可能性をみいだすこともできる。たとえば、一九八七（昭和六二）年に関西圏の大学生の意識調査を行った片桐（1988：122-123）によると、この当時、青年が先行する世代に「新人類」と思われた最大の特徴は、「「関係ない」感覚」――自分たちが「新人類」と呼ばれても抵抗を感じず、自分には「関係ない」と受け流す極端な個人主義であり、それは日本文化の特徴である集団主義と相いれないものであるという。彼らは当時の「企業戦士」の対極にあり、企業組織の伝統的価値観を軽視し、仕事よりも余暇に生きがいを見出しているとされる。こうした「新人類」の個人主義的志向は、片桐（1988：140）によると、日本が高度経済成長を遂げるなかで徐々に生じた価値意識の延長上にあるものであり、彼らが先行する世代とまったく断絶した異質な存在ではないという。彼らは集団主義を厭《いと》い個人主義的ではあるが、他者との協調は重視し、大きな社会変化を望まず、楽しく暮らしたいと望んでいる。そして、片桐（1988：142-126）は、見田（1984：203-228）[17]の図式を敷衍しながら、「新人類」世代の価値観を「個同保楽」主義と特徴づける。それによると、先行世代に若者が「新人類」とみえるのは、とくに「個」と「楽」の内側に従来型の「同」と「保」を抱え込んであることにある、と指摘する。つまり、個人主義や享楽主義のうちがわに同調主義や保守主義が根強く残存しているからであると結論づけている[18]。

また、「新人類」と呼ばれた最初の世代に属する海上（2009：16）は、当時、この言葉を耳にしたとき「いやな響きに感じた」と述懐している。海上は大学卒業後に企業に勤務した経験があるが、入社当時、ある種のカルチャーショックを受けたという。それは近代市民社会に生きているはずなのに、企業社会が封建的な集団主義によって個人を拘束している、というショックである。海上（2009：19）からみると、日本的経営という「アンシャンレジーム（旧体制）」が、個性が大切だと考えてきた「新人類」を待ち構えていた、という。「新人類」に先行する全共闘世代にしても、「新人類」からみれば、社会に反抗するにせよ、企業社会に順応するにしても、基本的には「集団主義」で「個」は軽視された独裁的権力体制のもとにある（その象徴が「連合赤軍事件」だという）。「新人類」世代は、こうした全共闘世代の学生時代の集団的暴力と、就職後の手のひらを返したような企業戦士ぶりに反発し、軽蔑していた世代でもあるという。この点で、海上（1992：20–21）は、「新人類」の意義を社会の豊かさが生んだ「遅れてきた市民革命」であったとする。その意味では、情報テクノロジーにいち早く適応し、集団主義に批判的でエリートに対抗する情報新人類のなかからは、やがて「遅れてきた市民革命」を日常生活で教導した層が出現した可能性も否定できない[19]。

こうして集団主義を厭い、自律した「個」が、やがて通信機能をもった情報機器を使って連帯しはじめる時、かつてハーバーマス（Habermas［1962］1990＝1994）が構想した新しい市民的公共性（圏）への道が開かれる可能性もみえてくる（吉田 2000）。本章で扱った一九九五年ＳＳＭ調査が行われた年は、日本社会に大きな事件が相次いだ年でもあった。一月に阪神淡路大震災があり、三月に地下鉄サリン事件が発生する一方で、一一月のWindows95の発売を機にＰＣが各家庭に普及していった。干川（2003：131-134）は、自身も参加した阪神大震災の救援におけるボランティア活動が、相互の情報交換だけでなく被災地内外の支援者との間で情報収集・伝達の連携作りを欠いたことに加えて、震災当時は、一部の者がパソコン通信を利用していたが、インターネットなどを活用できる人が少なかった。そのため、情報収集・伝達をする「情報ボランティア活動」（干川 2003：131-134）の必要性が理解されていなかった、という。そして、この反省に立って、その後、日本海重油災害（一九九七年）、さらには北海道の有珠山噴火災害（二〇〇〇年）、三宅島噴火災害（二〇〇〇年）などにおける災害救援デジタル・ネットワーキングにおいて、ホームページやメーリングリストなどを用いた情報ボランティア活動がどのように展開されてきたか検討を行っている。

情報社会と市民的公共圏

それによると、ボランティア活動には①「自発性」、②「公共性」、③「非営利性」という三つの特徴があるために、社会の多様なニーズに柔軟に対応しながら問題解決を図ることができるという。そして、このようなボランティア活動をより実効的なものにするためには、デジタル・ネットワーキングによるボランティア活動の組織化が必要であるとする。とくに情報インフラの整備された社会においては、ＮＰＯなどによるデジタル・ネットワーキングは、多くの人々――とくに災害被災者のような社会的弱者などに情報発信や社会参加の機会を提供するからである。そこで、干川（2003）は、デジタル・ネットワーキングが、「新しい公共性」を実現するためには、「デジタル・デモクラシー」すなわちインターネットやメール等を利用した民主主義の促進が必要であると結論づけている。このように新しい情報技術は、親密圏におけるコミュニケーションを活発化するだけではなく、新しい公共圏を創出するインフラとなることが期待される時代となったのである。

東日本大震災とソーシャルメディア　こうして、その後のＰＣの発展とりわけインターネットやＳＮＳの普及にともない、新たな社会的ネットワークを通じて、エリート対抗的な政治参加の可能性もでてきた。とくにソーシャルメディアの普及は近年、著しい。ソーシャルメディアとは「ユーザーとユーザーがつながって双方向に情報を提供したり、編集したりするネット上のサービス」（津田 2012：24）と定義される。津田（2012）によれば、二〇一一（平成二三）年三月に起こった東日本大震災における情報交換や支援では、ソーシャルメディアは少なからぬ役割を果たしたという。というのも、三・一一当日、携帯電話の通話やメールは回線が混雑し、ほとんど役に立たなかったが、インターネット回線は使えたので、ソーシャルメディアを通じた安否確認が広範に行われていた。またソーシャルメディアは、マスメディアに対抗する情報入手手段としても機能し、給水や給油、入浴サービスなど、テレビや新聞が伝えない地元に密着した情報は、ソーシャルメディアを通じて流されたという。

またマスコミとの関連で言えば、ＮＨＫや一部民放が、サイマル放送すなわち災害の情報を通常のテレビ番組と同時にインターネット回線を使ってユーストリームなどの動画サイトで流したことも画期的なことであった。これによって放送時間に制約されることなく、情報を入手することが可能になったからである（津田 2012：169-170）。このように従来からのマスメディアからの情報と、新しいメディアであるインターネットからの情報を組み合わせることで、情報交換の相乗効果をあげることができる。こうして「新旧さまざまなメディアが相互に関連し合って作り上げている複合的なメディア環境」を遠藤（2011：10-11）は「間メディア環境」と呼んだ。遠藤（2012：51-84）によれば、阪神大震災の時に、まだ利用者は少なかったが、パソコン通信に関心が集まったのと同様、東日本大震災の際にも、ソーシャルメディアの機能が注目されたとする。ただし、今回の震災で明らかになったソーシャルメディアの特性は、それ自体の機能というより、津田（2012：169-170）のいうサイマル放送のように、他のメディアの媒介となった点である[20]。

こうして一九七〇年代後半に登場し、九〇年代に家庭あるいは個人向けに普及していったPCは、インターネットの発展もあり、他のメディアとも結びついた「間メディア環境」（遠藤 2011）を提供することになった。それは災害時の安否情報の取得やボランティア活動の組織化にとどまらず、新しい市民的公共圏（吉田 2000）を構築し、既存のメディアに対抗する可能性をもつに至った。本章の分析からみるかぎり、情報コンシャスネスは一九九五年の時点では、エリート対抗的な政治参加に結びついてはいなかったが、今後はボランティア活動やNPO・NGO活動と結びつくことで、新しい民主主義の形態を創出する可能性を秘めていると言えるだろう。

注

（1）その後、一九七九（昭和五四）年にソニーがウォークマンを発売すると、どこでも音楽を聴くことのできる携帯型ステレオカセットプレーヤーとして爆発的に売れ、これによって若者の「カプセル人間化」はさらに進んだとされる（守弘 1993：155）。なお、この時期の文献については、久慈利武東北学院大学名誉教授より譲渡していただいた。記して感謝したい。

（2）序章で述べたように、一九九〇年代にも、中島梓（1991=1995）が改めて若者における「コトバの不在としての「コミュニケーション不全症候群」」を問題にする。そこで、この時期に特有の「おたく（オタク）」、「ダイエット」、少女たちの「小年愛趣味」が「コミュニケーション不全症候群」として論じられる。ただし、中島（1991=1995）の議論では、「コミュニケーション不全症候群」を引き起こした原因が、社会の過密などに求められ、社会構造や文化（とくにコミュニケーションを媒介する言語文化）の変容との関連でとらえられていないために、それへの「処方箋」も「自分をみつめ、苦しみを認識する勇気をもとう」といった心理主義に陥っている。

（3）その理由として、遠藤（1998：128）は、パソコンやワープロが、すべての情報をデジタル化するのに対して、ＦＡＸはアナログ情報をそのまま扱える機器であることをあげている。

（4）「オルトエリート」とは Alternative-Elite の略で、遠藤（1999：33-29）によれば、平等を建前としながらも階層性を内包した民主主義社会にインターネットに代表されるＣＭＣ（Computer Mediated Communication）が浸透し、大衆化した情報化社会において、参加のコストの低いコミュニケーションや組織・運動が実現することによって誕生してくるという。彼らは「やがてエリートになる能力を潜在させているが、現状では、権威のヒエラルキーの中位以下におり、したがって、心情的にはエリート層に対抗的（非エリート層に同調的）であり、マイナーカルチャーに自己のアイデンティティを託す」（遠藤 1999：31）」層を意味する。

（5）実際、一九八〇年代の「情報新人類」論を批判的に検討した新井ら（新井・岩佐・守弘 1990, 1993）が着目したのも、当時の若者のテレビ・ビデオ視聴行動であった。また、パソコンが一般家庭に普及し始めたのは、一九九五年ＳＳＭ調査が行われた年に Microsoft 社から「Windows95」が発売された以降であった。

（6）なお、「フリーター」という語は、現在では正規雇用に入れなかった若者というネガティブな意味で使われているが、いわゆる「バブル期」の一九八〇年代には別の意味で使われていた。すなわち、「フリーター」なる語は、一九八七年にリクルート社のアルバイト情報誌『フロム・エー』が最初に使った、とされるが、その当時は「フリー・アルバイター」の略で、バブル経済のもと「正社員になることを拒否して、自由に好きなアルバイトをして生活をする」という若者の新しいライフスタイルを意味していた、という（小杉 2002b）。現に大黒麻季は一九九二年の「恋はメリーゴーラウンド」で「夢見て走れ　フリー・アルバイター」と唄っている。そこでは「憂いの Businessman」との対比でその「輝き」が歌い上げられている（JASRAC 出 1509814-501）。

（7）具体的には、一九九五年のＳＳＭ調査では、一番年長の子どもと一番年少の子どもの年齢を回答させている（A票問29、B票問19）ので、これらの項目から「情報新人類世代」の子どもがいない「情報旧人類世代」を抽出した。ただし、この方法でも、第一子と末子の間に子どもがいる場合、情報新人類と同居している世帯を排除することはできない。

（8）この調査は、首都圏と近畿圏を中心に一六歳から六九歳のＰＣを持っている男女九四四三人に実施されたという。遠藤（1998：125）はまた、「国民生活白書」などを参照しながら、この時期のＰＣユーザーが四〇歳から四九歳をピークとした単峰型分布をしていることから、「若者の方が情報に強い」という俗説に注意を促している。

(9) ブルデュー（Bourdieu 1979=1956）は、文化資本を「客体化された文化資本」（文化的な財――たとえば家庭にある文学全集や百科事典など）、「身体化された文化資本」（「ハビトゥス」とも呼ばれるように個人の身体に蓄積された文化的な性向や慣習）、「制度化された文化資本」（学歴や資格のように社会的に承認され、正統化された文化的財）にわけている。

(10) 片岡（2000：184）によれば、「文化的オムニボア」とは、エリート層が文化的に排他的でなく、威信の高低にかかわらず多様な文化を消費する「雑食性（オムニボア）」をもつことを示すものである。この「文化的オムニボア」は、特定の文化のみを排他的に消費する「文化的ユニボア」と対比される。

(11) 片岡（2000：213-214）は、一九九五年のＳＳＭ調査データの分析から、現代日本の文化的状況を「ハイカルチャーの大衆化」と「大衆文化の共通文化化」の進行としてとらえる。そして、日本においても若い世代を中心に「文化的オムニボア」化が進行していることを明らかにした。片岡（2000：214）によれば、その背景には、とくに男性ホワイトカラー層がオムニボア化することで会社文化に適応し、サラリーマン組織における階層的ルサンチマンを回避するという戦略がみてとれるという。

(12) 原（1990：1-2）は、階層意識を二つの次元すなわち対自己的意識と対社会的意識という次元と、認知的側面・評価的側面・志向的側面という次元を設定して、その組み合わせから整序している。それによると、対自己的意識の認知的側面が階層／階級帰属意識、評価的側面が満足度、志向的側面が価値意識――ここには遠藤（1998：2000）が扱った脱階層的ライフスタイルも含まれる――となる。他方、対社会的意識の認知的側面は階層イメージ、評価的側面が公平感、志向的側面が政治意識とされる。

(13) 一九九三（平成五）年の宮沢内閣への不信任案可決は、自民党の分裂を引き起こし、「新生党」「新党さきがけ」を誕生させた。この内閣不信任に伴う同年七月の総選挙では自民党は過半数を割り込み、「日本新党」などの新党と社会党などの既成野党が、日本新党党首・細川護煕を首班とする非自民連立政権を誕生させた。これが「五五年体制」の崩壊と呼ばれた事態である。しかし、この細川内閣とそのあとを継いだ新生党・羽田孜内閣も短命に終わり、自民党は社会党と連立を組み、社会党委員長・村山富市を首班とする連立内閣が成立した。そして、この内閣のもと、社会党が従来の安全保障政策を転換し、「革新政党」としての性格を変えていった。こうして従来の「保守―革新」といったイデオロギー的対立の枠組みは融解し、「支持政党なし」が増大した。実際、一九九四年まではほぼ三〇％台で推移していた「支持なし」層は、九四年の半ば以降は五〇％から六〇％台となった（片瀬・海野 2000：225）。

(14) 具体的な変数の構成は、一九九五年ＳＳＭ調査Ｂ票から、まず政治的認知能力は、「政治のことは難しすぎて自分にはとても理解できない」という意見の賛否の度合いについて五段階で回答をもとめ、「そう思う」に一点から「そう思わない」五点までに得点を与え、一点から二点を認知能力の低いグループ、三点から五点を認知能力の高いグループとした。そして、政党支持に関する回答から、いずれかの政党を支持する者を党派型、「支持する政党なし」を無党派とし、先の政治的認知能力の高低との組み合わせから四つの政党支持類型（①認知的党派型、②認知的無党派、③儀礼的党派型、④非認知的無党派）を定義した。したがって、以下の分析はＢ票のみの分析となる。

(15) なぜ自前的職業にある者が保守性をもつかについて、三宅・木下・間場（1967：117-133）は、経験的根拠を示すのみで、あまり明確な根拠を示していない。ただ、推測として、「五五体制」と言いながらも、自民党一党支配が固定化したという日本政治の特殊性の下で、「主流に従属する」ことが自前的職業の利害と合致するため、保守支持が多くなった可能性を示唆している。

(16)　情報格差《デジタルデバイド》という用語は、『平成十二年版　通信白書』（郵政省 2000）が初出であるとされるが、そこでは年齢、所得、居住地域などによってインターネットなどの情報通信手段にアクセスする機会の格差という意味で使われていた。しかし、やがてブロードバンドによって、「ユビキタス社会」が誕生するなかで、インターネットへのアクセス機会の格差というより、それによって生じる社会経済的格差に重点が置かれるようになる（総務省 2004：332）。

(17)　見田（1984）は、一九八〇年代当時の青年の変化を、平等主義と情緒主義の進行と捉えている。これに対して、片桐（1988：2009）は、これは「同」（同調主義）と「楽」（享楽主義）の重視と読み替えられるが、私生活における「個」（個人主義）の重視と、政治意識における「保」（保守主義）の併存を捉えきれていないと批判し、若者の意識を「個」と「楽」のなかに「同」と「保」を内包する「個同保楽」の意識としている。

(18)　片桐（2014）はその後、二〇〇七年まで五年おきにほぼ同一の調査設計で関西の大学生調査を六回行い、この「個同保楽」のその後の変遷を跡付けている。それによると、二〇〇二年調査ころから「同」と「保」が強まり始め、その傾向は二〇〇七年調査でさらに明確になったという。その一方で「個」と「楽」が弱まる傾向も、二〇〇七年調査で明確になった。これは個性重視の教育の潜在的逆機能として「自分らしく生きる」という個人としての生き方の選択がかえって難しくなった帰結ではないかという。こうして「個同保楽」のうち残ったのは、「同調主義」と「保守主義」ということになるが、片桐（2014：195–198）によれば、現代の大学生が保守的志向を示すのは、大学の大衆化によって「エリート」らしい批判精神が弱まった結果であるという。そして、この二〇年間の大学生の変化を、内面に同調性と保守性を抱え、社会的適応力も備え、表面的には個人主義的行動を取ったり、反社会的な要素を多少ともっていた「新人類」的若者から、社会に飼いならされ、明るく陽気ではあるが「臆病で長期的視野を持たない「指示待ち症候群」的若者」（片桐 2014：189）への変貌であったと総括している。

(19) 二〇〇三年にその後の「新人類」の生き方を追った「三十代の自画像」（河北新報社文芸部 2004）によれば、この世代の現在（二〇〇三年当時、三〇代）をみると、企業戦士と専業主婦が多い団塊世代に比べ、まだ少数とはいえ次第に家事・育児に関心をもつ男性が増えてきたという（河北新報社文芸部 2004：13-17）。また「友達親子」といわれるように、親となった新人類世代は、子どもとも対等な関係を築き、家族が一緒にいる時間を重要視するという（河北新報社文芸部 2004：24-29）。この点でも、仕事中心の企業戦士となった団塊＝全共闘世代と対照的である。その一方で、仕事と家庭を両立させるために「別居結婚」を選択する者も現れ始め、近代家族のあり方も問い直されていったのである。そして、このルポルタージュは、新人類世代こそ「伝統的価値観から個人を核にした文化に移ろうとした」世代（河北新報社文芸部 2004：206）と総括している。したがって、この世代が「遅れてきた市民革命」の担い手であったという海上（2009）の見解も正鵠を射ている。

(20) たとえば、NHKは震災直後から安否情報を放送したが、三月一六日からは、グーグルの Google Person Finder サービスと連携することで情報価値を高めたという。またテレビや新聞が国内向けであるのに対して、インターネットは世界に向けた情報発信も可能なグローバル・メディアである。そして、実際に南相馬市長は三月二四日に世界に向けた救援要請のメッセージをインターネット上の YouTube にアップロードしたとされる（遠藤 2012：273-274）。

コラム　情報新人類の前衛と末裔

マフィアのオルトエリート

一九八五（昭和六〇）年九月から九四（平成六）年四月まで『別冊少女コミック』（小学館）に連載された吉田秋生（1997）の『BANANA FISH』は、ニューヨークのロウアー・イースト・サイドを根城にするストリート・ギャングの若きボスであるアッシュ・リインクスと、カメラマン伊部俊一の助手としてニューヨークを訪れた奥村英二の友情（というより無垢の愛）を中心に展開される物語である。実はアッシュは、幼児期にコルシカ・マフィアのボス、ディノ・フランシスに凌辱されたが、その優れた頭脳と身体能力、美貌を見込まれ、KGB出身の殺し屋・カサブランカに射撃の訓練も受けた。また、ディノ・フランシスからはオペラ観劇をはじめとする文化資本を相続され、後継者に指名されている。まさに遠藤（1999：2000）のいう「オルトエリート」である。

しかし、アッシュはディノの性的嗜癖を嫌って、その元を飛び出し、今はニューヨークの下町を根城にするストリート・ギャングのボスとなっている。この作品名となったBANANA FISHとは、J・D・サリンジャーの短編集『ナイン・ストーリーズ』におさめられた「バナナフィッシュにはうってつけの日」（「バナナ魚日和」という訳もある）に由来し、「死を招く魚」を意味する（ただし、サリンジャー作品では、ある青年がバナナを見るといくらでも食べてしまう架空の魚「バナナフィッシュ」についての会話を少女と交わした後、拳銃自殺するというストーリーとなっている）。しかし、本作品ではBANANA FISHとは、ベトナム戦争時代に、化学者のドースン兄弟が、LSDの製造過程で製造してしまった一種の麻薬で、人の潜在意識に働きかけ、その人間を殺人者に仕立て上げることが可能な劇薬を指している。物語では、このBANANA FISHとその秘密をめぐって、マフィアや華僑犯罪組織、フランス傭兵さらにはアメリカ政府まで巻き込んだ抗争が繰り広げられる。

アッシュは、コンピュータから情報を引き出そうとする。伊部俊一からは「コ　コ　コ　コンピュータが使えるのか！？」と驚かれるが、アッシュは「使えないの⁉　なさけねーの／市《し》立《りつ》図《と》書館《しょかん》にだって／あるじゃねーかよ」と答える。アッシュにとってニューヨーク市立図書館は、一人になれる数少ない場所であった。これに対して俊一はこう言う。「くっーそー／新人類め！／大きらいだ／インテリの不良少年《ふりょうしょうねん》／なんて」（小学館文庫③）。

またディノ・フランシスが凶悪犯のみを収容し、人体実験をするために作った精神科の隔離病棟からBANANA FISHの製造者の一人アレクシス・ドースン博士を救出するために、アッシュは病棟に忍び込む。そこで囚われた俊一らを見つけ、彼らも救い出そうとする。なぜ病棟のセキュリティ・システムを熟知しているかと問う俊一に、アッシュはコンピュータ・ネットワークから設計図を引き出したという。ここでも「情報旧人類」世代に属する俊一らはこう嘆息する。「ちー　／ハイテク小僧《こぞう》め！」「どーせ／旧人類《きゅうじんるい》だよ！」（小学館文庫⑦）

この作品の連載が開始された一九八五年時点でアッシュは一七歳、生年は一九六八年ということになる。第5章では「情報新人類」を一九六〇年から一九七五年出生コーホートとしたが、日米における情報化の進展の速さに違いがあるにせよ、アッシュは、ちょうどこのコーホートの真ん中に位置する。そして、『BANANA FISH』の連載が終わった翌年（一九九五年）、世界的にWindows 95が発売され、情報化の進展が始まる。そして、この年の三月には日本では「BANANA FISH」ならぬマインド・コントロールによって操られた若者たちによる「地下鉄サリン事件」がおきる。それは、小谷(1998)によれば、「逃避としての「おたく」」宗教＝オウム真理教が起こした大量殺戮事件であった。

情報教育と情報新人類

これに対して、二〇〇一(平成一三)年に『文藝』冬号に発表され、第38回文藝賞を受賞した綿矢りさ(一九八四年生まれ、二〇〇四年『蹴りたい背中』で芥川賞を最年少受賞)の『インストール』(綿矢 2001=2005)に登場する小学生の「かずひろ」は、情報新人類の末裔ともみることができる。この作品は、高校三年の少女・朝子が不登校を決意し、自室の小物や家具をごみ捨て場に放置するところからはじまる。しかし、朝子は自室にあったPCを捨てることには躊躇する。というのも、このPCは、母子家庭で寂しい生活を送る朝子のために、大阪の祖父がEメールの交換をする目的で買い与えてくれたものであったからだ。しかし、当時、小学校六年生であった朝子は、PC(マッキントシュと思われる)をネット接続することもできず、また祖父もカタカナだらけ説明書を理解できないまま、「天国へ逝《い》ってしまった」。捨てるかどうか迷った末に、とりあえず電源を入れてみるが画面が消え、コンピュータも昇天。そこで、マンションのごみ捨て場にPCを運ぶが、そこで同じマンションに住む小学六年生の青木かずひろにPCを譲ってほしいと頼まれる。そして、同時にかずひろからから時給一五〇〇円の「アルバイト」を斡旋される。それは、不登校で暇なら、かずひろが復活させたPCを使って、子育てに忙しい風俗嬢・雅《みやび》の代わりに、かずひろとともにアダルト・サイトのチャットで風俗の「仕事」をすることだった。かずひろは、携帯でも閲覧できるサイトに女性名で(いわゆる「ねかま」である）メル友となった雅から この仕事を頼まれたのである。折から始まった「ゆとり教育」「「生きる力」教育」のなか、自分の「やりたいこと」や「個性」をみつけられず、自己嫌悪に陥って不登校になった朝子に、とりあえず生きがいとなる仕事を体験させようという「インターンシップ」である。「あんた、私のこともインストールしてくれるつもりなの？」

「あんたさっき文字で会話するのがチャットとか言っていたけど、あのさ、実は私ワープロさえ打てないんだよね。人指し指だけ使って一分かけて、やっと自分の名前入力できるっていう、そんな感じ」の非情報コンシャスの朝子に、かずひろはキーボード操作をはじめPCの使い方を教える。そして、朝子は朝一〇時から昼二時まで、かずひろから借りた鍵を使って青木家に忍び込み、かずひろの部屋の押し入れのなかにおかれたPCでチャット嬢の仕事にはまっていく……。

作品発表時（二〇〇一年）を起点とするなら、朝子が祖父からPCを買い与えられた年齢にあたる一二歳のかずひろは一九八九年生まれ、小学校入学時は一九九五年で、Windows95が発売され、本格的なIT時代に入った年にあたる。この年行われた『第4回情報化社会と青少年に関する意識調査』（内閣府政策統括官 2002）によれば、この当時、全国の一二歳から一四歳の青少年でインターネットを「現在利用している」者は四六・三％、また「現在アクセスしている情報機器」（複数回答）ではPCが八八・三％、携帯電話・PHSが一四・九％となっている。さらにインターネットの利用者にその利用目的を訊いたところ「個人のホームページを見る」が四二・八％ともっとも多く、「企業・政府・団体のホームページを見る」「動画・音楽・パソコンソフトなどのダウンロード」「オンラインゲーム」をする者が三三％から三八％

程度いる。また「キーボードを見ないで打てる」「キーボードを見ながら、ある程度速く打てる」者は年齢層があがるほど増えているが、一二歳から一四歳の青少年でも三〇・六％いる（ちなみに朝子の年代に当たる一五歳から一七歳では四一％）。

この二〇〇一年にはまた、情報通信技術（IT）の恩恵をすべての国民が享受できるようにすることを国と地方公共団体の責務とした「高度情報通信ネットワーク社会形成基本法（通称IT基本法）」が施行されている。このなかでは、学校でも情報倫理を含むメディア・リテラシーを育成し、「生きる力」や「問題発見・問題解決能力」を涵養するために、PCやインターネットを適切に用いる能力の育成が重要であるとされた。

この内閣府のデータを分析した清原（2002）は、学校教育の影響に関して、世代差を見いだしている。すなわち、最初にインターネットに接した機器を見ると、PCは七四・四％、携帯電話・PHSは一八・九％であるが、学校教育にPCやインターネット教育が普及する以前にインターネットの利用を始めた一八歳から二二歳といった年齢層は、携帯電話・PHS端末によって初めてインターネットに出会った人が多いのに対して、学校に情報教育が導入された以降の若い世代（一二歳～一五歳）ほどPCでインターネットに初めて接する傾向が確認された。朝子とかずひろのメディア・リテラシーの相違はここに由来するとも推測される。

他方、家族の影響に関しては、同じデータを分析した中村（2002）が、親の学歴による子どもの情報格差の存在を指摘している。それによると、まず情報機器の中でも子どものPC利用頻度は両親のどちらとも相関が高く、とりわけ女子の場合、母親が利用していると子どもも利用する傾向がとくに強い（r ＝ 0.41）。これに対して、携帯電話（PHSを含む）の利用は親子の間の相関が弱いことから、家庭の影響が弱いメディアであるという。さらにＰＣの利用に関してロジスティック回帰分析を行うと、子ども本人の属性要因（性別、都市規模など）が利用に関連しなかったのに対して、階層要因では親の学歴に有意な効果がみられ、親の学歴が高いほど、子どもがＰＣを利用していることが分かった。すなわち、親の学歴が高校以下の場合、子どものＰＣ利用は男子で三〇・六％、女子で二七・〇％であるのに対して、親が大学卒業以上である場合、それぞれ四七・九％、六一・一％となり、とくに母親の影響が強い。こうしてみると、二一世紀を迎えても、親の学歴といった階層要因は青少年の情報格差をもたらしているとみることができる。

第5章　もう一つのロスジェネ

一九九〇年代初頭のバブル経済の崩壊は、若年労働市場をひっ迫させ、学卒後も無業にとどまるか、一時的な仕事を転々とするフリーターなどの存在が注目を集めた。その一方で、絞り込まれた正規社員は、成果主義の導入にともなう過酷な競争もあって、長時間労働を強いられるようになった。労働時間からみても、今日の若年層は、競争的な階層社会で長時間労働を強いられ「燃え尽きる」者と、短時間労働の代償に「使い捨てられる」者へと二極化した。このうち前者は、過酷な長時間労働のために家族形成をはじめとする親密圏に割く時間を奪われつつある。この点で、彼らもまた「もう一つのロスジェネ」である。

本章では、二〇〇七年に行われたSSM若年層郵送調査データをもとに、若年労働者がいかにワークライフバランスを奪われているか、労働時間の過剰に注目して明らかにする。そして、最後に労働時間をめぐる政策を実現するためにも、若い世代の政治文化を成熟させる必要性について考察する。

1　愛と労働とアイデンティティ

エリク・H・エリクソンは、アイデンティティやモラトリアムなどの概念を提唱したことから、青年問題の研究者として知られている。しかし、彼は一九五〇年に『幼児期と社会』(Erikson 1950 (1963) =1977) で児童心理学者としてアカデミックなキャリアを始め、六〇年代から七〇年代にはアイデンティティ概念を軸に青年研究を進めたものの、八〇年代以降は成人期・老年期の問題に関心を寄せていった。彼の最後の著作は、妻のジョーンらとの共著『老年期――生き生きしたかかわりあい』(Erikson, Erikson and Kivnick 1994=1997) であった。彼はライフサイクルに沿ってその研究を展開してきたのであった。

そのエリクソンに社会学者のN・J・スメルサーとの共編著『成人期における労働と愛のテーマ』(Smelser and Erikson 1980) がある。ここでいう「愛することと働くこと (Lieben und arbeiten)」とは、エリクソンの私淑したS・フロイトが、人間が成熟するための条件としてあげたものであった。このフロイトの言葉に関して、エリクソンは「若い成人期」の発達課題である「親密性」の獲得に関連づけてこう述べる。「彼〔フロイト〕が愛することと働くことと言ったのは、人間が性器的な生きものであり、かつ人を愛する存在であるという権利もしくは能力を失うほどに広範な仕事の生産性が個人を占有してはならないことを意味したのである」(Erikson, 1950 (1963) =1977 : 340　傍点原文、一部改訳、〔〕内引用者補足)。そして、「性器愛期」すなわち家族と初期キャリアの形成期にあたる若い成人期の発達課題を(いささか異性愛至上主義的ではあるが)、オーガニズムを共有できる相手と「生殖」「仕事」「気晴らし」を共有し、調整できることとしている。

ここには、今日言うところの「ワークライフバランス」の考え方が先取りされている。S・フロイトにとっても、エリクソンにとっても、成人期初期の発達課題は、親密なパートナーと家族などの小さな共同体を形成する一方で、仕事においても安定したキャリアを展望できるようになることであった。そして、これによって「愛と労働」のバランスを獲得することが「大人」として成熟するための条件であった。

愛と労働をめぐる困難

ところが、現代の日本社会では、こうした成人期初期の発達課題の達成がきわめて困難になっている。とくに一九九〇年代初期のバブル経済崩壊後の長期不況、さらに二〇〇八年の世界同時不況による「就職氷河期」の再来によって、将来に展望をもてない無業者や、非正規雇用のため非婚を強いられる若者が増える一方で、絞り込まれた正規雇用者には過労死や過労自殺にもつながりかねない長時間労働が常態化しているからである。(1) 一方は「労働」が不安定なために「愛」を獲得・維持できず、他方は「愛」を犠牲にしてまで「労働」を強いられている――こうして「ワークライフバランス」という官製プロパガンダとは裏腹の事態が現代の若者において進行しているのである。

たとえば、近年、いわゆる「婚活」が活発化する一方で、非婚率が上昇し、それが少子化にも結びついているとも言われる。こうした「結婚の壁」としては、職場が男女の出会いの場でなくなり、他方で、職場外での出会いの場が十分に形成されていないことがあるともされる。そのなかでもフリーターなどの非典型雇用者とりわけ所得の低い男性の未婚率が高くなっており、生涯にわたる経済的見通しの難しさが結婚を遅らせているという（岩澤 2010：39）。しかも、経済的に不安定な若年層は、結婚を先延ばしにするばかりでなく、「恋愛」に至ることもできないとされる。中村・佐藤（2010：60-65）によれば、男性では収入の低いことが、女性では非正規雇用であることが恋人のいない確率を高めていた。その一方で、男性では大企業に勤務しているほど、また専門職・管理職であるほど、恋人のいない傾向にあった[2]。こうした状況では、エリクソンのいう「若い成人期」の発達課題である「愛と労働」の両立を獲得できる若年層はますます限られてくる。

エリクソンが青年論に取り組んでいた一九六〇年代から七〇年代初頭、世界の若者たちは政治の季節の只中にあった。一九六〇年代のバークレイでのフリー・スピーチ・ムーブメント、六五年のミシガン大学での反戦ティーチ・イン、六八年のパリ「五月革命」に呼応するかのように、日本でも学生叛乱がキャンパスを席巻していた（小熊 2009）。しかし、こうした青年運動が七〇年代初頭に終息に向かい、八〇年代に対抗文化が資本主義によって商品化・ファッション化されていくと、若者のアイデンティティをめぐる問題は、情報消費社会におけるパーソナル・コミュニケーションの問題――「おたく（オタク）」言説にみられるような「コミュニケーションの失調」や「自閉するアイデンティティ」を経て「多元化するアイデンティティ」の問題へと回収されていった（浅野 2009a：7-13）。しかし、一九九〇年代後半以降の若年労働市場のひっ迫から生じた若者のアイデンティティ獲得の困難さは、たとえば「ニート・フリーター」の「自分探し」のように、改めて「労働＝階層問題」として語られ始める。

個性化時代のアイデンティティ

おりしも一九八七年の臨時教育審議会最終答申に端を発する新自由主義《ネオリベラリズム》的な「個性重視」の教育改革の流れの中で、「個性」を煽られた若者たち（土井 2004）は「仕事」のなかに「個性的な自分」や「やりがい」「自己実現」を探し始めた。しかるにバブル崩壊に続く「失われた二〇年」（朝日新聞「変調経済取材班」2009）は若年労働市場をひっ迫させ、流動化させていった。その結果、彼らは「自己実現アノミー」（苅谷 2008：305）とも呼ぶべき状況――すなわち、「自己実現」という文化的目標にむけて欲望を煽られると同時に、それを実現すべき制度的手段としての

「仕事」の展望を奪われるという「ポストモダン状況でのアスピレーション・アノミー」（片瀬 2005：227-230）に陥っているのである。そして、彼らはその階層的位置すなわち正規雇用か非正規雇用かによって分断され、かつてのように連帯するための基盤も失われていった。

浅野（2009a：13）によれば、一九七〇年代の若者文化論から八〇年代のコミュニケーション論まで、若者論は「横ならびの平等な他者との関係でアイデンティティを論じてきた」。しかし、一九九〇年代後半以降の若者論は、改めて若者の「愛と労働」をめぐる分断――初期キャリアと家族形成における階層間格差に照準しなければアイデンティティの問題を語れない地平に達したのである。実際、浅野（2009a：13）によると、フリーターたちの「やりたいこと志向」（下村 2002，久木元 2003）の発見を契機に、「アイデンティティのあり方が就業への動機づけとの関連で問題化」されることとなったという。というのも、経済のグローバリゼーションと新自由主義がもたらした雇用の流動化が終身雇用型のライフコースの標準モデルを失効させた結果、若者たちが自分の進路を考えるなかで「「自分は何をやりたいのか」というアイデンティティの中核にある問いがそのまま進路を決定する際の準拠点となっていく」が、「「やりたいこと」が見つからない場合、あるいは「やりたいこと」が現実性を欠くものである場合、若者たちは自ら進んで不安定雇用へと赴くことになる」（浅野 2009a：13）。実際、少なからぬ若者たちにとって「「やりたいこと」があるならフリーターでもかまわないという考え方」も「個性志向のひとつのバリエーション」であるだけでなく、「自由な時間と気楽な人間関係が保証される働き方」としてのフリーターは、一九八〇年代から展開されてきた若者論が指摘してきた「状況志向／多元的自己」すなわち状況に応じて自己を様々に使い分ける現代の若者のあり方とも適合的ですらあった。しかし「一九九〇年代後半以降の社会経済的諸条件下においてそれが帰結するのは多数の若者の構造的な周辺化であった。すなわち個性志向や状況志向／多元的自己などの現象は、急速に悪化していく若年労働市場において若者たちに社会経済的に不利な状況を「自発的に」選択させるためのフックの役割」を結果的に果たしたのである（浅野 2009b：254）。それはちょうどイギリスの労働者階級出身の「野郎ども」が、学校で教師の言うとおり従順に勉強することの虚しさを「洞察」した結果、自ら進んで過酷な下層肉体労働の世界を選択し、自己の進路を「制約」していく文化的メカニズム（Willis 1997=1985）に類似している。

2　若年労働者の二極化——現代の「アリとキリギリス」

「燃えつきる若者」と「使い捨てられる若者」

バブル経済崩壊後の長期不況による「失われた二〇年」（朝日新聞「変調経済」取材班」2009）以降、非正規雇用（フリーター）の増加が若者の労働世界の問題として議論されているが、これに注目して森岡孝二（2005a：2005b）は現代の資本主義を「フリーター資本主義」と特徴づけている。「フリーター資本主義」とは、一九八〇年代前半からの労働行政の規制緩和と労働市場の流動化にともない、若年層だけでなく労働市場全般において非正規労働者が増大する形で雇用形態が多様化することによって、労働時間が二極化した状態を意味する（森岡 2005a, 2005b）。たしかに、日本人の平均労働時間は、一九八〇年代の労働時間短縮政策以来、長期的には減少傾向にあるが、「長時間労働」が議論される背景には、特定の層に長時間労働が集中していることがあ

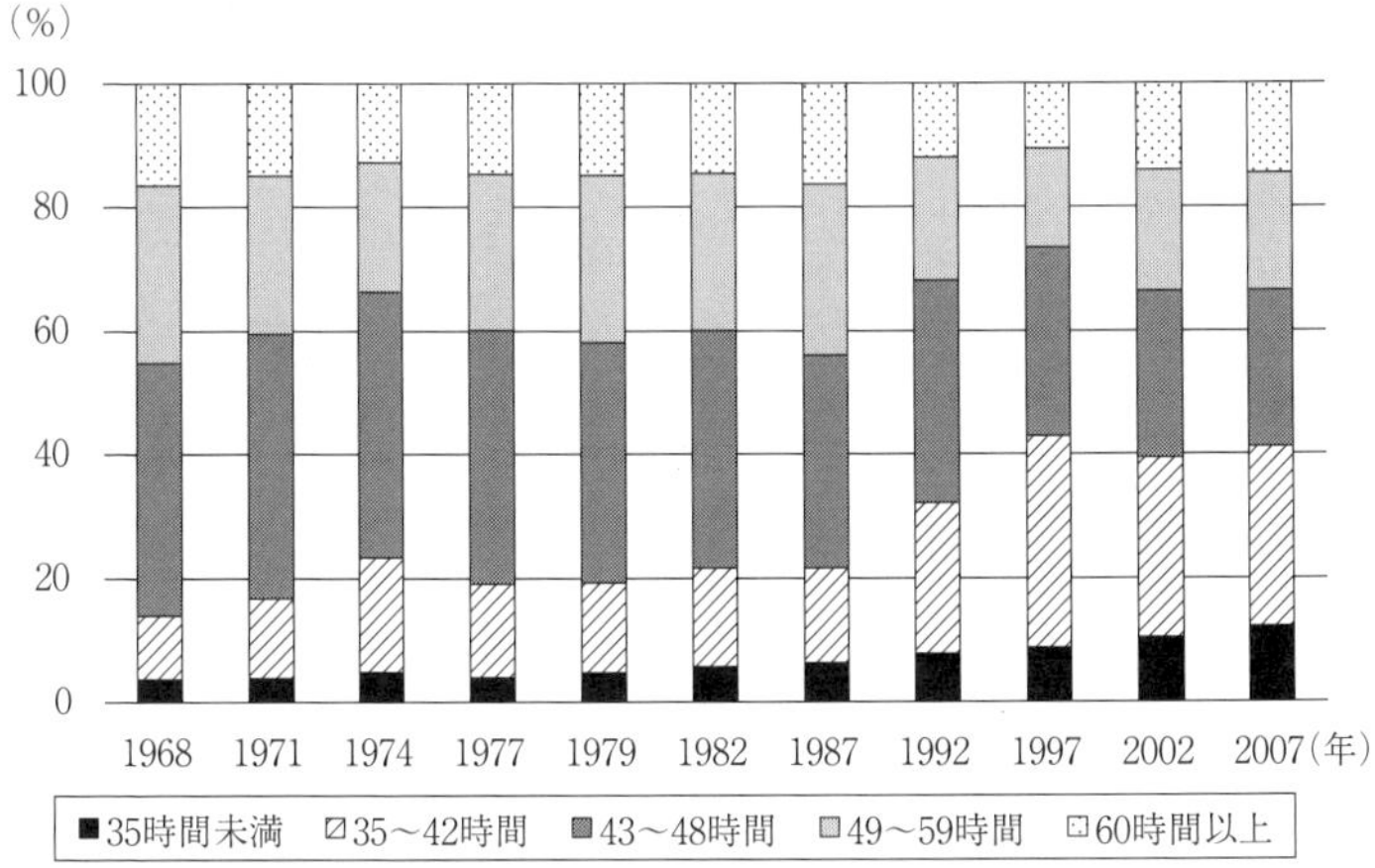

図5-1　週労働時間の推移（年間200日以上働く者）

（出典）総務省統計局（2014a）より作成。

る（長松 2011：97）。実際、『平成二四年版　就業構造基本調査』（総務省統計局 2014a）によれば、非正規労働者を中心に週三五時間未満の短時間労働者が増える一方で、正規労働者では週六〇時間を越える長時間労働者が増大し、三〇歳代の男性を中心に正社員の「働きすぎ」が強まっている。すなわち、**図5-1**は、年間二〇〇日以上働く労働者の週労働時間の推移を示したものだが、週四三時間から四八時間という中間的な労働時間の者は、一九六八（昭和四三）年の四〇・九%から二〇〇七（平成一九）年の二五・四%まで大幅に減少している。これに代わって、とくに低成長期からバブル期に至る一九七〇年代後半から八〇年代後半にかけては、週労働時間が四九～五九時間あるいは六〇時間以上という者が増えた。ところが、九〇年代初頭のバブル崩壊後は、こうした長時間労働者は減少に転じ、逆に三五～四二時間あるいは三五時間未満という短時間労働者が増えてきた。この短時間労働者のなかには、いわゆる若年層のフリーターが少なからず含

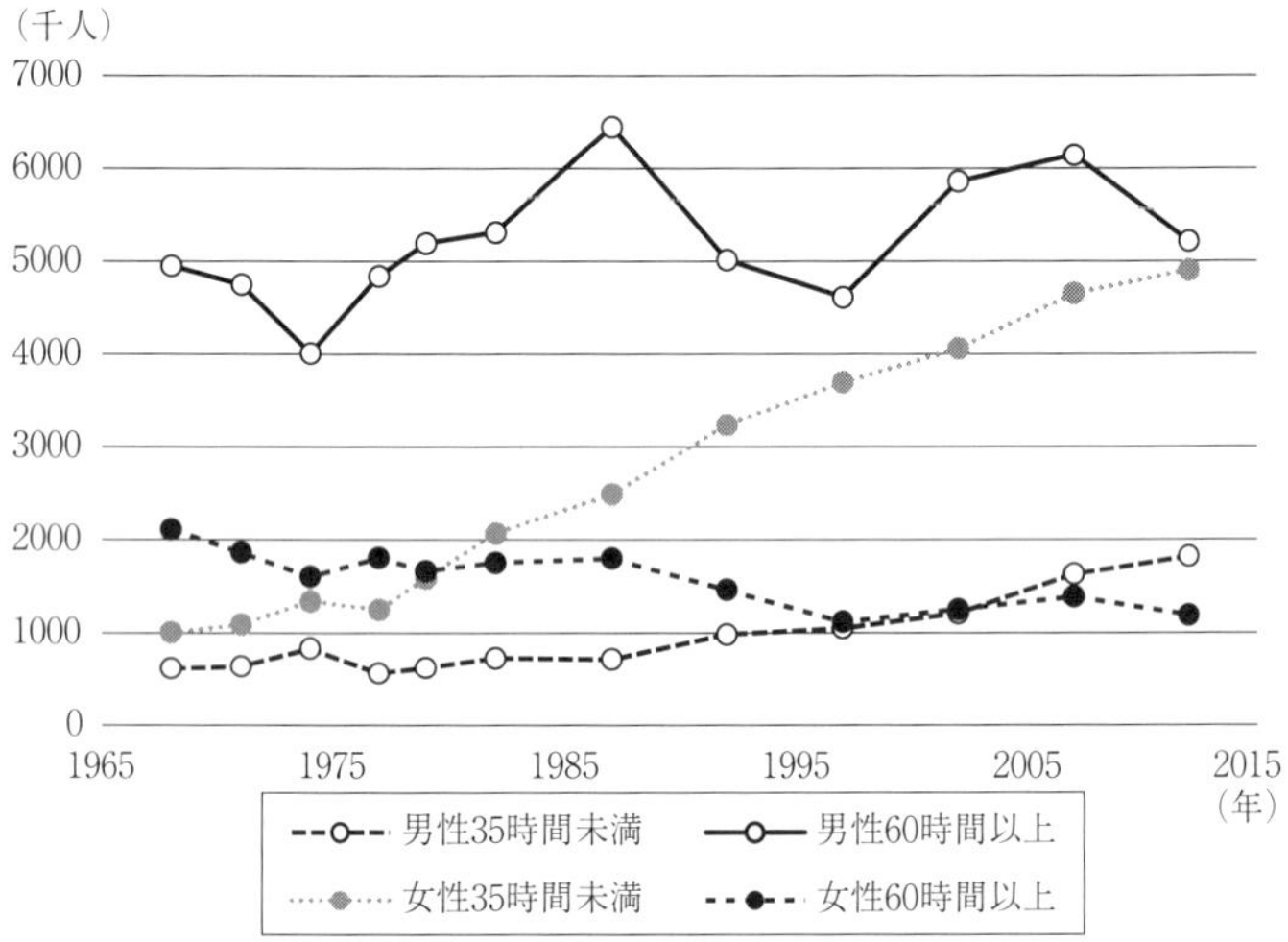

図5-2　男女別にみた長時間・短時間労働者
（出典）総務省「平成24年版　就業構造基本調査」より作成。

まれている。熊沢（2006）の表現を借りると、若年労働における「使い捨てられ」と「燃えつき」の二極化が進行しているのである。

働き方のジェンダー格差の拡大

またこうした労働時間の変化は、働き方のジェンダー格差も含んで進行している。**図5-2**には、同じく「就業構造基本調査」から長時間労働者（週労働時間六〇時間以上）と短時間労働者（同三五時間未満）を抜き出して男女別に示した。まず男性では長時間労働者数が景気変動の影響を受けて変化していることが明瞭にみてとれる。すなわち、第一次オイルショック（一九七三年）直後の一九七四（昭和四九）年には、長時間労働者が大幅に減り、その後の景気回復に伴って再び増えていき、いわゆるバブル経済期の一九八〇年代後半にピークを迎えている。しかし、九〇年代初頭のバブル崩壊によって再び落ち込み、その後の景気回復によって再度、上昇傾向にあったが、二〇〇〇年代後半になって減少傾向にある。これに代わって一貫して増えているのが、女性の短時間労働者である。女性の短時間労働者は、高度経済成長期末期の一九六八（昭和四三）年には一〇〇万人程度であったが、二〇一二（平成二四）年には四九〇万人と五倍近くに増えている。また二〇〇〇年代になって増え始めたのは、男性の短時間労働者で、二〇一二年には一八一万人となっている。この中にはいわゆるフリーターと呼ばれる若年非正規労働者がかなり含まれていると考えられる。

このことはバブル崩壊後の『平成一五年版　国民生活白書』（内閣府 2003）によっても既に指摘されてきた。それによると、一九九五年から二〇〇一年の間に週当たり就業時間が三〇時間未満の短期雇用者と六〇時間以上の長期雇用者がともに増えているが、前者は「パート・アルバイト」における短期労働者の増加、後者は「正社員」における長期労働者の増加に負うところが大きい。

若年労働市場における「アリ」と「キリギリス」

こうして、バブル経済崩壊後の長期不況による「失われた二〇年」は、中高年層のリストラを増大させただけでなく、若年層においては新規学卒者の労働市場参入を困難にするとともに、その入職のあり方（正規・非正規）によって若者を階層的に分断していった。とくに、グローバル化したデフレ市場での競争に対応するための人件費の抑制、国内的には年功制によって人件費のかかるようになった団塊の世代の雇用維持などのため、新規学卒者の雇用を手控え、非正規雇用化する流れが定着した。その結果、学卒後、少なからぬ若者が正規に雇用されずに非正規雇用（パート・アルバイト・派遣労働・契約労働など）という不安定な就労につくか、場合によっては非正規雇用と無業・失業との間を周流することになった。こうした学卒無業者や非正規雇用者の増大によって、「フリーター」「ニート」といった存在がにわかに注目されるようになったが、その一方で、絞り込まれた正規社員は、成果主義の導入にともなう過酷な競争を強いられるため、初期キャリアにおける離転職も増加した。その結果、この間に若年労働市場は分断化と流動化の度合いを強めたのである（片瀬・佐藤 2006）。こうして、今日の若年層は、競争的な階層社会で長時間労働を強いられる「アリ」と、その周辺で短時間労働の代償に冬の貧困を耐える「キリギリス」へと二極化しているのである。

若年正規労働者における「燃えつき」

これまで若年労働者に関しては「非正規雇用（フリーター）」や「無業（ニート）」が注目されてきたが、その対極にある（おそらく人数としては多い）正規労働者の「働きすぎ」による「燃えつき」にも注視する必要がある。この問題に関しては、従来、労働経済学者は、三〇代男性正社員における労働時間の量的増大に注目してきたが（熊沢 2006，玄田 2005 など）、二〇〇五年のＳＳＭ調査からは長時間労働がとりわけ努力と報酬の不均衡をもたらし、それが職業性ストレスを生むことが明らかにされてきた（片瀬 2008a，2011a）。この努力と報酬の不均衡がストレスに結びつくことは、産業心理学者のジーグリスト（Siegrist 1996）によって指摘されてきた。それによると、外在的な努力（仕事の要求度・責任・負担など）と報酬（経済的報酬として期待される所得、心理的報酬としてのセルフ・エスティーム、および社会的報酬としてのキャリア展望）のインバランスに加えて、個人的要因としての仕事へのオーバー・コミットメントによってストレスの発生が説明される。そして、高努力／低報酬という労働条件が仕事へのオーバー・コミットメント傾向という個人的要因を媒介にしてストレスを生むと考えられている。実際、こうした高努力／低報酬という状況で、職務上の承認欲求や競争志向性が強い（このこと自体、ストレスのリスク要因と考えられる）と、認知上の歪みが生じ、劣悪な労働条件を甘受して、報酬に見合わない仕事へのオーバー・コミットメントが生じ、ストレスが累積されるものと考えられる。

とくに若年正規労働者は、キャリアの初期にあって下位の職位にある場合が多いので、仕事のコントロールが低い状況で、人員削減により要求度の高い仕事を集中的に要請されることが多いと考えられる。そうした状況では高努力／低報酬という事態が発生しやすく、さらに仕事へのオーバー・コミットメントを生むことで消耗感が亢進・蓄積されやすいことも想定される。一部の恵まれた若者の初期キャリアにあっては、こうした消耗感が職業スキルの習得や昇進への期待によって補償される場合もあるだろうが、それがない場合には離転職への志向を生み、さらなる若年労働市場の流動化をもたらすと考えられる。

若年非正規労働者の「仕事満足」

他方、とかくネガティブにとらえられがちな非正規雇用労働者の「仕事満足度」は、「日本版総合的社会調査（JGSS調査）」の結果からみても、正規労働者に比べて低いわけではない。それは両者で仕事に対する選好が異なり、非正規労働者は雇用の安定性や賃金水準よりも労働時間管理の柔軟性を重視するためだとされる（佐藤 2002）。これは全年齢層を対象とした知見であり、ここでいう非正規労働者には中高年の女性のパートタイマーや高齢男性の嘱託が含まれていると思われるが、若年層（二〇歳〜三四歳）に限っても両者の満足度の差異は小さい。『平成一五年版　国民生活白書』（内閣府 2003）によれば、若年層において、非正規雇用者は、正規雇用者に比べ、たしかに「現在の職場での働き方」「昇進の機会」「能力開発や教育訓練の機会」では満足度が低いものの、「仕事内容」「賃金」「上司との人間関係」ではほとんど差がなく、「労働時間の長さ」「仕事と生活

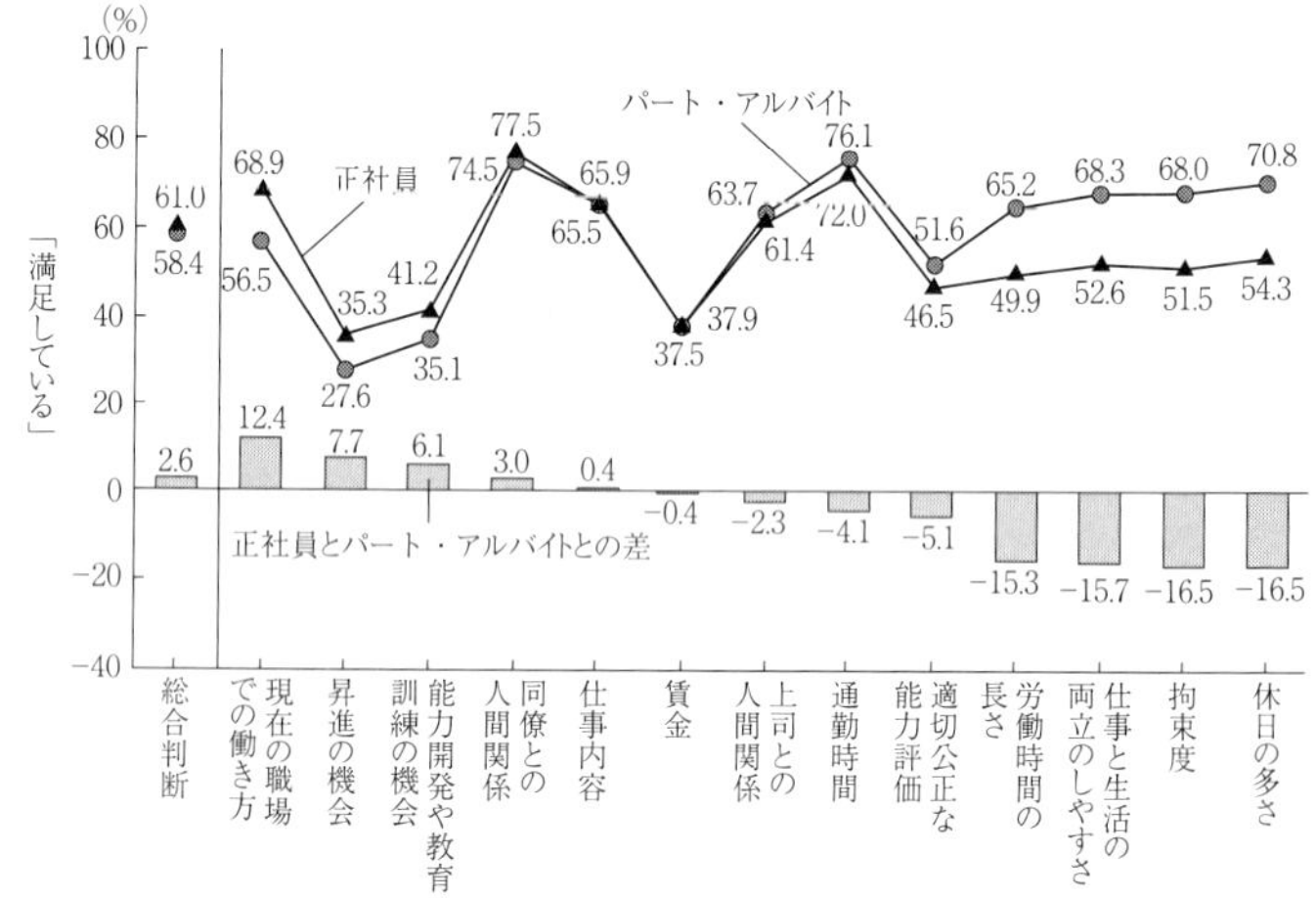

図5-3　正社員とパート・アルバイトの仕事満足度の比較

（備考）1．内閣府「若年層の意識実態調査」(2003年）により作成。
2．「あなたは各項目に対し，現在の職場について満足していますか．あなたの考え方に近いものをお答えください．」という問に対し，「満足している」，「どちらかといえば満足している」と回答した人の割合の合計。
3．「正社員とパート・アルバイトとの差」は「正社員」の数値から「パート・アルバイト」の数値を引いたもの。
4．回答者は，全国の20～34歳の男女1,649人。
（出典）内閣府（2003）

との両立のしやすさ」「休日の多さ」などでは非正規雇用者方がむしろ満足度が高くなっている（図5-3参照）。このように、経済的・社会的安定性という点からみると正規雇用者の方が高い満足度を示すが、現実には時間的に融通のきくフリーターの満足度はけっして低くない。これに加えて「いやになったら職場を変える」ことが比較的容易にできるフリーターの方が、正規雇用者よりも拘束度の面でも満足度が高い。

　こうした非正規雇用における満足度の高さの背景にあるのは、佐藤（2002）が指摘するように仕事と家庭生活の両立を可能にする柔軟な働き方への希求があるだろう。しかし、内閣府（2003）の調査でも、いわゆるフリーターのうち希望する雇用形態としては「正社員」が七二・二％であり、現在、転職を希望する者は二五・四％と正規雇用者（一九・四％）と比べて多い。けれども、すでに指摘されているように、現実には補助的業務しか与えられず、その結果、職業スキルが蓄積されない非正規雇用から正規雇用への移動者は少ない（熊沢 2006）。実際、『平成一五年度版　国民生活白書』によると、正社員の多くが「基幹的業務」や「専門的な業務」に従事しているのに対して、非正規雇用（パートやアルバイト、派遣労働）の者は「補助的な業務」や「定型的な業務」に従事することが多い。さらにそのために職業スキルが蓄積されず、PCによる情報検索や資料作成、表計算やグラフ作成といった情報化した高度産業社会で若年層に要請されるスキルをもっている者は、正規雇用者（正社員）に比べて少ない。さらに、その結果として、正規雇用と非正規雇用の時給（一時間当たりの所定内給与額）を年齢別に比較すると、内部労働市場における年功制賃金体系によって庇護されている正社員の賃金は年齢によって上昇していくのに対して、非正規雇用では年功による賃金の上昇がみられず、その間の格差は年齢とともに拡大していく。ここには「キリギリスの不幸」がある。

若年労働における双子の問題

こうした非正規雇用の現状について、『平成一五年版　国民生活白書』では、次のように述べられている。すなわち非正規雇用のメリットとしては、「パート・アルバイトは、産業界とりわけ小売・飲食業などのサービス業からは強いニーズがあり、産業を支えているといっても過言ではない。パート・アルバイトという労働市場の存在が、失業した場合に雇用を守るセーフティネット的な役割を担っている面もある。また、家庭の事情や個人の価値観など、自らのライ

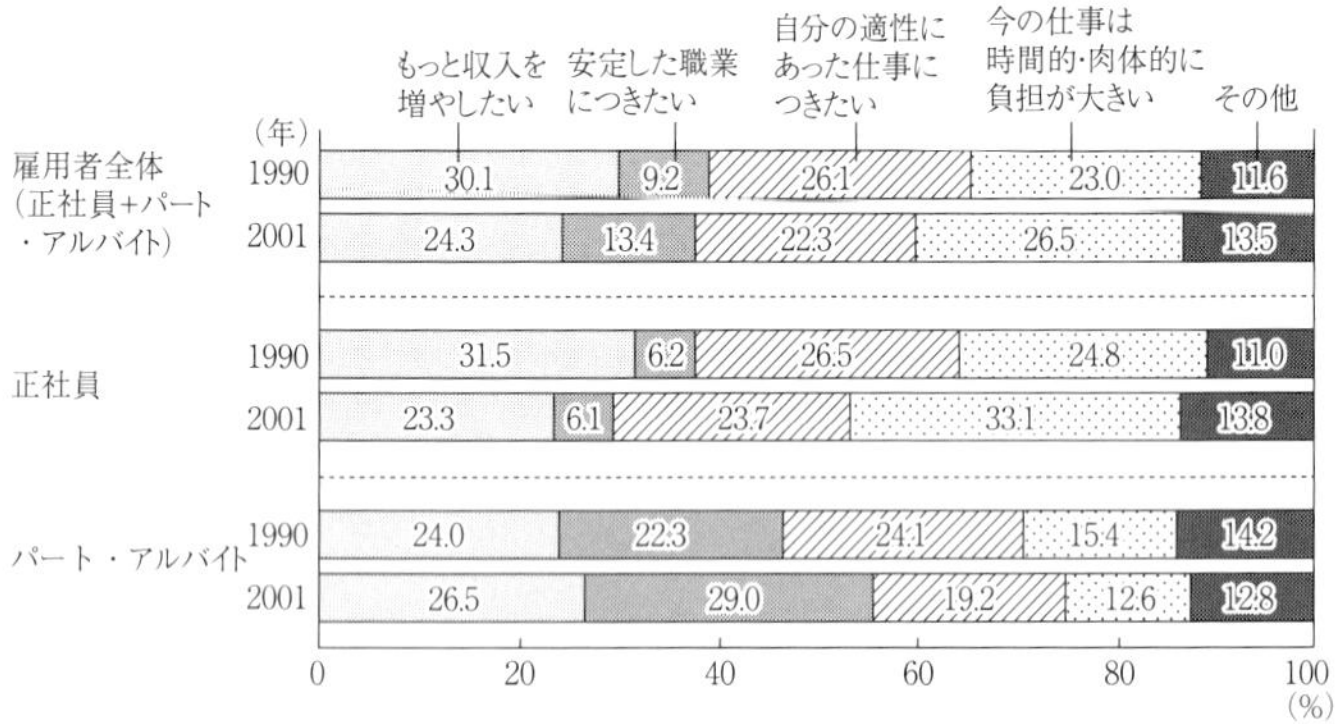

図5-4　正社員とパート・アルバイトの転職希望理由の経年（1990-2001年）比較

（注）　1．総務省「労働力調査特別調査」により作成。
2．雇用形態別の転職を希望する理由の割合の変化。
3．「正社員」とは，常用雇用の正規の職員・従業員の人。
4．「パート・アルバイト」とは，雇用者から「正社員」を除いた人。
5．対象は，15～34歳の就業者のうち，転職を希望している人。

（出典）内閣府（2003：73）より改編して転載

フスタイルにあわせて働ける多様な働き方を実現していくためにも、パート・アルバイトの魅力は大きい」。けれども、「現在のパート・アルバイトの置かれている状況をみると、正社員の補助的業務が中心で職業能力の蓄積は困難なことに加え、賃金の増加も見込めないなど、パート・アルバイトが不安定な状況に置かれていることが、問題点としてあげられる」（内閣府2003：70）という。実際、転職希望の若年労働者にその理由を尋ねた結果を一九九〇年と二〇〇一年で比較すると（**図5-4**参照）、まず、正社員（正規雇用者）の転職希望理由では「もっと収入を増やしたい」が三一・五％から二三・三％に減少し，「今の仕事は時間的・肉体的に負担が大きい」が二四・八％から三三・一％に大幅に増加して、最頻値が入れ替わっている。これに対して，若年パート・アルバイト（非正規雇用）の転職希望理由では、「自分の適性にあった仕事につきたい」が二四・一％から一九・二％に減少する一方で，「安定した職業につきたい」が二二・三％から二九・〇％に増え，ここでも最頻値が入れ替わっている（内閣府 2003：73）。つまり、正規雇用者では非正規雇用者が享受する時間的余裕への希求、逆に非正規雇用者では正規雇用のもつ経済的安定性への希求が転職志向の背景となっているのである。

そして、若年労働市場の流動化は、非正規雇用者の離転職（ただし、実際には正規雇用への転職は困難であるので、非正規職種間の転職が中心となる）だけでなく、労働の過重を厭う正規雇用者の離転職によっても、さらに加速されている。このことからみても、フリーターの不安定就労と若年正規労働者が直面する過剰労働は、若年労働市場の構造変動がもたらした双子の社会問題――現代版の「アリとキリギリス」問題といえよう。「ロスジェネ（失われた世代）」という語は、これまで「安定した仕事」を奪われた無業や非正規雇用の若者たちを指す言葉として使われることが多かったが、その対極には長期雇用の代償として、私的な時間や親密な「愛」を奪われた「もう一つのロスジェネ」たちがいることを忘れてはならない。

3　若年労働者の労働時間

過剰な労働時間

こうした若年労働市場の状況を踏まえて、以下では、二〇〇七年SSM若年層郵送調査(3)のデータを用いて、現代の階層社会における若年労働者の問題、とくに若い成人期の発達課題ともいえるワークライフバランスの維持を阻害する過剰な労働時間の問題を考察していく。

まず**表5-1**には、職業および従業上の地位（正規／非正規／自営）ごとに週あたりの労働時間および残業率（週労働時間が労働基準法の法定労働時間の四〇時間を超える者の率）、長時間労働率（週労働時間が六〇時間を超える者の率）を示した。これによると、まず労働時間には職種によって〇・一％水準で有意な差があった。そして、労働時間が平均で週五〇時間を超えるのは、専門職正規、ブルーカラー正規、自営業となっており、これらの職種では若年層において長時間労働が常態化していることが窺える。逆に週労働時間が四〇時間を下回るのは、ホワイト・ブルーカラーの非正規であり、これまでの指摘どおり、自営・正規の長時間労働、非正規の短時間労働という形で、若年層の労働時間の二極化が進行していることがわかる。

また、残業率と長時間労働率も職種といずれも有意な関連がある。まず残業率に注目すると、専門職とホワイトカラー・ブルーカラー正規および自営業で七割を超えているのに対して、ホワイトカラーの非正規では三割を切っている。また、非正規は全般に残業率は少ないが、専門の非正規では四割近い者が残業をしている。他方、週労働時間が六〇時間を超える者の率（長時間労働率）では、自営業がもっとも多く、専門正規とブルーカラー正規がこれについでいる。

とくに長時間労働に携わっている者の職業・産業領域をみると（図表略）、専門職では医療・福祉領域の従業者（看護師や保育士）、またホワイトカラーでは営業・販売事務員や外交員などの営業職、ブルーカラーではサービス業（料理人など）がめだっており、これらの職業における労働時間の長さは従来からも指摘されてきたところである（小倉 2007，長松 2008）。

表５－１　週労働時間と残業率・長時間労働率

	週労働時間	標準偏差	残業率(%)	長時間労働率(%)
専門正規(N=105)	50.48	12.34	73.3	16.2
専門非正規(N=23)	41.09	15.45	39.1	4.3
ホワイト正規(N=198)	49.52	9.91	71.7	9.6
ホワイト非正規(N=(86)	38.70	9.41	29.1	3.5
ブルー正規(N=123)	52.01	12.06	78.0	14.6
ブルー非正規(N=39)	39.90	11.28	33.3	5.1
自営(N=35)	51.19	17.23	77.1	17.1
全体(N=609)	47.82	12.51	63.9	10.8
	F=18.065***		χ^2=89.745***	χ^2=13.829*

（注）「残業率」：週労働時間40時間以上，「長時間労働率」：週労働時間60時間以上
***：$p < 0.001$　*：$p < 0.05$
データ：2007年SSM若年層郵送調査

労働時間の過剰を生むもの　では、こうした過剰な労働時間を若年層に強いる背景には、どんな要因があるのだろうか。長松（2008）によれば、とくに男性雇用者の労働時間の長さは、職場における自律性が低いことと深く関わっているという。そして、仕事および働き方の自律性は、男性労働者においては、企業規模や職業、産業が労働時間に及ぼす影響を媒介しているとされる。すなわち、企業規模が小さく、専門・管理・販売職であるほど長時間働く傾向にあるものの、彼らの仕事の自律性は高く、そのことが一方で長時間労働を抑制している。他方、産業が運輸、卸・小売・飲食販売であるほど働き方の自律性が低く、そのことがこれらの産業領域で働く労働者の長時間労働をもたらしていたという。

こうして仕事の自律性の低さが長時間労働をもたらしていることから、長松（2008：120-123）は、労働時間の長さは、労働者によって選好されたものではなく、競争的な労働市場で「強いられたもの」である可能性が高いと結論づけている。

とくに本章で扱う若年労働者は、日本的な年功制のもとでは、職場における意思決定の自律性が低く、労働時間の自己管理

も困難な状況にあると考えられる。

また山口一男（2009：228）は、ワークライフバランスとの関わりで「過剰就業（オーバー・エンプロイメント）」すなわち希望労働時間を実際の労働時間が上回ることが発生する要因を探求した結果、①常勤者であること、②職場の時間的柔軟性がないこと、③一五歳未満の子どもがいる有配偶男性であること、④通勤時間が長いこと、⑤管理職および専門職の被雇用者であることが、過剰就業の原因であるとしている。そして、このうち、とりわけ②職場の時間的柔軟性（「家庭の用事のために、仕事の日時を変えることができる」か否か）は、実際の労働時間を減少させることで、過剰就業傾向を抑制していることをあきらかにした。しかもこうした職場の柔軟性は、正規（常勤）対非正規（パート・臨時）の区分との間に交互作用があり、非正規では時間的な柔軟性のある職場で働くことは希望就業時間を有意に低下させるが、正規の場合には職場の柔軟性は希望就業時間には影響を及ぼしていない。つまり非正規の場合は、就業希望時間が短いと柔軟性のある職場で働く傾向があるが、正規の場合はこうした選択をする余地が少ない。そして、職場の時間的柔軟性は希望就業時間を減少させる以上に、実際の労働時間を減少させることによって過剰就業（希望する就業時間を越える就労）を抑制しているが、そもそもこうした時間的柔軟性のある職場で就労している労働者はきわめて限られた数しかいないという（山口 2009：224）。ここから山口（2009：229-230）は、「正規雇用が雇用保障や高賃金の見返りとして、企業から時間的拘束を強く受けていること」すなわち「見返り的滅私奉公」の慣習が、日本の男性および総合職女性のワークライフバランスを阻害していると結論づけている。

そこで、以下では職種や従業上の地位に加えて、労働の自律性あるいは職場の時間的柔軟性もふまえて過剰な労働時間を発生させるメカニズムを検討していく。ここではまず、労働時間の規定構造が異なると考えられる経営者・役員、自営業主・自由業者と家族従業者および内職（これらの職種に該当するのはSSM若年層調査データでは一一八七名の対象者のうち六二人、五・二％であった）を除いた雇用者（常時雇用されている一般従業者、臨時雇用・パート・アルバイト、派遣社員、契約社員・嘱託）を取り上げ、こうした労働者における仕事や職場の条件に着目して労働時間を規定する要因を探求する。すなわち、まず性別と年齢、学歴（教育年数）を統制したうえで、職業、従業上の地位（正規か非正規か）、役職および職場の時間的柔軟性を表す有給休暇制度の有無、[4]職場における自律性（職場全体の仕事のやり方に自分の意見を反映できる程度）が労働時間の長さに及ぼす影響を検討していく。次に、同様の方法で家族的要因すなわちファミリー・ライフステージ（未婚、既婚子どもなし、既婚子どもあり）にも注目しながら労働時間の規定因を明らかにしていく。

職業・職場要因による労働時間の違い

まず**表5-2**のモデルI-1では、性別（女性を基準とした男性ダミー）、年齢と教育年数を統制したうえで、職種（基準は中小企業ブルーカラー）が労働時間に及ぼす影響をみたものである。統制変数からみると、まず男性ダミーの効果が〇・一％水準で有意であり、男性は女性に比べて週労働時間が八時間ほど長いことがわかる。また教育年数も一〇％水準で有意な正の効果をもち、学歴が高い（教育年数が長い）ほど労働時間が長くなっている。しかし、これらの要因を統制すると、若年層では職種は労働時間に影響をもっていない。次にモデルI-2で従業上の地位として正規ダミー（基準は非正規）を投入すると、この変数が労働時間に大きな正の効果をもち、他の条件が同じならば、正規雇用であることは非正規雇用に比べて週当たり労働時間を平均的に九・六時間ほど

表5-2　労働時間の規定因(職業・職場の要因)：重回帰分析　非標準化回帰係数

	モデルⅠ-1		モデルⅠ-2		モデルⅠ-3		モデルⅠ-4		モデルⅠ-5	
定数	32.579	**	33.361	***	35.721	***	35.130	***	35.343	***
男性ダミー	8.069	***	6.039	***	5.698	***	5.571	***	5.594	***
年齢	0.055		-0.033		-0.035		-0.026		-0.026	
教育年数	0.633	+	0.332		0.135		0.209		0.221	
専門ダミー	2.711		1.951		1.690		1.705		1.632	
大企業ホワイトダミー	-0.616		-0.752		-1.263		-0.861		-0.936	
中小企業ホワイトダミー	0.083		0.547		0.843		0.792		0.751	
大企業ブルーダミー	1.908		1.902		1.596		2.025		2.018	
正規ダミー			9.624	***	9.952	***	10.435	***	10.463	***
役職ダミー					2.654	+	2.593	+	2.648	+
有給休暇ダミー							-1.601		-1.602	
仕事のコントロール									-0.150	
R^2(自由度調整済)	0.113	***	0.221	***	0.250	***	0.252	***	0.251	***

(注) ***：$p<0.001$　**：$p<0.01$　*：$p<0.05$　+：$p<0.10$
データ：2007年SSM若年層郵送調査データ

増大させていることがわかる。このことからは、若年層の労働時間が正規／非正規によって分断されているという従来の知見が再確認できる。

また、モデルⅠ-1で有意であった教育年数の効果が消失しているので、教育年数が労働時間に及ぼす影響は従業上の地位を媒介したものであり、学歴が高いほど正規雇用に入職するために、労働時間も長くなると言える。他方、男性ダミーの係数は、依然として有意ではあるが、若干、減少しているので、女性より男性の方が正規雇用につくために労働時間が長くなるという媒介効果もみられることになる。

これに対して、モデルⅠ-3ではモデルⅠ-2に役職の有無のダミー変数を追加投入した。若年層で何らかの役職についていることは、仕事の負荷を増大させることが考えられるからである。その結果、役職ダミーは一〇％水準であるが有意な効果をもち、役職につくことで仕事の負担が重くなり、労働時間を週当たり二・六時間ほど増やしていると言える。これに対して、モデルⅠ-4は職場における有給休暇の有無を投入したものである。職場に有給休暇制度があることは、実際にその制度が利用しやすいかどうかは別にして、山口（2009）のいう「職場の時間的柔軟性」の指標となること考えたからである。このモデルⅠ-4では、有給休暇ダミーは労働時間に有意な効果をもたず、有給休暇制度に代表される労働時間の融通性や柔軟性は長時間労働を抑制していないことがわかる。

最後にモデルⅠ-5では仕事のコントロールの度合い（職場に自分の意見を反映させられる度合い）を入れたが、これも有意にならなかった。ここで投入した仕事の自律性は、あくまでも意思決定上の自律性であって、長松（2008）の取り上げた仕事の時間上の自律性（「自分の仕事の内容やペースを自分で決めることができる」）とは異なる。長松（2008：122）も指摘するように、仕事の時間的な自律性には「休みの取りやすさ」のほかにも、労働時間の管理のあり方（裁量労働などにみられる「時間管理の緩やかさ」）、就業時刻の自律性（仕事の始業・就業時間に対する自律性など）に関わる問題もあり、概念および尺度としてさらに検討する余地があるといえるだろう。少なくとも、ここで取り上げた職場における意思決定の自律性は、労働時間を短くしないことが確認された。

家族要因による労働時間の違い　これまで仕事や職場の要因をもとに、労働時間を検討してきたが、次に家族要因やライフステージによる労働時間の違いを検討する。まず**表5-3**のモデルⅡ-1では、先の表5-2のモデルⅠ-2にファミリー・ライフステージ要因をダミー変数で投入した。ここでは家族形成に関わる若年層のファミリー・ライフステージを未婚・既婚子どもなし・既婚子どもありの三段階に分けた上で、未婚を基準カテゴリーとして「既婚子どもなし」と「既婚子どもあり」のダミー

表5-3　労働時間の規定因(家族の要因)　重回帰分析　非標準化回帰係数

	モデルⅡ-1	モデルⅡ-2	モデルⅡ-3
定数	33.628 ***	33.693 ***	33.009 ***
男性ダミー	6.052 ***	5.494 ***	4.206 ***
年齢	-0.038	-0.026	-0.020
教育年数	0.319	0.400	0.454
専門ダミー	1.985	1.675	1.918
大企業ホワイトダミー	-0.732	-0.805	-0.624
中小企業ホワイトダミー	0.554	0.555	0.832
大企業ブルーダミー	1.904	2.115	2.120
正規ダミー	9.607 ***	7.854 ***	8.021 ***
既婚子どもなしダミー	0.695	-2.641	-2.983
既婚子どもありダミー	-0.115	-6.725 **	-6.943 **
正規ダミー×既婚子どもなしダミー		4.308	4.100
正規ダミー×既婚子どもありダミー		8.858 **	2.500
正規ダミー×既婚子どもなしダミー×男性ダミー			1.203
正規ダミー×既婚子どもありダミー×男性ダミー			9.691 *
R^2(自由度調整済)	0.218 ***	0.230 ***	0.243 ***

(注) ***：$p < 0.001$　**：$p < 0.01$　*：$p < 0.05$
データ：2007年SSM若年層郵送調査データ

変数を投入したが、どちらも労働時間に有意な効果を及ぼしていなかった。しかし、モデルⅡ-2でファミリー・ライフステージと正規ダミーとの交互作用項を投入したところ、既婚子どもありの負の効果と、正規雇用と既婚子どもありの正の交互作用項が有意になった。ここで交互作用項の効果が有意になると、一方の水準（この分析ではライフステージ）によって、他の変数（ここでは正規・非正規）が労働時間に及ぼす影響に差異があることになる。このモデルでは、交互作用効果は正規ダミー（正規=1、非正規=0）と二つのライフステージ（未婚=0を基準とした既婚子どもなし=1のダミーと、既婚子供あり=1のダミー）で定義されている。したがって、他の条件（年齢や教育年数など）が同じ場合、未婚非正規と比べると、まず非正規雇用で既婚子どもがある場合、労働時間を有意に六・七時間以上（既婚子どもありの主効果－6.725）減少させていることになる。しかし、正規の場合、既婚子どもありは未婚非正規に比べると、ファミリー・ライフステージの主効果による労働時間の減少分（－6.725）を、正規雇用の主効果による増分（7.854）と、ライフステージと正規雇用の交互作用効果（8.858）の合計が上回るので、非正規とは反対に週労働時間が一〇時間近く（九・九八七時間）も増加している。つまり、非正規は既婚子どもありという状況では労働時間を減らせているが、正規の場合にはむしろ労働時間を大幅に増加させていることになり、正規雇用における子育ての困難さを示していることになる。

もちろん、ここには性別の問題もからんでくるだろう。そこで、最後にモデルⅡ－３では、正規ダミーとファミリー・ライフステージと性別（男性ダミー）の二次の交互作用項を入れたところ、正規ダミー×既婚子どもありダミー×男性ダミーの項が有意となった。ここからは、ともに正規雇用で既婚・子どもありの場合でも、男性では女性に比べ労働時間が週に一四時間近く長くなっていることがわかる。(5)逆にいうと、女性は正規雇用で既婚・子どもありでも労働時間を男性に比べて大幅に減少させることで、ワークライフバランスをとることが可能であるが、男性ではそれがきわめて困難であるとも言える。

4　若者に時間と象徴文化を

「もう一つのロスジェネ」におけるワークライフバランスの困難

こうしてみるとフリーターやニートにならず、正規雇用者となった若者も、必ずしもいわゆる「勝ち組」とは言えない。労働需要のかなりの部分をフリーターに頼る若年労働市場の反面に、「少数精鋭化」した若年正規雇用者とりわけ家族形成期にある男性若年労働者の過重労働の問題がある。本章の分析で明らかにしたように、とくにこうした若年男性は女性に比べて、フレキシブルな労働時間の管理をすることができない状況で、長時間労働を強いられている。しがって、彼らは、山口（2009）も指摘するように、日本企業における「見返り的滅私奉公」の慣習に従って、企業から時間的拘束を強く受けている代償として安定した雇用や高賃金を保証されているにすぎない。そして、このことが家族形成期における彼らのワークライフバランス、わけても家事・育児参加を困難にするとともに、逆に女性労働の非正規化によって、女性に家事・育児を押し付けるという形で性別役割分業を構造的に強化しているとみることもできる。

　こうして、家族形成期の男性の長時間労働は、長期不況による非正規労働者の増加の裏面にあるものであろう。熊沢（2010）によれば、バブル崩壊後の長期不況による労働条件の悪化は、「既得権」をもつ既存の労働者よりも若年の正規労働者において顕著にみられたという。成果主義の名のもと「企業はこの時期、勤続の短い若者にはさまざまの職務を体験させてじっくりとフレキシブルな能力を会得《えとく》させるという、いわゆる「人材育成」論から、早期からきびしいノルマを課して性急に成果を求めるという、いわゆる「即戦力」論に方針を転じていた」（熊沢 2010：273）からである。しかも、企業はもはや「選別した正社員のすべてにキャリア展開を期待するわけではない。彼ら、彼女らをさらに、「即戦力」の要請に応えてゆくゆくは管理者に経上がる者と、その要請に耐えられず辞めるなら仕方ないとする者に選別」（熊沢 2010：273）し始めたのである。

　こうした早期からの成果主義による選別は、若年層における競争を激化させ、「助け合いや庇い合いの気風を風化」（熊沢 2010：274）させていく。加えて上司にあたる中間管理職自身も成果主義のもとではチーム単位の重いノルマを課せられているので、部下である若年層には厳しく接するよう迫られる。こうして「管理職や現場リーダーは過重ノルマを負わされ、自分自身が心身の疲弊に追い込まれる被害者である一方、…（中略）…部下の若者に対して、しばしば過酷な働きすぎを強いる加害者ともなる」（熊沢 2010：274-275）。このように幾重にも分断された職場で「働きすぎに斃《たお》れ」ていく若年層は少なくない。そして、労働時間管理に無頓着な日本企業の体質に加えて、上司による「パワハラ」によって追い詰められて自殺に追い込まれていく若者はあとを絶たない。

労働時間政策の必要性と困難

こうした悲惨な企業風土を変えていくには、何よりも労働時間のリセットが要求される。山口（2009）は、日本におけるワークライフバランスの欠如が、高度経済成長期に日本企業が形成した雇用システム、すなわち労働需要の安定的な増加のもとで性別役割分業を前提とした男性基幹労働者の長期雇用の制度が機能不全になったことに起因するとしたうえで、欧米（とくにドイツ）の労働政策も参照しながら、「時間政策の理念」の必要性を主張する。「時間政策」とは、「時間の自己保有権と自己決定権という概念を中心に、個人が自分の時間を自分で管理できる社会の実現」を目指す政策を意味している（山口、2009：269）。たとえば、ＥＵのように最大就業時間を規制する、雇用者の就業時間選択を法的に保証する、フレックスタイムなどの「柔軟な就業」を制度化する、などの方策である。しかし、このような政策を推進する上では、山口（2009）自身も指摘するように、日本固有の文化的・社会的障壁はまだ厚い。山口（2009）は、多様な個人をエンパワーメントし、社会的排除を生まない普遍的な政策要件をいくつかあげているが、そのなかでもこの「時間政策」は、企業の抵抗がもっとも大きいだろうとみる（山口 2009：256-257）。というのも、現代の労働市場では法人（企業）の力が個人のコントロールを上回り、雇用主の意向が優先される制度・慣行が多いが、日本ではこれに加えて中途採用者の労働市場が未発達なため、正規雇用者に「退出オプション」がほとんどなく、雇用者は労働時間の柔軟性がもてない、という。ことに正規雇用の若年層はせっかく手にした安定した職から非正規雇用に「転落」を恐れるので、長時間労働を強いられやすいと考えられる。

さらに、小倉（2007）によると、管理職や裁量労働制のもとにある「柔軟な労働時間で働く」労働者ほど、労働時間が長いという。それは、管理職や裁量労働制のもとにある専門職などに求められる成果や仕事量が、長時間労働を前提にしているからであるという。また、山口（2009：274-275）は、いわゆるホワイトカラー・エクゼンプションを日本に導入する際には、労働者がペナルティを受けることなく就業時間を選択する権利を同時に法制化すべきであると提言している。しかし、こうした社会的障壁に加えて、文化的障壁としては、たとえば「休みをとる制度上の権利」が認められても、日本企業における職場の雰囲気で、実際には「休みを取ることができない」という実態も想像に難くない（長松 2008：122）。

若年層における政治文化の成熟に向けて

こうした日本企業にワークライフバランスや労働時間政策を浸透させるために、山口（2009：281-283）は、「市民社会推進政策」を提案する。それは、企業の社会的責任を遂行させるために、たとえば基本情報（男女別採用者数など）を公開することが企業に有利となる状況を作り出し、それによって市民や第三者機関の監視のもとにおく、といった施策である。実際、第三者評価機構としては、日本では「日本医療機能評価機構」が一定の成功をおさめており、高い評価をうけた病院は多くの患者を引き受けられるようになったという。こうして、労働市場では優位に立つ企業（雇用主）に対して抵抗しがたい労働者（雇用者）が、市民社会において企業の行動をコントロールできるような制度を作り出す必要がある。

若者に関して言えば、熊沢（2010：280-281）が若年層における「批判・対抗・協同の文化」の再創造の必要性を訴えている。それによると、一九八〇年代から九〇年代までの産業のサービス化や消費文化の爛熟《らんじゅく》によって、若者はファッションや「おたく（オタク）」文化の閉じたコミュニケーションに関心を向けた結果、労働世界に「無防備」で参入することになった。そうした消費文化のもとでは、従来の社会運動や市民活動も不可視になっていったので、彼らにはかつての若者に見られた「批判・対抗・協同の文化」が根付きようがなかった。そうして、彼らはまさに「無防備」の状態で過酷な労働市場に放り出されることになったのである。

こうしたなかで、日本でも「反貧困」を訴える若者の社会運動や市民活動が一部ではみられるようになった（湯浅 2008）ものの、まだ日本の企業社会に本格的な圧力をかけるには至っていない。これに対して、フランスでは二〇〇六年春に「反ＣＰＥ（初期雇用契約）法案運動」が、大学生だけでなく高校生や労働組合なども巻き込んだ大きなうねりになった。このＣＰＥ法案は、二六歳以下の若年労働者については、雇用契約後の二年間は理由を明示することなく解雇できる権利を雇用主に認めるというものであった（樫村 2007：321）。日本と同様、正規労働者の「無期限雇用契約」が一般的な慣習になっているフランスでは、不況下での正規雇用契約は企業にとってはリスキーである。そのため、大学を出ても就職できない若者たちは多い。二〇〇六年四月時点で二六歳未満の若者の失業率は二二・一％と高く、たとえ職につけたとしても多くが短期契約や臨時雇いのような非正規雇用を転々としていた。この若年失業率を改善するための「機会平等化法案」のなかに、試用期間における雇用主の優位を謳ったCPEが盛り込まれていたのであった。しかし、たとえCPEによって企業による新卒者の正規雇用は促進されたとしても、二年間の試用期間中は若者は常に解雇の不安にさらされることになる。こうした状況で起こった「反CPE法案運動」は、三〇〇万人規模の大規模デモによって政府に法案を撤回させ、CPEに代わる失業対策として若年労働者（一五歳〜二五歳）を雇った企業への補助金を拡充させることになった。

樫村（2007）はこうした「プレカリテ（不安定性）」への抵抗運動に、フランスの若者における政治文化の成熟を見出している。それによると、たとえば反CPE運動における若者たちの直接行動が成功した背景には、一九九〇年代からすでに度重なる移民規制やイラク戦争への反対運動に高校生が参加するなど、人権を守ろうとする政治文化が若年層でも維持されてきたことがあるという。こうした政治文化は「現実の政治空間の維持とその中での再生産によって支えられているといえる。それは、政治空間や政治文化が貧困な日本との大きな差異として存在する」（樫村 2007：47-48）。したがって、樫村（2007）によれば、日本の若者が、広範な抵抗運動を展開せずに「ひきこもる」のは、こうした若年層における政治文化の欠如に起因する。「プレカリテ」への抵抗が可能になるには、その社会がもつ政治文化という資源の成熟が不可欠である。樫村（2007）は、スティグレール（Stiegler 2004a=2006）の「象徴の貧困」や「個体化の衰退」(6)といった概念を参照しながら、ネット社会のなかでかえって象徴的文化が衰退している日本の現状を批判する。そして、こうした政治文化を成熟させていくためにも、教育や文化に投資するだけでなく、象徴的文化へのアクセスを阻害するものを取り除くこと――具体的には、労働時間を減らし、文化に関わる時間を確保することなどの必要性を強調する。こうしてみると、若年層における労働時間の削減は、ワークライフバランスや男女共同参画の実現をこえて、搾取的な労働市場に抵抗する若者の政治文化の成熟にもつながる契機をはらんでいるとみることもできるだろう。就職にあえぐ若者に「キャリア教育」をすることは短期的には重要ともいえるが、まずは若者が多様な生き方や社会のあり方をイマジナリーに想像できるように、「社会的・文化的言説のレベル」(樫村 2007：59) を上げていくこと――それによって、「批判・対抗・協同」の政治文化を涵養していくことこそ、長期的には今の若者に必要なことと考えられるからである。

注

(1) 過労自殺に関して言えば、日本では、自殺全体の統計と分析は警察庁が行っているが、二〇〇六(平成一八)年に自殺対策基本法が成立して以来、分析内容も詳しくなり、発表も内閣府が行うようになった(川人 2014)。それによると、自殺者数は男女とも一九九〇年代の半ばから急増している。自殺者数は一九九〇年代前半までは年間二万五〇〇〇人程度で推移してきたが、一九九八年に三万二八六三名と急増し、その後、二〇一一年まで三万人台を記録し、二〇一二年に二万七二八三人と一四年ぶりに三万人の大台を割った。

(2) ただし、労働時間が恋人の有無に及ぼす影響は限定的で、休日出勤の多い女性に恋人がいない傾向がみられたのみで、男性の長時間労働が恋愛経験を妨げることはなかったという(中村・佐藤 2010：67-68)。ただし、これは恋人の有無への影響であり、後に分析するように家族形成後のワークラーフバランスを考える上では、男性の長時間労働は無視することができない。

（3）この二〇〇七年ＳＳＭ若年層調査は、日本全国の満一八歳から三四歳の男女を母集団として層化二段無作為抽出法で選ばれた四六八〇人に対して、二〇〇七年一月から二月にかけて郵送法で行われ、有効回収率は二五・四％（有効回収票は一一八七票）であった。

（4）有給休暇は、労働基準法第三九条により、一定の条件を満たした労働者（六カ月以上勤務し、全労働時間の八割以上を勤務した者）に、勤続年数に応じた日数を取得できることが権利として求められている。しかし、厚生労働省の「平成二五年就労条件総合調査」（http://www.mhlw.go.jp/toukei/itiran/roudou/jikan/syurou/13/gaiyou01.html）によれば二〇一二年に企業が付与した年次有給休暇日数は、労働者一人当たり年間平均一八・三日だったが、そのうち労働者が取得した日数は八・六日で、取得率は四七・一％となっている。特に規模の小さい企業ほど取得率は低く、従業員数一〇〇人未満の企業では四〇％にとどまっている。この背景には、職場の雰囲気や事業主・経営者など使用者側の意向などの理由により、労働者の権利として法的に認められているはずの年次有給休暇を取得しづらい労働環境があると考えられる。現に、二〇〇七年ＳＳＭ若年層調査でも、本来、年次有給休暇制度があるはずの専門正規雇用で二六・四％、ホワイトカラー正規雇用で一五・二％、ブルーカラー正規雇用で二九・六％の者が「有給休暇制度」が職場に「ない」と回答している。そこで、この問いを有給休暇制度のとりやすさに関する認知とみなし、職場の時間的柔軟性の指標とした。

（5）モデルⅡ-3をもとに、他の条件（年齢、教育年数、職業）を一定とした場合、未婚非正規女性を基準に男性正規既婚子どもありの労働時間の増加分を計算すると、

Y_m=男性ダミーの主効果（4.206）＋正規ダミーの主効果（8.021）＋既婚子どもありダミーの主効果（−6.943）＋正規ダミーと既婚子どもありダミーの交互作用効果（2.500）＋正規ダミーと既婚子どもありダミーと男性ダミーの交互作用効果（9.691）＝17.475

となる。これに対して、同じ正規既婚子どもありでも女性の場合、男性ダミーの主効果と正規ダミー×既婚子どもありダミー×男性ダミーの交互作用がないので、労働時間の増加分は、

Y_f＝正規ダミーの主効果（8.021）＋既婚子どもありダミー（−6.943）＋正規ダミーと既婚子どもありダミーの交互作用効果（2.50）＝3.578

となり、女性に比べ男性の方が労働時間が週に一三・九時間長いことになる。

（6）スティグレール（Stiegler 2004a=2006：40）のいう「象徴の貧困」「個体化の衰退」については、第6章参照。

コラム 「すんきゃーヤバい」ロスジェネ

女の階級社会から男の階級社会へ

第5章で描いた「もう一つのロスジェネ」が、安定した労働条件と引き換えに、企業に対する「見返り的滅私奉公」の慣習に従って、仕事から時間的拘束を強く受けているのに対して、労働市場の周辺に追いやられ、不安定ながら「自由に」働かざるをえない若者がいる。この「もう一つのロスジェネ」は、非正規労働者（フリーター、派遣・契約労働者など）と呼ばれてきた。桐野夏生の『メタボラ』（桐野 2007）に描かれた若者たちなど、そんな存在だろう。初期の村野ミロ・シリーズから日本人初のエドガー賞候補となった『OUT』のほか『グロテスク』、『魂萌え』まで、桐野はずっと「女の階級社会」を描かせると当代一の力量を示してきた。その桐野が『メタボラ』でついに「男の階級社会」を書かざるをえなかったのは、言うまでもなく「失われた二〇年」（朝日新聞「変調経済取材班」2009）の間に若年層を中心に労働市場に激震が走ったからであろう。フリーター、ニート、派遣労働、偽装請負、携帯日雇い、ネットカフェ難民、加えて労働市場の地域間格差にグローバル化――桐野の『メタボラ』には現代社会のすべてが凝縮されている。

この「失われた二〇年」では、まずバブル崩壊後、産業構造の転換なかで、非正規雇用が増大した。非正規雇用は、人件費の節約に加えて「一定期間における仕事の繁閑への対応」「景気変動に応じた雇用量の調整」「長い営業・操業時間への対応」などへの利便性から企業に選好されることになった（熊沢 2006）。そして、非正規化への流れは、バブル経済崩壊後の長期不況においてさらに加速する。すなわち日本経営者団体連盟（日経連）の『新時代の「日本的経営』』（新・日本的経営システム等研究プロジェクト 1995）で提示された「雇用ポートフォリオ」という考え方は、一九九〇年代後半以降の長期不況下で、若年労働市場における新規学卒正規社員の厳選採用と非正規雇用の拡大を先導していくことになる（小杉 2005b）。そして、実際、非正規雇用者は、バブル末期（一九九〇年）の八七〇万人から一八五〇万人（二〇一三年）に増加し、全労働者の三六・二％を占めるに至った（総務省統計局 2014a）。

また性別・年齢階層別に非正規雇用者率をみると、どの層でもバブル経済の崩壊した一九九一（平成三）年以降、急増しているが、男性では定年後の嘱託を中心とした六五歳以上と一五歳から二四歳の若年層で突出して多い。とくに若年層は一九九〇年代に急激に非正規化が進んだ。また、女性でも一五歳～二四歳の非正規率が一九九〇年代から二〇〇〇年代前半にかけて大幅な増加をみせている。

この間、一九八五（昭和六〇）年に制定された労働者派遣法は一九九六（平成八）年の改正では対象業務を一六業種から二六業種に拡大したのち、九九（平成一一）年には対象業務を原則自由化した上に、二〇〇三（平成一五）年には最後まで派遣を認めていなかった製造業への派遣が解禁となった。また、一九九八（平成一〇）年には、労働基準法の改正によって、有期雇用契約の上限規制が緩和された（浅倉ほか 2006）。こうして、労働法制においても非正規雇用の拡大を積極的に容認する規制緩和が進行したのである。

若年層におけるアンダークラスの形成？

橋本（2013：253-259）によれば、現在に続く若者の貧困や経済格差が現れはじめたのは、一九八〇年代からだという。この時期、高度経済成長の終焉とともに、労働需要が縮小し、中小企業を中心に賃金が抑制された。また不景気下で新規採用も抑制され、初任給が伸び悩んだ。その一方で年功賃金が維持されたために、若年層と中年層の賃金格差が拡大したという。また同時に貧困層は中小企業の労働者階級に集中し、その貧困率は急上昇して二割を超えた。その一方で、新しい貧困も現れ始めた。それは進学率の上昇による学歴インフレ（片瀬 2011b）にともなう大卒者の貧困率の上昇である。これまで貧困とは無縁だった大卒者の貧困率が八・九％まで上昇し、高校卒でも一五・〇％に達した。さらに非正規雇用も、一九八〇年代から増え始めた。この当時の非正規雇用は、主婦のパートタイマーが中心であったが、男性の非正規雇用も現れ始めた（橋本 2013：254–255）。

一九九〇年代になると、男性の非正規雇用、いわゆるフリーターの増加が顕著になった。とくに無配偶の若年貧困層は大幅に増加し、若年貧困層の六割以上を占めるに至った。橋本（2013：256–257）によれば、正規労働者とパート主婦の貧困層は、一九九七（平成九）年に増加したのち、二〇〇二（平成一四）年にはもとの水準に戻っているのに対して、非正規雇用者と無職（失業者）の貧困層はその後も増加を続けた。バブル経済の崩壊後、「パート主婦の夫たちを含む正規労働者は何とか立ち直り、非正規労働者などの不安定就労者はその犠牲となって、分厚い貧困層を形成するようになった」（橋本 2013：257）とされる。

一九九〇年代から増え始めたフリーターであるが、企業がフリーター経験者を採用したがらないため、その境遇から脱出することが難しい。そのため、フリーターは年長化する一方で、新たに参入してくる者も含んで拡大していく。またとくに男性フリーターは低所得であるため、結婚し家族を形成することが難しい。二〇〇五年のＳＳＭ調査の分析結果からみても、若年男性（二〇歳〜三四歳）の未婚率は、正規雇用者では五〇・九％であるのに対して、非正規雇用者では八〇・四％に上るという（橋本 2013：253）。彼らは極端な低賃金と家族形成の困難という点で、伝統的な意味での「労働者階級」以下の「アンダークラス」を形成していると橋本（2006：2013）はみている。

中高年フリーターの増加

ただし、現時点で、日本のフリーターやニートを、ヨーロッパの社会的排除やアンダークラスと同一視することには、少し慎重になる必要がある。ヨーロッパのアンダークラスの場合、本人のみならず家族も社会的に排除されている。これに対して、日本のフリーターやニートの多くは親と同居し、親の庇護の下にある。しかも、親は社会的に排除されているわけではない。したがって、フリーターやニートは完全に社会から排除されているとは言えない。ただ、このことは彼らが将来も排除されないということを意味しない。現在は親の庇護の下にあるとしても、親が亡くなって庇護してくれる人々がいなくなったとき、彼らは大きな困難に直面するだろう。鹿嶋（2005）が指摘する中高年フリーターの問題もその一環である。

中高年フリーターの問題について言えば、まず一九九八（平成一〇）年から二〇〇一（平成一三）年にかけて、もっともフリーターが増えたのは二五歳から二九歳の年齢層（一〇一万人～一五二万人）で、三〇歳から三四歳の年齢層（五四万人～八〇万人）がこれについでいる。そのため、二〇〇一（平成一三）年の時点で両者を合計したフリーター数は、一五歳から二四歳のフリーター数（一八五万人）を四七万人も上回っており、フリーター層の高年齢化が顕著になってきた（内閣府 2003）。その後、フリーターは景気回復もあって、二〇〇三（平成一五）年をピークとして減少に転ずる。総務省の「労働力調査」（総務省統計局 2014b）からみると、ピーク時（二〇〇三年）には、フリーターは二〇一万人いたが、二〇一三（平成二五）年の時点では一八二万人まで減少した。この間の増減を年齢階級別にみると、一五歳から二四歳では、一〇四万人から八〇万人へと二四万人ほど減少したが、二五歳から三四歳では九七万人から一〇二万人と逆に五万人も増加している。現在、一〇代後半から二〇代前半の若年層は、労働力不足と景気回復によって雇用の恩恵にあずかれるようになったが、バブル経済崩壊後に就職できず、フリーターになった世代がそのまま人的資本を蓄積できないままフリーターに滞留しつづけていることがうかがえる。また家族形成については、男性高年齢フリーターに厳しい状況が続いている。二五歳から二九歳の未婚男性の五年後の有配偶率をみると、正社員では四八・三％だが、フリーターでは二八・三％に留まる（ＵＦＪ総研、2005）。

日本社会からの Exit

さて、桐野の『メタボラ』は、沖縄の北東部の密林いわゆるヤンバルの森で二人の若者が遭遇するところから始まる。伊良部昭光は宮古島の有力者の末子として生まれたものの、高校中退後ニートとなり、父親によって強制的に入れられたヤンバルの自立支援施設・独立塾を脱走して、深夜「ギンジ」と出会う。「ギンジ」（これは昭光が姉を孕ませた先輩の名前からとって与えた名前）は無一文の記憶喪失者であった。「ギンジ」は住み込みで墓石屋で働いた後、那覇に移り「安楽ハウス」というドミトリーのスタッフとなる。他方、昭光はカリスマ的リーダー・イズムが率いる若者のボランティア組織でリンチを受けて逃げ出した後、同じく那覇に流れ着いてホストとなる。しかし、「ギンジ」が昭光の携帯電話の番号が書かれたメモをなくしたために両者は音信不通となる。

そして「ギンジ」が墓石屋の専務との同性愛

的関係を契機に過酷な過去の記憶と名前を取り戻したとき、物語は大団円に向かって崩れ落ちるように急速な展開を遂げる。埼玉での家族崩壊、柏崎での再生の失敗、そして沖縄でのネットによる集団自殺未遂――本名と記憶を回復した若者は読者にこう語りかける「聞きたくない人は耳を塞いでくれ」。会社経営に行き詰まり、家族に暴力をふるったあげく、アルコール依存症の末に自死した父親を思い出して「ギンジ」こと香月雄太はこう考える。

信じて貰えるかどうかわからないが、死への旅は、僕にとって導かれた道を歩いているような安心感があったことは事実だ。父の死は、劇場の暗闇で、緑色に光る「EXIT」の文字のように、僕の行く末を照らす暗い道標だった。父は僕に、最終的に死という逃げ場があるよ、と扉の位置を示してくれたような気がしてならないのだ。

（桐野 2007：508）

物語の最後でヤクザにリンチされ瀕死の昭光を「ギンジ」は救出する。彼は本名も過去も思い出したが、それを携帯電話とともにどぶ川に流し、恋慕する昭光とともに渡嘉敷島へ脱出しようとする――。『OUT』のキーワードがOUTなら本書のキーワードはExitであろう。若者にとって日本社会はもはやExitするしかない場所なのだ（このことは既に村上龍が『希望の国のエクソダス』で書いていたが）。二〇〇七年五月三〇日の「朝日新聞」の文芸時評で加藤典洋が本書を「すんきゃーヤバい小説の力で心をえぐられる」と絶賛していたが、常に社会の深層を照射する桐野の小説が「ヤバい」のは日本社会そのものが「すんきゃーヤバい」からに他ならない。

第6章　若者文化の行方

情報消費社会の「虚構」がバブルとなって弾けた一九九〇年代以降、若者は長時間労働を強いられる正規雇用者と、不安定就労を彷徨う非正規雇用者に二極分解し、労働世界で苦境に立たされている。しかし、彼らは将来への不安や社会への不満をもちながら、かつてないほど高い生活満足感や幸福感を示すという奇妙な状況にある。この状況は彼らがコンサマトリー化したことや、親密な仲間集団のなかで相対的剥奪が生じているといったことでは説明がつかない。むしろ彼らは過剰な情報のなかで「象徴の貧困」とも呼ぶべき状態で「個体化」を衰退させ、将来を見据えて自らのアイデンティティを再構築したり、あるべき社会を構想する想像力を失っているのではないか。こうした「象徴の貧困」のもとで、若者は政治への関心を失い、「批判・対抗・協同の文化」を欠いたまま無防備で労働世界に参入している。この最終章では、これまでの分析も踏まえて、労働世界に参入する前に、若者が「批判・対抗・協同の文化」を身につける必要性とその方策を論じた。

1　変容する戦後

「バーチャルの時代」の生活満足

序章でも触れたが、見田（1995）はその時代のリアリティのあり方に注目して、一九九〇年代までの戦後期を三つの時期に区切った。それによると、敗戦から一九六〇年代までは、①政治的な「理想」がリアリティをもった「理想の時代」（プレ高度経済成長期）、②豊かさの実現という「夢」の実現に向かっていた「夢の時代」（高度経済成長期）、③消費文化の「虚構」がリアリティをもつようになった「虚構の時代」（ポスト高度経済成長期）に区分されるという。さらに見田（2012）は、「虚構」のリアリティがバブルとなって弾けた一九九〇年代以降を「バーチャルの時代」と名づけた。同様に「虚構の果て」のこの時代を、見田の議論を承けた大澤（2008c）は「不可能性の時代」と呼び、おたく系消費文化を分析した東（2001）は「動物化の時代」と名づけた。これらに共通するものは、豊泉（2010：103）によれば、「他者」を剝奪され「動物化」したリアリティであり、リアリティの不可能性という問題であるという。

豊泉（2010：74-78）は、こうしたリアリティの欠如を、アーレント（Arent 1973=1974）のいう「「欠如」としての私生活」という概念に関連づけて論じる。それによると、「経済的欲求に支配された「社会」が公的世界を空洞化し、リアリティを剝奪された孤独な近代人は、それに抗して、私生活の内部に親密な関係を強化して「マイホーム」の幸せ…（中略）…に逃避しようとした」。ところが、「大衆社会の到来は親密な私生活をさらに「消費者の社会」に飲み込み、私生活のリアリティまでも掘り崩して人間を「動物化」しつつある」とアーレントは警告したという（豊泉 2010：71）。豊泉（2010：67-74）は、こうしたアーレントの議論を承けて、現代の若者の私生活における「生きづらさ」「居場所のなさ」の原因を、私生活の動物化——たとえばケータイ・メールで常につながっていないと気が休まらない若者たちの群れ的行動や、公共性という場で他者と交渉することをしない「家のなかの主義」（正高 2003）に見出す。さらに、情報環境の変化のなかで人々の不安が「見られているかもしれない」不安から「見られていないのかもしれない」不安へと変わったという北田（2002）の指摘も、若者の私生活を息苦しくしているという。実際、序章の冒頭でとりあげた秋葉原連続殺傷事件の容疑者Kの場合も、ネットの世界でも無視されることで、自己の存在を承認してくれる「まなざし」を失ったことが犯行の背景にあったと考えられる。

その一方で、豊泉（2010：92-99）は、二〇〇〇年代に入って若年男性（二〇歳～二九歳）の生活満足度が急速に上がってきたことに注目する。内閣府の「国民生活に関する世論調査」によれば、一九七〇年代から八〇年代にかけては、若年層の満足度がもっとも低く、年齢があがるにつれて満足度が高まっていたが、二〇〇〇年代後半に入ると、二〇歳代でもっとも満足度が高く、四〇歳から五〇歳代にかけて低下し、六〇歳代以降になると再び満足度が上昇するというV字型の満足度のグラフになるという（**図6-1**参照）。現代の若者（男性）は、長時間労働によってワークライフバランスを失い、動物化した私生活のなかで孤立しながらも、生活満足度を高めているのである。

満足と不安の奇妙な同居　同じ内閣府のデータをもとに、古市（2011）もまた、現代の若者を「絶望の国の幸福な若者たち」と特徴づける。すなわち、若年労働市場の流動化や長時間労働の常態

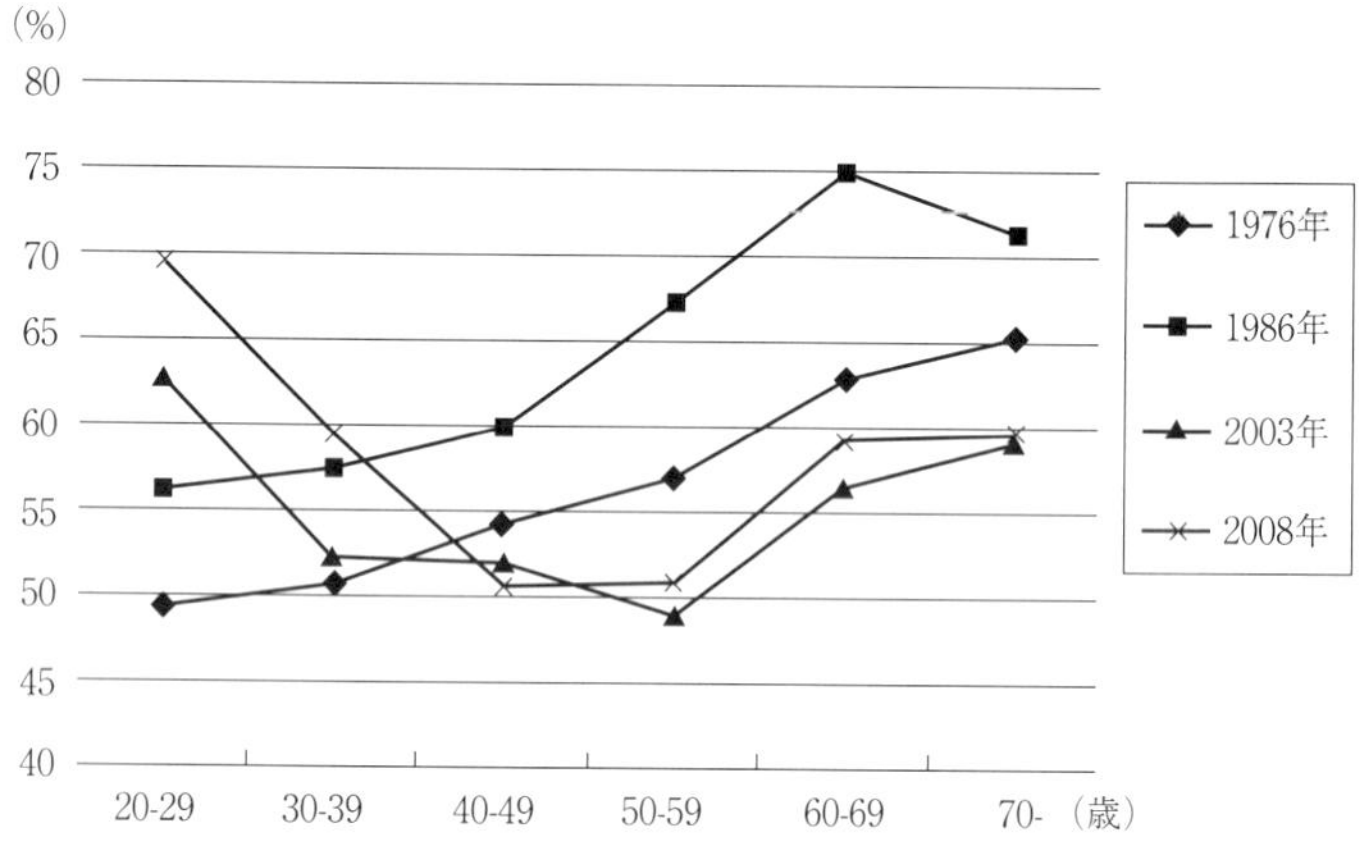

図6-1　年齢別にみた生活満足度の推移（男性）
（注）内閣府「国民生活に関する世論調査」より作成。
（出典）豊泉（2010：96）

化などによって、「幸せ」を支える生活の基盤自体が解体しているのに、そうした「「いびつな」社会構造の中で、当の若者が自分たちのことを幸せだと考える「奇妙な」安定が生まれている」（古市 2011：14）という。その一方で、古市（2011：100）は、同じ内閣府「国民生活に関する世論調査」から「日頃生活のなかで、悩みや不安を感じる」二〇代の若者が、バブルの崩壊した一九九〇年代初頭から増え始めたことに注目する。それによると、「不安がある」と答えた若者は、一九八〇年代は四割前後で推移してきたが、九〇年代半ばで「不安がない」者を上回り、リーマンショックのあった二〇〇八年には六七・三％に達しているという。また国際比較調査でも「大きなこと」（たとえば社会への満足感）を聞かれた場合、生活満足度という「小さなこと」を聞かれた場合に比べて、「不満」という回答が他国の青年に比べて多くなるという。こうした錯綜した現代青年の意識を説明するために、古市（2011）は二つの補助線ないしは仮説を用意する。一つは「若者のコンサマトリー化」仮説とでも呼ぶべきもので、もう一つは「仲間集団における相対的剥奪」仮説と呼ぶべきものである。

2 「絶望の国の幸福な若者」をめぐる二つの仮説

若者のコンサマトリー化

まず「若者のコンサマトリー化」仮説については、古市（2011：105-106）も認めるように、一九七〇年代からあった若者の意識に関する説明図式であり、村上（1975=2010）が産業社会の「病理」を問題にするなかで用いている。村上（1975=2010：85-86）は、産業社会を支えてきた「手段的合理主義」すなわち「一定の目的のために最善の結果を生むような手段」に最終的関心をはらう価値志向に対して、「行動それ自体の価値のみを考え、その生むはずの結果を全く考慮しない」志向性を「コンサマトリー」と呼んだ。それは、何らかの目的のために欲求充足を先延ばしする禁欲的・手段的な行為に対して、欲求の即時的充足を重視する価値を意味する(1)。村上（1975=2010）は、日本の産業社会が成熟する一方で、高度経済成長に陰りがみえはじめた一九七〇年代半ば、産業化を支えてきた「手段的合理主義」の価値がコンサマトリーな価値にとって代わられることで、産業社会の自壊が始まる予兆的病理が現れたことを危惧した。そして、コンサマトリー化を産業社会に対する「慢性の病」ととらえたのである。さらに、高度成長後の「虚構の時代」が終ろうという時期に、千石（1991）は『まじめの崩壊』を書き、コンサマトリー的価値で生きる若者の「仕事倫理の崩壊」を問題にした。また、当時の「荒れる学校」や「いじめ」といった教育問題まで含め、「「まじめ」

を失ってはならない」と論じた。

たしかに、日本には伝統社会で培われた農民的な禁欲倫理や刻苦勉励のエートスがあり、それが日本の近代化・産業化に果たした役割は無視することはできない。[2]本書で言うならば、戦後の「軍国少年」の立身出世主義や、集団就職をした若者の「金次郎主義」（見田 1971=1967：189）は、いずれも勤勉・努力といった非コンサマトリーな価値にもとづくものであり、それが日本の戦後復興から高度経済成長を可能にした原動力だった。それが豊かな情報消費社会がおとずれた一九八〇年代から若者にとって魅力を失っていたことはたしかであろう。これに対して、コンサマトリーとは、何らかの目的達成のために禁欲的に努力するより、「今、ここ」の「小さな」世界の幸福で充足することを重視する生き方である。したがって、この時期「新人類」という言葉が若者に冠されたのも、こうした生き方の転換なり断絶があったからであるとも考えられる。さらに、現在のロスジェネが将来に不安をもちながらも生活に満足するのは、かつての高度経済成長期のように未来の目的や夢の実現のため努力することは考えず、とりあえず「今、ここで幸せ」と感じられる若者が増えたからとも考えられる。[3]

ただし、この若者のコンサマトリー化については、「まじめ」の崩壊や勤労意欲の低下を意味するものではなく、就職もままならない不透明な未来を前に、若者が自分の現状に適応しようとした結果であるともみることができる。たとえば、轟（2001）は、一九八一年と九七年に神戸で行われた高校生の意識調査の結果を比較し、千石（1991）の議論を批判的に検討した。その結果、千石（1991）のいうような道具的・禁欲的な職業生活の忌避の進行や、学校の諸活動への取り組みの停滞はみられなかった。たしかに「学校の外での生活の方が楽しい」といった脱学校感は強まったものの、授業での充実感や学校生活の満足感は高まっていた。これは「学校離れ」がすすんだのではなく、高校生の生活領域が学校外にも広がり、「生活構造の多チャンネル化」が進んだためと解釈されている。また職業観にしても、「脱近代的な職業観＝コンサマトリー化」への傾向はみられるものの、その変化は「まじめの崩壊」というほど大きなものではなく（増加しているのは「どちらともいえない」という中間的回答である）、職業が「生きがい」という意識は根強く持続していた。ここから轟（2001）は、今の高校生に起こっているのは「まじめの崩壊＝コンサマトリー化」ではなく、見通せなくなった将来に対する「態度保留」であり、産業社会の将来の不透明さや、学校生活の価値の相対的低下に対する適応的な心理的変容が起こったに過ぎないと結論づけている。

この轟（2001）の知見を承けて、豊泉（2010）は「まじめの崩壊」言説の危険性を指摘する。彼によれば、そもそもコンサマトリー化の概念は、パーソンズ（Parsons 1964=2011）の社会システム論で用いられて以来、産業社会の価値システムを揺るがす危険性としてシステムによる馴致《じゅんち》の対象となってきた。そして、日本ではバブル崩壊の迫る年、「千石が若者のコンサマトリー化を「『まじめ』の崩壊」と言い換えて世間の関心を引き、若者の「ノン・モラル」を批判するその後のおびただしい若者論の先陣を切った」（豊泉 2010：112-113）。こうして一九七〇年代の村上（1975）から九〇年代の千石（1991）へと継承された若者のコンサマトリー化論は、この間展開されてきた新自由主義的《ネオリベラリズム》な「心の教育」を推し進める論拠となったともみることができる。こうした流れは、村上（1975）が『産業社会の病理』を書いた三年後、本書の第三章で検討した小此木（1978）が精神科医の立場から『モラトリアム人間の時代』を書くことによって、心理主義的若者論とも言うべき大きな潮流となった。この潮流には、その後、精神医学者をはじめ、心理学者、教育学者、社会学者なども加わり、若者論の主流派とも言うべき位置を占めていく。それはバブル崩壊後の若年労働市場の構造変動を棚に上げ、ロスジェネ世代の苦境の原因を、若者の「心」の問題すなわち勤勉倫理の欠如（千石 1997）や自己愛の強さ（香山 2004）などへと帰責する言説となったのである。

仲間集団における相対的剝奪

現代の若者の生活満足度の高さを説明するために、古市（2011：107-113）が提出したもう一つの仮説は、仲間集団という「小さな世界」で日常を楽しく送ることで、一種の相対的剝奪が生じ、たとえ経済的苦境に立たされても、不幸を感じにくくなる、というものである。ここでいう「相対的剝奪」とは、もともとスタウファーら（Stouffer, Samuel A., E. A. Suchman, L. C. DeVinney, S. A. Star and R. M. Williams, Jr., 1949）がアメリカ軍兵士の研究から提起した概念である。この研究のなかでスタウファーらは一見奇妙に見える現象、たとえば客観的に昇進機会の少ない憲兵隊の兵士の方が、昇進機会の多い航空隊の兵士よりも「能力のある兵士は昇進のチャンスに恵まれている」と考える傾向があるといった現象を発見した。つまり、昇進率の低い集団（憲兵隊）のほうが、昇進率の高い集団（航空隊）よりも、昇進機会に関する不満が低い、ということになる。この不可解な現象は、逆に言えば昇進率が高い集団にいると昇進への期待が過大になって、昇進率に厳しい評価を下すために不満をもつ、というメカニズムによって説明された。このメカニズムが相対的剝奪である。

古市（2011：107）は、内閣府の「平成二二年度　国民生活選好度調査」の「幸福度を判断する際、重視した項目」についての年齢層別集計より、一五〜二九歳の若者では六〇・四％が「友人関係」と答えていて、他の年齢層と比べて突出して高いことに注目する（全サンプルでは「健康状態」が六九・七％で第一位、「友人関係」は三八・五％で六番目）。そして、ここに今の若者が将来の雇用不安を抱えながらも、現在の幸福感を享受できる秘密の一つがあるとする。すなわち、「まるでムラに住む人のように、「仲間」がいる「小さな世界」で日常を送る若者たち。これこそが、現代に生きる若者たちが幸せな理由の本質である」（古市 2011：109）。それゆえ、若者は「大きな社会」には不満を抱いても、「小さな世界」に満足し、自足することになる。

「経済的問題」と「承認の問題」

古市（2011：243-253）は、自分も含めて現代の若者は、幸福の条件を「経済的問題」と「承認の問題」に分けて考えているという。そして、「経済的問題」に関しては、「パラサイト・シングル」（山田 1999）に代表されるように、日本の若者は「家族福祉」という「最強のインフラ」に庇護されているので、どんなに雇用形態や個人収入が不安定でも、親と同居している限り貧困は顕在化しない。この点で若者にとって「経済的問題」は「未来の問題」だが、「承認の問題」は「現在の問題」である。それだけに、将来の経済的な貧困よりも現在の生活に関わる承認の問題は若者にとって「わかりやすい」形で感受される。先に見たように幸福の判定基準として、若年層で身近なところで自己を承認してくれる友人が重視される理由もここにある。

さらに、古市（2011：241-251）によれば、たとえ身近なところに承認欲求を満たしてくれる友人や恋人がいなくとも、現代の若者には、それに依存しない形で承認欲求を充足してくれるツールがあるという。それがインターネットやケータイといったツール（たとえばツイッターやニコニコ動画への投稿など）である。こうしたソーシャル・メディアを使えば、承認先も分散された「お手軽な承認社会」を作ることも可能であるという。ここには、「親密圏の構造転換」（見田 2001）とでも呼ぶべき事態がある。[4] しかし、序章で取り上げたように、秋葉原無差別殺傷事件の犯人のKは、全国を転々とするなかで友人を失い、最後にたどりついた「擬似家族」ともいうべきインターネットの世界で「成りすまし」に自分のキャラを乗っ取られ、掲示板も荒らされ、「成りすまし」を「しつける」ために、秋葉原に向かったのではないだろうか。たった一つの事例から一般化することはできないが、他にも報道されるネット社会のトラブルをみる限り、ソーシャル・メディアがただちに「お手軽な承認社会」を実現するとは考えられない。

序章でも触れたように、ホネット（Honneth 1992=2003：124-174）は、現代社会では一般に三つの領域で承認を求められるという。一つめは親密な人間関係における「情緒的気づかい」―愛情や友情の獲得、二つめは「社会的価値評価」――労働の領域における「個人的業績」に対する評価、三つめは「認知的尊重」――法的圏域での個人の平等な法的権利が求められる領域である。秋葉原無差別殺傷事件の犯人のKにとっては、ネット上のトラブルという親密な領域における問題も重要であったが、その背景では労働の領域における社会的な価値評価が失われていることが問題となっていた。古市（2011：253）の主張は、現代の若者は「認知的承認」や「社会的価値評価」の剝奪を「情緒的気づかい」の領域において癒すしか選択肢はないというものであった。すなわち、

…（中略）…どんなに悪い労働環境で働いていても、どんな不安を抱いていたとしても、仲間のいるコミュニティに戻ればいいのだ。経済的な不満も、未来に感じる不安も、様々な形で提供されるコミュニティが癒《いや》してくれる。／それこそが若者が反乱を起こさない理由の一つでもあるのだけ

ど…（中略）…、他に選択肢がないんだから仕方ない。（古市　2011：253）

しかし、ホネット（Honneth 1992=2003：126–127）によれば、この三つの承認形式において、「情緒的気づかい」による承認は、他の二つの形式よりも「人格の自分自身への肯定的な関係の度合い」が低いものである。したがって、仲間集団における「癒し」は一時的なもので、より確かな肯定的アイデンティティの獲得にはたどりつくことは困難であると考えられる。この点からすると「他に選択肢がないんだから仕方ない」と諦めるのではなく、他の選択肢を探求する努力は放棄されるべきではない。

3　若者文化の再構築へ

新たな共同体へ

古市（2011）は「仲間のいるコミュニティ」に不安の解消を期待しているが、そもそも現代の若者たちの仲間集団（コミュニティ）が、「情緒的気づかい」によってアイデンティティを承認してくれるものばかりとは限らない。土井（2008）が「友だち地獄」と表現したように、現代の若者は仲間集団において「優しい関係」――葛藤や対立の回避を最優先にする対人関係――を求められるがゆえに、「薄氷を踏むような繊細さで相手の反応を察知しながら、自分の出方を決めていかなければならない緊張感がたえず漂っている」（土井 2008：9）という。そこでは周囲から浮いてしまわないよう神経を張りつめ、「空気を読む」ことで適切な同調行動をとらないと、「いじめ」の対象ともなりかねない。また、こうした息苦しい仲間集団から撤退することもできない。「教室はたとえて言えば、地雷原」という中学生の川柳にあるように、前線の「地雷」を踏まないよう細心の注意を必要とする集団である。このような仲間集団で多様なアイデンティティの表出が承認されるとは考えられない。

これに対して、ホネット（Honneth 2000=2005：384-385）は『正義の他者』の最終章「ポスト伝統的共同体——概念的提言」において、「個人の自由の実現とは自ら選んだ人生の目標を何ものにも強制されることなく実現していく過程のことであると解するならば、自己の能力や特質の価値に対する一定の確信がなければ、個人の自由の実現がうまくゆくとは考えられない」と記す。ここで「何ものにも制約されない」とは、外的な強制や影響がないだけでなく、内面的な束縛や抑制もないことであるとしたうえで、こうした自由が「他者による価値評価を通じて獲得される自己の能力や特質に対する信頼としてのみ成立しうる」としている（Honneth 2000=2005：385）。こうした信頼によって成立する集団をホネット（Honneth 2000=2005：385）は、「ポスト伝統的共同体」を呼ぶ。したがって、こうした「ポスト伝統的共同体」においては、すべての個人の自律性——そこには参加と同時に脱退の自由も含まれる——が尊重され、物理的強制を用いたり、心理的影響を与える手段を利用することなく、個人が自由に発言することを前提に相互評価と承認が行われることになる。ホネット（Honneth 2000=2005：390）によれば、こうした「ポスト伝統的共同体」が存立するためには、個別化され自律的な主体同士が自由かつ対等に価値評価できるような社会関係が前提になるという。それゆえ、そこでは「社会的価値評価をめぐる諸個人の競争が、痛みをともなうことなく、つまり軽視されたり侮蔑されたりすることなく、行われるような地平を開くことを第一義とする」（Honneth 2000=2005：391）ことになる。こうした共同体のあり方は、土井（2008）が描き出した「友だち地獄」とは対極的な位置を占めるものである。そして、こうした共同体こそ、序章で論じたように、湯浅ら（湯浅 2008，湯浅・仁平 2007：341）が〝溜め〟と呼んだ精神的余裕を生み出すことにもつながると考えられる。(5)

象徴の貧困を超えて

現代の日本の若者が社会への不満や将来への不安を抱えながらも、生活満足度を高めつつある――この奇妙な現象を説明するために古市（2011）が提出した二つの仮説、すなわちコンサマトリー化と仲間集団における相対的剥奪の仮説は、こうして現状を説明するうえで不十分であるだけでなく、新自由主義的な「心」の教育や心理主義的な若者批判を招来する危険性をもつものであった。それでは、この現象をどのように理解したらよいのだろうか。

このことを考える上で、参考になるのが、第5章でふれた「象徴の貧困」（Stiegler 2004a=2006）ではないだろうか。すなわち、スティグレール（Stiegler 2004a=2006：40）によれば、「象徴の貧困」とは、「**シンボル（象徴）の生産に参加できなくなったことに**由来する**個体化の衰退**」（太字原文）を意味する。それは、「象徴的なものがインダストリアルテクノロジーによってコントロールされるようになった」社会、彼の言う「ハイパーインダストリアル社会」に特有の現象である。現代の情報消費社会において、とくに若者は私的世界に内閉しながら、メディアから発信される消化しきれないほどの過剰な情報の波に飲み込まれている。その結果、文化産業としてのメディアが若い消費者の欲望を煽り立てるほど、逆に自らの欲望や想像を自己のものとしていく「個体化」の過程は失われていく。こうした状況では、若者は理性的な判断力や感性的な想像力、さらには連帯して社会に抵抗していく力を枯渇させていくことになる。すなわち、「……「われわれ」という感情が消滅し始めたのは、**感性的なものが産業の徹底的**

な搾取の対象となったときに端を発」し、「その搾取のただひとつの、そして支配的《ヘゲモニー》な…（中略）…目標は**消費市場の拡大**であり、ついには感じる身体、感じられる身体、欲望する身体を、ひとつの**消費する身体**…（中略）…に変えてしまう」（Stiegler 2004a=2006：54、太字原文）。

第5章でみたように、フランスの若者が「反ＣＰＥ（初期雇用契約）法案運動」によって法案を撤回させ、自らの雇用を守ることができたのは、樫村（2007）によれば、フランスにおいては若い世代に抵抗運動に参加する政治文化があったからである。つまり「プレカリテへの抵抗の可能性は、その社会がもつ文化資源や政治文化にかかっている」（樫村 2007：55）。これに対して、日本の若者が抵抗運動を行うのではなく、身近な仲間集団に引きこもることが多いのは、一九八〇年代以降の情報消費社会のなかで、政治文化を欠落させていったことによるものである。(6)今日の若者が、将来に対する不安や社会への不満をかかえながらも現状に満足してしまうのは、あふれる情報がもたらす「象徴の貧困」のなかで、自己の置かれた「小さな」状況と、「大きな」社会の動きを結びつける想像力を欠落させていったことにも一因がある。実際、スティグレール（Stiegler 2004a=2006：2）は、日本の「おたく」や「ひきこもり」もまた「象徴の貧困」によって生じた「個体化の衰退」の結末であると指摘する。それは、彼らが自分ならびに他者への「愛着を失い無関心になること」ひいては個人が「廃されてしまうこと」に通じるからである。こうした「象徴の貧困」による自己の喪失や個体化の衰退は、世界的に子どもや若者に顕著に見られるが、しかし、それを若者の心的障害としてしまうことで、「それらが実は社会の病的な在り方の恥ずべき結果なのだということが覆い隠されてしま」（Stiegler 2004a=2006：4）うという。したがって、現代の若者は、自己破壊的になり、個人の本源的ナルシズムを破壊するという意味で自己破壊的な資本主義社会が病んでいることの被害を被っているに過ぎない。樫村（2007：57）によれば、ひきこもっている子どもの声は「存在としての叫び」であるにもかかわらず、それは生産至上主義の社会のなかで「怠惰」や「病気」としてとらえられてしまう。そして、彼らが自己承認できる象徴的なものが枯渇している場合、その生の尊厳と固有性が奪われることになる。

しかも「どのような政治も常に象徴…（中略）…の政治」（Stiegler 2004b=2009：153）であり、「感性の問題と政治の問題そして産業の問題は一体をなしている」（Stiegler 2004a=2006：31）と考えるスティグレールにとっては、「象徴の貧困」は政治の領域にも及び、政治的な理念を枯渇させ、シニシズムを蔓《まん》延《えん》させるものである。「政治的なものを問うとは感性的なものを問うことであり、逆もまた同様、つまり感性的なものの問いは政治的なものの問いである」。さらに政治は「共に感じること、**共-感** sym-pathie における他者との関係を問うこと」であり、政治的な問題とは「いかに共にあるか、共に生きるかを知ること」である。そのためには、「個々の特異性（個々の「違い」よりさらに深いところ）から始めて、それを通じ、個々の利害の衝突を超えて」合意を得ようとすることだという（Stiegler 2004a=2006：20-21、太字原文）。ここには、ホネット（Honneth 2000=2005：384-385）のいう「ポスト伝統的共同体」に通底する社会関係がある。すなわち、個人の感性の自律性が尊重され、それに物理的強制や心理的影響を与えることなく、個人が自由に発言することを前提に相互評価と承認が行われる政治的な共同体である。

批判・対抗・協同の文化

ところが、「象徴の貧困」のもとでは、若者は政治に対する関心を失い、連帯して社会に対抗する力も失っていく。実際、熊沢（熊沢 2010：237-281）もまたバブル崩壊後の日本の若者が、「批判・対抗・協同の文化」を欠いたまま「無防備に」労働世界に送り込まれているという。[7] ここでいう「無防備に」という意味は、「企業の要請を批判し、なかまと協同してそれに対抗しようとする思想、あるいはせめてそれをやりすごすすべ」を欠いたまま（熊沢 2010：280）、という意味である。たしかに現代の若者は、第4章で論じた八〇年代の「新人類」以来、主観的には団塊の世代の「旧人類」にみられる「猛烈社員」「会社人間」意識からは自由であった（海上 2009）。しかし、この八〇年代に始まった情報消費文化のなかで社会や政治への関心を失い、「批判・対抗・共同」の政治文化を身につける機会を失っていった。また、この間、従来の社会運動や政治運動は総じて退潮していたので、若者に「批判・対抗・協同の文化」を育成する力量を失っていた（熊沢 2010：281）。実際、第4章の分析で明らかになったように、「情報コンシャスネス」は政治的認知能力を高めてはいたが、「エリート対抗的な政治参加志向」には結びついていなかった。

熊沢（2006：164-173）自身は、こうした「批判・対抗・協同の文化」を再構築するために、学校教育――主として熊沢（2007）が念頭においているのは高校の教育課程であるが――においては、「既存の職業に順応するばかりでなく、その職業で生活を守りながら、既存の仕事内容や労働条件に現れる階層性そのものをできるだけ克服できるような職業の学び」を実現できる「職業教育総論」がまず必要であると提案する。具体的には高校の総合学科で実施されている「産業社会と人間」といった科目を、普通科や職業科（専門高校）でも実施することを主張している。そこで学ばれるべき事柄としては、熊沢（2006：165-168）は次の四点をあげる。

①まず社会の分業構造においてどんな仕事がどのような比率であり、それぞれの仕事がどんな社会的役

割を果たし、どのような職業倫理が社会的に要請されているか。
②働く人々がこうした仕事にどのようなやりがいを感じているか。またそれと同時に仕事のもつ「しんどさ」についても教える。
③その「しんどさ」をどのようにして同じ職場・仕事・地域で働くなかまと協同して改善していくことができるか。これについて学ぶためには、労働関係法規（労働基本法、労働組合法のほか労働者派遣法、男女雇用機会均等法などが含まれる）に加えて雇用・年金・医療保険などの社会保障の仕組み、労働運動や社会運動の歴史などが含まれる。
④どんな職業に就くにせよ、職業人一般に要請される教養すなわち消費者教育、金融教育、司法教育、政治参加、メディアリテラシー、環境教育などを学ぶ。

このうち②と③は、熊沢（2010：280）のいう「批判・対抗・協同の文化」の創造の核をなすものであると言える。こうした「職業教育総論」をふまえて、熊沢（2006：168-171）は、さらにそれぞれの職業分野に分かれた知識・技能を「職業教育各論」で学ぶ必要があるという。とくにグローバリゼーションに伴う経済活動の変動に柔軟に対応できる「多能的な知識と技能」を身につけることは、「若者たちにはじめに与えられた単純な職務の内を、裁量権のより大きい「おもしろい」営みに変えていく力の基礎」となるとされる。(8)

「教育の職業的意義」と若者文化の行方

同様の職業教育の構想は、本田（2009）のいう「教育の職業的意義」という概念にも見出すことができる。本田（2009：11）は、日本の職業教育が学校よりも企業内教育に任されているうえに、とくに非正規雇用の若者が職場でも仕事の能力を身につける機会を剝奪されている現状に鑑み、学校教育の職業的意義を高める必要性を訴える。そのなかで、職業世界に入る前の若者に必要な知識として、①働く者すべてが身につけるべき労働に関する基本的知識、②個々の職業分野に即した知識・スキル、をあげる。このうち①は熊沢（2006：164-173）のいう「職業教育総論」に、②は「職業教育各論」とおおむね対応する。そして、①は働かせる側（企業など）がしばしば理不尽な力で要求を押し付けてくる力に、法律や交渉などの適切な手段を通じて〈抵抗〉する手段となり、②は働く側が仕事の世界からの要求に〈適応〉するための手段として位置づけられている、本田（2009：11-12）によると、この両者のバランスの上で働く者が力を発揮していくことが重要であるという。

たしかに、一九九〇年代以降、フリーターなど非正規雇用で働く若者の増大によって、文部科学省から「キャリア教育」の必要性が提起されてきた。しかし、同省が示した小中学校向けのキャリア教育の『てびき』の内容を検討した森岡（2011：153-155）によれば、そこで強調されているのは、雇用の多様化と流動化のもと職業生活に〈適応〉するための能力であり、労働法などに関する労働知識[9]をもとに企業に〈抵抗〉するという項目は見当たらないという。「要するに、小学校生活に適応するところから始まって、一人一人が勤労観・職業観を育んで主体的に選択した結果である職業生活に適応する能力を培うことが、文科省のいう…（中略）…キャリア教育の主要課題だということである」（森岡 2011：154-155　傍点原文）。さらに、こうした「キャリア教育」は実際に若者の進路意識に対して、それが本来の意図していたような好ましい変化をもたらしていないことを、本田（2009：145-151）は Benesse 教育研究開発センターやリクルート社が実施した調査から読み取っている。それによると、「キャリア教育」が本格化した二〇〇〇年代になると、若者の間で「やりたいことがわからない」という不安を募らせる者が増える一方で、やりたいことが見つかった者では、「それが実現できるかわからない」という不安が高まっているという。この点で「キャリア教育」は、「若者の「勤労観・職業観」や「汎用的・基礎的能力」を高めるという政策的意図に沿った結果をもたらすよりも、そうしたプレッシャーのみを強めることによって、むしろ若者の不安や混乱を増大させた可能性が強い」（本田 2009：155）。そこには、新自由主義的な教育観にたって将来の「自己決定」を性急に強要する一方で、職業生活への〈適応〉ばかり求め、場合によってはそれに〈対抗〉できること、そのための法的資源や連帯という道があることを教えない「キャリア教育」の保守性が見え隠れする。

こうした現行の「キャリア教育」を転換し、「批判・対抗・協同の文化」にもとづく職業教育を構築していくこと――このことこそ現代の教育に課せられた大きな課題ではないだろうか。とりわけ、熊沢（2010：280）のいう「批判・対抗・協同の分化」、あるいは本田の「教育の職業的意義」に〈適応〉と同時に〈抵抗〉という契機が含まれていることは、今後の若者文化の行方を考える上でも傾聴に値する。

一九八〇年代以降の若者文化が、スティグレール（Stiegler 2004a=2006）の言うように、情報消費社会のなかでかえって「象徴の貧困」を招き、若者の「個体化」を衰退させてきたとするならば、改めて消費の場から生産＝労働の場に立ち戻って、若者文化のあり方を再考してみる必要がある。というのも、一九九〇年代初頭のバブル崩壊以降、労働の問題が再びアイデンティティの中核的な問題となってきており（浅野 2009a：12-13）、ホネット（Honneth 2000=2005）流に言うなら存在の社会的評価という形で承認を獲得するうえで不可欠なものとなっているからである。このことは若者の政治文化の再構築にとっても重要な意味をもつ。たとえば本田（2009）の「教育の職業的意義」でいう「柔軟な専門性」は、自分の専門領域を核として関心領域を広げ、政治的関心や政治参加意欲にもつながるという。すなわち、本田（2009：186）は、専門高校（職業科）の生徒の調査から、自分の専門分野の有用性を感じている者ほど、政治意識や社会変革意識が高いことを明らかにした。ここから本田（2009：173-177）は、セネット（Sennett 2006=2008）やバウマン（Bauman 1998=2008）を引きながら、「職人技」「職人の倫理」といった労働＝生産にかかわる事柄を復権させることが、近代資本主義社会が解体した社会的に承認されることの意義を取り戻すことにつながるとしている。

職業労働は人間にとって生涯もっとも時間をかける活動であるとともに、社会や他者と関わる行為である。それゆえ、かつて尾高（1953）は、職業の三要素として、個性の発揮、役割の実現、そして生計の維持をあげたうえで、職業とは「個人と社会を結び付けるもの」と書いた。したがって、職業生活を通じて「社会的価値評価」を受けることは、個人のアイデンティティの核心をなすとみてよい。もちろん身近な集団による「情緒的気づかい」による承認も、若者を「癒す」ことだろうが、流動化し分断された労働市場に無防備で参入するのではなく、確かな労働知識をもって若者の労働市場参入が可能になる道を用意することこそ、現代の教育の課題といえるだろう。

注

（1）こうしたコンサマトリー概念は、パーソンズ（1964=2011）が、リースマン（Riesman1961=1964）の社会的性格論における「他人志向型」を批判的に検討するなかからうまれた。これについては、豊泉（2010：

109-112）を参照。

（２）たとえば第３章でも触れたように、戦前期の日本のエリート文化であった教養主義の背後にも農民的な刻苦勉励型の努力志向があったとされる。竹内（2003, 2005）によれば、日本の近代化は、「経済」が「政治」に従属した形で「上からの」資本主義化として達成された。そして、学校教育を通じて西洋的教養を身につけ、「官途」につくことが「成功」すなわち「立身出世」とみなされたのである（竹内 2003, 2005）。したがって、明治期を通じて、農村出身（ただし、上農層出身者が中心となる）の子弟が都市部の高等教育機関に進学し、そこで西洋文化を身につけることによって、地位達成を実現するというルートが確立された。その結果、日本のエリート学生文化の特徴である「教養主義」（とりわけ旧制高校にみられた教養主義）は、竹内（2003）も指摘するように、農民的な「刻苦勉励」を通じて西洋的教養を身につけ、大衆との差異化をはかり、地位達成につなげるという文化戦略の表れとみなすこともできる。他方、高等教育における「教養」の習得という制度的ルートを利用した立身出世が、エリート層の地位達成の実現であったのに対して、庶民階層においては、二宮金次郎が修身の教科書であったことにみられるように、地域や職場集団における刻苦勉励型の修養主義すなわち「金次郎主義」（見田 1971）が立身出世の手段であった。このようにエリート文化における「教養主義」も、庶民文化における「修養主義」も、ともに農民的な刻苦勉励型の勉学・職業倫理を基盤としていた点で、両者には共通性がある。筒井（1995）も指摘するように、そもそも日本における教養主義は、修養主義における人格主義すなわち鍛錬・努力による人格の陶冶をその起源としていたのである。

（３）こうして現代の若者が長期的視野を欠き、現在志向的になってきたことは、関西の大学生を二五年間にわたって継続的に調査してきた片桐（2014）によっても指摘されている。片桐（2014）は、とくに今の若者は日本が不幸な国だとは思っていないとしたうえで、「ただ、未来が見えない、自分たちの暮らしがもっとよくなっていくという確信が持てないという漠然とした不安感は存在する。若者たちは、見えない未来を考えて落ち込むより、それなりに幸せな今だけを見ながら暮らして行こうという思いを持ちやすい時代になっている」（片桐 2014：196）としている。

（4）この「親密性の構造転換」について、見田（2001）は次のように述べる。一九六〇年代の日本は、本書第2章で触れたように、地方の共同体の解体のうえに、都市に流入した「家郷喪失者《ハイマーロスト》」の若者たちの不安と孤独とを推力として、高度経済成長を実現した。「家郷」とは「人間の生の物質的な拠り所（生活の共同体）」であるだけでなく、「その生の精神的な拠り所〈愛情の共同体〉」（見田 2001：3）でもある。この二重の「根拠」を、人々は市場経済システムと近代核家族という絶妙の組み合わせをもって都市で再建した。しかし、二〇〇〇年代を迎え、見田（2001）は近代核家族という〈限界の共同体〉がもう一度解体してゆく兆候をみる。たとえば、一九九九年に自死したネットアイドルのネット上の〈公開日記〉が、彼女の見いだした「アイデンティティーの存在の形式」であったにもかかわらず、死に至るまでその存在を家族に知られることはなかった。「家族はこの新しい親密圏の、他者である。世界に向かって開かれてゆく共同体の、他者である」。こうして家族がアイデンティティの根拠とならなくなった時、「新しく限定され／普遍化されたコミュニケーションの媒体」として立ち現れるのは、インターネットに代表される「情報のテクノロジー」である。ここに「親密性の構造転換」がある。「電子メィアのネットワークは、このように完成され純化された近代のシステムの、外化され物象化された共同体である」（見田 2001：5）。

（５）　こうした「共同体」に関して、ピースボートに乗り込んだ若者の参与観察にもとづく研究において、古市（2010）は否定的な見解を述べる。彼もまたホネットへのインタビュー（Petersen and Willig 2002）から、ホネットが流動的な後期近代において持続的な承認を供給するものとして、「リスペクト・カウンターカルチャー」の可能性を示唆していることに触れる。そして「恒常性」に関する樫村（2007）の議論や、それを展開した鈴木（2008）の概念などを援用して、「承認の共同体」という視点から、ピースボートに乗り込んだ若者たちの調査を行った。その結果、古市（2010：46）は、「承認の共同体」が社会を変革するというホネットとの想定とは異なり、ある種の「逆機能」すなわち「「共同性」が「目的性」を「冷却」させて」しまうことを発見する。換言すれば、集団目的の実現に邁進《まいしん》している若者も、居心地の良い共同体が「居場所化」することで、当初の目的を「あきらめてしまう」というのである。この結論に対して、本田（2010：296–302）は二つの点で違和感を表明する。一つは、ピースボートの若者たちが何を「あきらめた」のかが多義的で曖昧なこと、二つめはピースボートという「承認の共同体」が若者を「あきらめさせる」メカニズムがあきらかにされていないことである。そして、三つめには、古市（2010）が称揚するコンサマトリーな生き方、すなわち生活費がなくとも「仲間とそこそこ楽しく暮らして」いくという生き方が、社会の変革を他人任せにする「フリーライダー（ただ乗り）的発想」であり、倫理的にも問題があるし、実利的にも持続可能ではないと本田（2008：301–302）は批判する。

（６）　既存の社会への「対抗性」「下位性」という観点から、戦後の若者文化の歴史をたどった山田真茂留（2009：74–82）によれば、日本の若者文化は、終戦直後、労働運動への参入にみられる反体制的な志向によってまず「対抗性」を獲得し、一九五〇年代半ば以降の「族」（「太陽族」「みゆき族」など）の登場によって文化的な「下位性」を獲得した。そして、団塊の世代の登場によって、この「対抗性」と「下位性」が混交するなかで、一九六〇年代末の学生叛乱が生じたとみる。しかし、この団塊の世代が「対抗性」を保持したまま成人して産業社会に参入すると、彼らの手によって「対抗性」は商品化され（Gパンやロックミュージックなど）、「聖-俗-遊図式」でいえば、「遊」が肥大化し、「俗」と結託するようになった。そうしたなかで一九八〇年代には、新人類の記号的消費が生まれた。しかし、その後の九〇年代以降は「記号的差異との戯れ」に倦んだ若者たちは、「ある種の脱力感をもって身近な関係性へと閉じこも」り、対抗性や下位性をもった集合的な文化やアイデンティティを示すことはなくなった。「下位性として命脈を保ってきた若者文化は、ここにきて静かな終焉を迎えた」（山田 2009：300）という。

（7）実際、第5章の注（4）でも述べたように、二〇〇七年SSM若年層郵送調査（対象者満一八歳から三五歳の男女）でも、労働基準法によって、有給休暇の取得が認められているはずの正規雇用者のうちでも、専門職の二六・四％、ホワイトカラーの一五・二％、ブルーカラーの二九・六％の者が、有給休暇制度が職場に「ない」と答えていた。

（8）「職業教育各論」の内容について、熊沢（2006）はこれ以上、詳しい提案をしていないが、本田（2009：204）は、熊沢（2006）の構想を承けて、本田（2009）のいう「柔軟な専門性」を身につける上で「職業教育各論」で学ばれるべき項目として、次の六項目をあげている。すなわち、①当該分野が人々の生活にとってもつ意味と重要性、従事する者の責任と倫理　②当該分野に関する基本的な理論と概念　③当該分野に関する実践的な手法と技能　④当該分野の歴史的な展開過程と世界的な布置　⑤当該分野の抱える課題と将来展望　⑥当該分野と隣接・関連する諸分野の梗概。

（9）　森岡孝二（2011：159-178）自身は、就職に求められるスキルを「ハードなスキル」と「ソフトなスキル」に分けて図式化している。それによると、ソフトのスキル（社会常識）を基盤として、三つのハードなスキルすなわち、①ハードなスキル1：教養や語学力などからなる「基礎知識」、②ハードなスキル2：特定の産業や職業で求められる「専門知識」、③ハードなスキル3：労働基準法や職業安定法などに記された労働者の権利に関する「労働知識」である。このうち③の「労働知識」が労働者が企業に〈抵抗〉するための資源となると考えられる。

このようなモノグラフ的スタイルの本の場合、入門書やさらに知識を深める図書をあげるというのは難しい。そこで、各章ごとにとりあげた研究書を中心にテーマごとの解題を試み、若干の追加文献を紹介することで、文献案内に代えたい。

若者の犯罪の背後にある「まなざし」の変容

まず、序章では、戦後の日本社会における若者をめぐる言説と研究の変遷を扱った。その際、手がかりとしたのは、一九六〇年代と二〇〇〇年代を象徴する二つの殺人事件であった。まず一九六八年のN・Nによる連続殺人事件については、今や戦後社会学の古典とも言える**見田宗介「まなざしの地獄——都市社会学への試論」**（初出は『展望』一九七三年五月号、その後、**見田宗介『現代社会の社会意識』弘文堂**に収録されて出版、さらに二〇〇八年に大澤真幸の解説を付して『**まなざしの地獄——尽きなく生きることの社会学』河出書房新社**として再版された）。このなかで見田はN・Nの獄中手記などをもとに、この犯罪の背後にあった高度成長期の歪みや不条理、そのなかで「尽きなく生きること」の意味を明るみに出そうとした。この本が再版された二〇〇八年に奇しくも起こったのが、Kによる秋葉原無差別殺傷事件であった。序章でも触れたように、大澤は再版された『まなざしの地獄』の解説で、二つの事件の表面的な類似性の裏側にある対照性――N・Nが都会の「まなざし」を恐れたのに対し、Kが求めたのはネット空間の「まなざし」であったこと――を指摘した。Kによる犯罪をめぐっては、大澤はさらに『**アキハバラ発――〈〇〇年代〉への問い**』（**岩波書店、二〇〇八**）というアンソロジーを編み、最終章の座談会「〈承認〉を渇望する時代の中で」（大澤・平野啓一郎・本田由紀）において、現代の非正規労働者の問題は、貧困や不安定就労といった「経済的問題」を超えて、「存在の承認」の問題となったことを論じた。本書では、この『アキハバラ発』からは、この座談会を紹介しただけであるが、社会学者では土井隆義、佐藤俊樹、中西新太郎、内田隆三、浅野智彦がそれぞれの視点からこの事件を論じている。さらに、「存在の承認としてのアイデンティティ」の問題はまた、ドイツの社会学者で現代フランクフルト学派を代表する**A・ホネット**「**〈存在を否認されること〉が持つ社会的な力**」（『**正義の他者――実践哲学論集**』**法政大学出版局、二〇〇五**）における社会的価値評価――労働の領域における「個人的業績」に対する社会的評価の問題とも重なっていた。その後、序論では、三つの時期（戦後若者論の端緒としての一九七〇年代、情報消費社会のなかで若者が論じられた一九八〇年代、バブル経済崩壊後の若年労働市場と若者の就労に関心が集まった一九九〇年代以降）を概観したが、文献は序論本文を参照されたい。

軍国少年の立身出世主義

次いで、本論第Ⅰ部「戦前・戦後から高度成長の終焉へ」の前半は、「軍国少年たちの戦前・戦後」を扱った。これは一九七五年のSSM調査でアスピレーションの分析をした**中山慶子・小島秀夫**「**教育**

アスピレーションと職業アスピレーション」（富永健一編『日本の階層構造』東京大学出版会、一九七九）の再分析ともいえる論考である。従来、軍人をめぐっては、戦争体験者たとえば森岡清美などによって研究が行われてきた。森岡は戦争末期の特攻隊員の遺書や手記を分析し、**『決死の世代と遺書――太平洋戦争末期の若者の生と死［補訂版］』**（吉川弘文館、一九九三）や**『若き特攻隊員と太平洋戦争――その手記と群像』**（吉川弘文館、二〇一一）などをまとめてきた。その一方で、戦後世代の歴史社会学者・広田照幸が**『陸軍将校の教育社会史――立身出世と天皇制』**（世織書房、一九九七）で軍事エリートの養成課程の分析を行った。この浩瀚《こうかん》な研究によれば、軍事エリートたちは単に「天皇制イデオロギー」を内面化していたのではなく、陸士教育によって「反集団的性格を除去した立身出世アスピレーション」が国家への「奉公＝孝行＝出世という同値化によって、立身出世を積極的に肯定する心理構造の形成へと導かれていった」（三〇八ページ）ことが明らかにされた。この点で、広田の研究は、従来の旧日本軍観の転換を迫る画期的な研究であった。また、兵役で入隊した兵士の研究としては、戦場における日本とアメリカの兵士の行動の差異を考察した**河野仁『〈玉砕〉の軍隊、〈生還〉の軍隊――日米兵士が見た太平洋戦争』**（講談社、二〇〇一）がある。河野は日米の戦争体験者への聞き取りを中心に、降伏を「恥」とする日本兵と、「名誉」ととらえるアメリカ兵の違いを比較文化論的観点から論じている。さらに、二〇〇九年には、社会学者、歴史学者、人類学者などによって戦争社会学研究会が設立され、その成果の一部は、**野上元・福間良明編『戦争社会学ブックガイド――現代世界を読み解く１３２冊』**（創元社、二〇一二）、**福間良明ほか『戦争社会学の構想――制度・体験・メディア』**（勉誠出版、二〇一三）として公刊されている。また関西学院大学先端社会研究所でも戦争とその社会的影響に関する研究がなされ、叢書「戦争が生み出す社会」として**荻野昌弘『戦後社会の変動と記憶』**（二〇一三）、**島村恭則『引揚者の戦後』**（二〇一三）、**難波功士『米軍基地文化』**（二〇一四、いずれも新曜社）が刊行されている。

若者を都会に送った高度成長期のシステム

これに対して、第2章で扱った集団就職については、**加瀬和俊『集団就職の時代——高度成長のにない手たち』**（青木書店、一九九七）が統計資料も駆使してその全体像を明らかにしている。また集団就職の只中ともいえる一九五四（昭和二九）年から六三（同三八）年に岩手県の三つの中学校から集団就職した若者を追跡した労作である**小川利夫・高沢武司編『集団就職——その追跡研究』**（明治図書出版、一九六七）も二〇〇一年に日本図書センターから復刊されている。さらに、この高度経済成長期の集団就職を通じて、強力な職業安定行政の指導のもと学校と企業の「制度的リンケージ」が形成され、新規学卒一括就職という日本的就職システムが成立している。その経緯については、本書でも触れた**苅谷剛彦・菅山真次・石田浩編『学校・職安と労働市場——戦後新規学卒市場の制度化過程』**（東京大学出版会、二〇〇〇）および**菅山真次『「就社」社会の誕生——ホワイトカラーからブルーカラーへ』**（名古屋大学出版会、二〇一一）で詳細な分析がなされている。この高度経済成長期には、所得の上昇だけでなく平準化も進んでいるが、これについては**橋本健二『「格差」の戦後史——階級社会 日本の履歴書［増補新版］』**（河出書房新社、二〇一三）で触れられている（なお、同書は、［増補新版］がでたとき新たに補章2として「戦後史のなかの若者の貧困」が書き加えられ、戦後でも時期によって若者の貧困の様相が異なっていたことが、SSM調査における個人所得の分析から論じられている）。

若者の虚像の始まりとしての「モラトリアム人間論」

続く第Ⅱ部「新人類の時代から「失われた二〇年」へ」の最初の章で論じたのは、大衆教育社会におけるモラトリアムの制度化であった。このうち大衆教育社会の成立については、**苅谷剛彦『大衆教育社会のゆくえ――学歴主義と平等神話の戦後史』**（**中央公論社、一九九五**）において分かりやすく論じられている。この時期、大衆的規模で進学率が上昇することで、学歴インフレが生じたが、この点については**潮木守一『学歴社会の転換』**（**東京大学出版会、一九七八**）が学歴収益率の国際比較など教育経済学の知見も交え考察を加えている。この時期、二度わたる石油ショックによって高度経済成長は終焉を迎える一方、大学を卒業した団塊の世代が就職期を迎えた。低成長時代を迎えて企業が減量経営＝新規採用人事の絞込みをするなかで、労働市場には高学歴化によって大量の大卒労働者が供給された。この労働市場の需給バランスの崩壊が、大量の就職留年・浪人を生むことになった。こうした若者をアメリカの精神分析学者E・H・エリクソンの理論を換骨奪胎《かんこつだったい》して「モラトリアム人間」とよび、世間の注目を集めたのが**小此木啓吾『モラトリアム人間の時代』**（**中央公論社、一九七八**）であった。この言葉は当時の若者を語るものとしてもてはやされたが、その一方で若者を取り巻く経済状況の悪化を軽視して「無気力で就職も決められない」若者像をメディアを通じて広め、若者の苦境をその心理に帰責するという心理主義的若者論の嚆矢《こうし》ともなった。

アイデンティティと遊戯性

その一方でエリクソンの *Identity : youth and crisis* が**『アイデンティティ――青年と危機』**（**北望社**の

ち金沢文庫）として一九六九＝一九七三年に訳される。最初の訳書名が『主体性』であったことからもわかるように、この時期、日本の知識人を捉えていた実存主義の文脈でエリクソンが受容された面もある。このことは、社会学においてエリクソンを援用した**栗原彬『やさしさのゆくえ＝現代青年論』（筑摩書房、一九八一）**からもうかがえる。栗原によれば一九七〇年代の「やさしさ」の世代は産業社会の豊かさを享受しながらも、その社会に参入するために過酷な受験競争を経験している。このため彼らのなかからは、産業者会の競争原理を忌避して、他者との共同性や弱者への共感を重視する「やさしさ」が生まれてくる。この点で「やさしさ」は産業社会が「逆説的に生み出したもの」（一五三ページ）であったという。

この産業社会批判という文脈で、栗原と並んで、一九七〇年代の青年論を嚮導《きょうどう》したのは、**井上俊『遊びの社会学』（世界思想社、一九七七）**であった。彼は**J・ホイジンガ『ホモ・ルーデンス――人類文化と遊戯』（中央公論社、一九七一）**、**R・カイヨワ『遊びと人間』（岩波書店、一九七〇）**や**E・デュルケーム『宗教生活の原初形態』（岩波書店、一九七五）**の「遊び」の議論や聖俗理論をもとに、「俗」を相対化し、そこから離脱する方向として、伝統的な「聖」の方向と、現代的な「遊」の方向があるとした。現代社会からの若者の離脱は「遊」の方向にあり、「遊戯性」は青年文化においては、競争的な産業社会や管理社会からの防衛機制になっているという。この「遊」の機能は、エリクソンのモラトリアム概念にも通底している。エリクソンによれば、青年はアイデンティティを確立するために、モラトリアムのなかで実験的にさまざまな役割を試行してみる。これは一種の「社会的な遊び」であり、幼児期の遊び――心的葛藤を遊びに投影し、自由に遊べる空間でその葛藤を処理した上で、現実世界の問題に再び立ち向かうという遊び——を発生的に引き継ぐものである。井上自身も、「青年期における「離脱」の傾向とアイデンティティ形成の問題は深く関連してくる」（一七二―一七三ページ）と述べる。というのも、青年は「離脱」をつうじて「俗」や「聖」だけでなく「遊」も含む生の全体像を相互関連的に体験することなくして、パーソナリティを全体的に統合することが困難であるからだ。こうして遊びという現実からの離脱による葛藤の解決や現実の相対化に着目するという点で、両者の理論は通底しているとみることができる。

情報消費社会の新人類とおたく

続く第4章では「新人類の情報格差《デジタルデバイド》」をとりあげた。一九七〇年代には「未決意識」を抱えて彷徨う「モラトリアム人間」と揶揄《やゆ》されてきた「青年」は、情報消費社会において一躍、情報機器を携えて社会の先端を行く「情報新人類」（**逢沢明『情報新人類の挑戦——コンピュータ社会の成熟へ向けて』**光文社、一九九一）と呼ばれるようになる。同様に若者を情報化との関わりで「新人類」と規定したものには、**中野収『若者文化の記号論——感性時代のヒーロー・ウォッチング』**（PHP研究所、一九八五）、**成田康昭『「高感度人間」を解読する』**（講談社、一九八六）、**野田正彰『コンピュータ新人類の研究』**（文藝春秋、一九八七）、**吉成真由美『新人類の誕生——「トランスポゾン世代」は何を考えているか』**（TBSブリタニカ、一九八五）、などがある。本文でも触れたように「情報新人類」に対する評価には、肯定・否定の両面的評価が相半ばしたが、八〇年代後半には前者の評価が優位に立ち、「理解はできないが将来性がある」という評価に収斂していった。ところが、一九八九年に起こった連続幼女殺人事件を契機に、メディアは「情報新人類」に今度は「おたく（オタク）」というラベリングをし、その否定的側面を強調し始める。とくにM元死刑囚が個室に閉じこもり、ビデオとコミックに囲まれた生活をしていたことから、生身の人間とのコミュニケーション能力を欠き、現実と虚構の区別がつかないまま、理解不能で異常な犯行に及んだと、メディアによって喧伝された。こうした「おたく（オタク）」に関する議論としては、**中島梓「コミュニケーション不全症候群」**（筑摩書房、一九九一）、**宮台真司「新人類とオタクの世紀末を解く」**（『中央公論』一九九〇年一一月号）、**同「続：新人類とオタクの世紀末を解く」**（『中央公論』一九九〇年一二月号）（ともに宮台真司『制服少女たちの選択』講談社、一九九四に収録）、**大塚英志『「おたく」の精神史――一九八〇年代論』**（講談社、二〇〇四）などがある。このうち、中島の論考は本書の序論で、また宮台の議論は第4章で詳細に論及したので、ここではその内容紹介は割愛する。大塚の論考は、一九九七年から二〇〇〇年にかけて『諸君！』に連載されたものである。著者は一九八〇年代当時、「おたく文化」の発祥地でもあったマンガ雑誌の編集者や原作者をつとめ、連続幼女殺人事件に際しては「おたく」の命名者とされる中森明夫との対談のなかでサブカルチャーが事件を誘発したかのように決めつけるメディアの風潮に異議を唱え、M元死刑囚の一審では特別弁護人を務めている。いわば「おたく（オタク）」現象に寄り添ってきた著者なりの証言や考察が述べられている。

情報化から政治そして公共圏へ

この事件が起こった一九八九年はまた、ベルリンの壁が打ち壊され、日本政治の「五五年体制」も崩壊した政治の転機でもある。このうち「五五年体制」崩壊後の政治参加の様式については、本書では、

R・イングルハート『カルチャーシフトと政治変動』（東洋経済新報社、一九九三）と**遠藤薫「情報コンシャスネスとオルトエリート」**（今田高俊編『日本の階層システム5　社会階層のポストモダン』東京大学出版会、二〇〇〇）をもとに検討している。遠藤によれば、情報コンシャスな人々は、イングルハートのいう「脱物質主義的志向」をもっており、またその社会意識の特徴から「オルトエリート」——潜在的にはエリート層になる能力をもちながら、その能力が社会的に評価されないという地位不安を抱える対抗的エリートであるとした。しかし、第4章の分析からみて、情報コンシャスネスは政治的認知能力を高めていたが、当時はまだエリート対抗的な政治参加志向と結びついてはいなかった。けれども、やがてインターネットが普及するなかで、情報技術を基盤とした新しい公共圏の創出を展望できるようになりつつある。一九九五年の阪神大震災から二〇一一年の東日本大震災に至る間に情報機器は市民に浸透し、災害ボランティアの組織化に力を発揮するようになった。こうした情報社会における新たな公共圏の創出や災害時の情報インフラの機能については、遠藤自身の**『メディアは大震災・原発事故をどう語ったか——報道・ネット・ドキュメンタリーを検証する』**（東京電機大学出版局、二〇一二）をはじめ、**干川剛史『公共圏とデジタル・ネットワーキング』**（法律文化社、二〇〇三）、**吉田純『インターネット空間の社会学——情報ネットワーク社会と公共圏』**（世界思想社、二〇〇〇）などで論じられている。

ワークライフバランスを求めて

他方、第5章「もう一つのロスジェネ」では、バブル経済が崩壊した一九九〇年代初頭以降、非正規雇用が増大する中で、絞り込まれた正規雇用者が長時間労働を強いられ、ワークライフバランスを失っていることに光を当てた。現代の若者は、所得や就労の面だけでなく、労働時間の面でも二極化しているのである。この点については、労働経済学者の**森岡孝二『働きすぎの時代』**（岩波書店、二〇〇五）、**熊沢誠『若者が働くとき――「使い捨てられ」も「燃えつき」もせず』**（ミネルヴァ書房、二〇〇六）で詳説されている。また、ワークライフバランスについては、本書で引用した**山口一男『ワークライフバランス――実証と政策提言』**（日本経済新聞出版社、二〇〇九）が精緻なデータ分析を踏まえて、ワークライフバランスを実現するための「時間政策」を欧米の動向も踏まえて提案している。さらに、**神野直彦『「分かち合い」の経済学』**（岩波書店、二〇一〇）も、欧米の社会保障政策との比較から、「分かち合い」をキーワードに日本社会でワークライフバランスを実現する方途を模索している。同様に**白波瀬佐和子『生き方の不平等――お互いさまの社会に向けて』**（岩波書店、二〇一〇）もまた、生き方の不平等を解消する道を「お互いさまの社会」の創出に求めている。

絶望の国の幸福な若者たち？

最終章の「若者文化の行方」では、まず**H・アーレント『全体主義の起源　3　全体主義』**みすず書房、一九七四）をもとに、現代の若者の私生活における「生きづらさ」「居場所のなさ」の原因を、情報消費社会における私生活の「動物化」に求めた**豊泉周治『若者のための社会学――希望の足場をかける』**（はるか書房、二〇一〇）の議論を紹介した。その一方で、豊泉によれば、二〇〇〇年代に入って二〇歳代の若年男性の生活満足度が急速に上がってきたという。このことは、それより若い中学生・高校生においても確認されている（**NHK放送文化研究所編『NHK中学生・高校生の生活と意識調査――楽しい今**

と不確かな未来』日本放送出版協会、二〇〇三）。若手の社会学者**古市憲寿**による**『絶望の国の幸福な若者たち』（講談社、二〇一一）**でも、この奇妙な現象を手がかりに現代の若者の心性が議論されている。それによると、この錯綜した若者の意識のあり方は、一つは若者がコンサマトリー化したこと、もう一つは仲間集団においてある種の相対的剝奪が起こっていることによって説明できるという。このうち、「コンサマトリー化」説は、すでに高度成長が陰りをみせていた一九七〇年代半ばに、経済学者の**村上泰亮『産業社会の病理』（中央公論社、一九七五）**によって唱えられ、その後、**千石保『「まじめ」の崩壊――平成日本の若者たち』（サイマル出版会、一九九一）**によって、コンサマトリー的価値で生きる若者の「仕事倫理の崩壊」が問題視されていた。しかし、これらの議論については、兵庫県の高校生の調査データを分析した**轟亮「職業観と学校生活感――若者の『まじめ』は崩壊したか」（尾嶋史章編『現代高校生の計量社会学』ミネルヴァ書房、二〇〇一）**によって、若者のコンサマトリー化も、「まじめ」の崩壊や勤労意欲の低下を意味するものではなく、就職もままならない不透明な未来を前に、若者が自分の現状に適応しようとした結果であると論駁されている。この点で、若者の「コンサマトリー化」論は、その後の若者の「ノン・モラル」を批判する議論の先陣を切ることで、この間展開されてきた新自由主義《ネオリベラリズム》的な「心の教育」を推し進める論拠となった。そして、それはバブル崩壊後の若年労働市場の流動化を棚に上げ、ロスジェネ世代の苦境の原因を、若者の「心」の問題すなわち勤勉倫理の欠如などへと帰責する言説となったのである。他方、現代の若者の生活満足度の高さを説明するために、古市が提出したもう一つの仮説は、仲間集団という「小さな世界」で日常生活を楽しく送ることによって、一種の相対的剝奪が生じ、苦境に立たされても、不幸を感じにくいというものであった。しかし、現代の若者たちの仲間集団が、「情緒的気づかい」によってアイデンティティを承認してくれるものばかりとは限らないことは、**土井隆義『友だち地獄——「空気を読む」世代のサバイバル』**（筑摩書房、二〇〇八）でも指摘されている。それによると、現代の若者集団は、周囲から浮いてしまわないよう神経を張りつめ「空気を読む」ことで適切な同調行動をとらないと、「いじめ」の対象ともなりかねない「地雷原」となっているという。このような集団では、多様なアイデンティティの表出が承認されるとは考えられない。

「象徴の貧困」と「批判・対抗・協同の文化」

それでも若者が仲間集団に「癒し」を求めることで、将来に対する不安や社会への不満をもちながらも現状に満足してしまうのは、あふれる情報がもたらす「象徴の貧困」のなかで、自己の置かれた状況と、社会の動きを結びつける想像力を欠落させていったことにも一因がある。「象徴の貧困」とは、フランスの哲学者**B・スティグレール『象徴の貧困——ハイパーインダストリアル時代』**（新評論、二〇〇六）によれば、メディアから発信される消化しきれないほどの過剰な情報の波に飲み込まれることで、自前の思考で判断し、他者との理性的な対話を通じて連帯し、社会に抵抗していく政治文化を枯渇させていく状態を意味する。**樫村愛子『ネオリベラリズムの精神分析——なぜ伝統や文化が求められるのか』**（光文社、二〇〇七）によれば、二〇〇六年春にフランスの若者が自己の雇用・就労に不利をもたらすCPE（初期雇用契約）法案に大規模デモで抵抗し、これを政府に撤回させた背景には、日常的な社会的・象徴的言説のなかで高められた政治文化があったからだという。また、労働市場への参入においても、**熊沢誠『働きすぎに斃れて——「過労死・過労自殺の語る労働史』**（岩波書店、二〇一〇）によれば、バブル崩壊後の日本の若者が、「批判・対抗・協同の文化」を欠いたまま「無防備に」労働世界に送り込まれているという。とくに一九八〇年代からの情報消費文化のなかで、若者たちは社会や政治への関心を失い、「批判・対抗・共同」の政治文化を身につける機会を失っていった。そこで、熊沢は、学校教育において労働関係法規を教え、労働条件に現れる階層性を克服できるような「職業教育総論」を教えることを提唱する。同様の提案は、**本田由紀『教育の職業的意義——若者、学校、社会をつなぐ』**（筑摩書房、二〇〇九）や**森岡孝二『就職とは何か——〈まともな働き方〉の条件』**（岩波書店、二〇一一）によってもなされている。そこには、職業生活に適応するための能力だけでなく、労働法などに関する労働知識をもとに企業に抵抗する方策が含まれている。近年、小学校から大学まで「キャリア教育」が盛んに行われているが、そこにはこうした労働知識の占める割合は少ない。こうした知識をもとに「批判・対抗・協同の文化」を創造していくことも、現在の若者が「象徴の貧困」を克服し、主体的に自らの苦境を乗り越えていく道を示すことになるだろう。

類書とその他の若者論文献リスト

最後に、若者の歴史を扱った類書を挙げておく。まず、〈青年〉という概念がどのようにして誕生したかについては、本書の「はじめに」でとりあげた**三浦雅士『青春の終焉』**（講談社、二〇〇一）、**北村三子『青年と近代——青年と青年をめぐる言説の系譜学』**（世織書房、一九九八）、**木村直恵『〈青年〉の誕生——明治期日本における政治的実践の転換』**新曜社、一九九八）が参考になる。いずれも自由民権運動が終息を迎える明治二〇年代に、民権派の政治的主体としての〈壮士〉に対抗する言説として、西欧思想の影響下で〈青年〉をめぐる言説が誕生したとみる。また三浦によれば、こうした〈青年〉もしくは〈青春〉、すなわち他者の視線を内面化した自己意識をもち、自らのアイデンティティの問題を「現代的不幸」（見田宗介『現代日本の精神構造』弘文堂、一九六五）に重ね合わせて、政治運動に自己実現を求めた青年像は、一九六〇年代の政治の季節の終焉とともに終わりを告げる。この時期の青年像については小熊英二による『一九六八〈上〉――若者たちの叛乱とその背景』、『一九八六〈下〉――叛乱の終焉とその遺産』（新曜社、二〇〇九）が詳細な資料をもとに論じている。なお、二次資料をもとに書かれた小熊の著作には、当事者からの批判、たとえば福岡安則の書評（『社会学評論』62(1):131-132、二〇一一）もあることを付言しておく。またエリート学生文化の歴史ではあるが、竹内洋『教養主義の没落――変わりゆくエリート学生文化』（中央公論新社、二〇〇三）は、大正期の旧制高校における教養主義の誕生から、一九七〇年代における日本社会の変貌（都市と農村の文化的格差の解消や大学の大衆化）によって、教養主義が衰退していく過程を描いている。

それ以降の青年の戦後史については、小谷敏編『若者論を読む』（世界思想社、一九九三）が、一九七〇年代から八〇年代の若者論を批判的に論評している。小谷敏『若者たちの変貌――世代をめぐる社会学的物語』世界思想社、一九九八）は、学生反乱、オウム真理教事件など若者が関わった事件について論じている。また浅野智彦『「若者」とは誰か――アイデンティティの三〇年』（河出書房新社、二〇一三）は、主に一九七〇年代以降のアイデンティティのあり方の変容を、消費や労働、コミュニケーションなどと関連づけて論じている。また片桐新自『不安定社会の中の若者たち――大学生調査から見るこの二〇年』（世界思想社、二〇〇九）、同『不透明社会の中の若者たち――大学生調査二五年から見る過

去・現在・未来』（関西大学出版部、二〇一四）は関西地区の大学生という限られた対象ではあるが、四半世紀にわたる六回の調査をもとに、その時々の話題を中心に若者像の変容がまとめられている。さらに最近の若者については、**小谷敏・土井隆義・芳賀学・浅野智彦編**による三巻のアンソロジー**『若者の現在　労働』（二〇一〇）、『若者の現在　政治』（二〇一一）、『若者の現在　文化』（二〇一二、いずれも日本図書センター）**がもっともまとまっている。この論文集では、主として一九九〇年代初頭以降の若者が取り上げられ、格差社会において不平等を再生産する文化的装置や、時代閉塞状況における若者のナショナリズム、新しいメディアとコミュニケーションなど、若者を取り巻く現代的状況が多面的に論じられている。なお、文献リストとしては、小谷敏編『若者論を読む』の巻末に一九七〇年代〜八〇年代の若者論を中心に掲載されているし、**浅野智彦『若者の気分――趣味縁からはじまる社会参加』（岩波書店、二〇一一）**には、二〇〇〇年代のものを中心に文献リストが掲載されているので、参考になる。

また、若者および若者論の年表については、前出の片桐新自『不透明社会の中の若者たち――大学生調査二五年から見る過去・現在・未来』（関西大学出版会）の巻末に一九四五年から二〇一二年までの年表がある（ただし片桐の年表は「若者史」だけではなく、政治経済史も含んでいる）。「若者史」の年表としては、同じく前出の小谷敏『若者論を読む』（世界思想社）の巻末に一九六〇年から八九年までの年表が掲載されている。

おわりに

私と同年の文芸評論家・斎藤美奈子が一九八〇年代から九〇年代のベストセラー作家を論じた『文壇アイドル論』（岩波書店）の「あとがき」で、「年をとっておもしろいのは、自分が歴史の一部になることです」と記しているが、本書を書き終えた今、私もそれに近い感じをもっている。もちろん軍国主義の時代は知らないし、高度経済成長も幼児期の記憶であるが。ただ私より一〇歳年長の三浦雅士の『青春の終焉』（講談社）が「一九六〇年代試論」という副題をもち、大塚英志による『「おたく」の精神史』の副題が「一九八〇年代論」となっていて、管見の限り私が青年期を送った一九七〇年代論がなかったので、本書の第3章でその務めを果たし終えたような気もする。実際、あの当時の国立大学の授業料は年額三万六千円で、保育園の保育料より安いと言ったのは私の母親である（なお、私の大学入学の次の年からは大幅に上がり始めた）。よく引かれるが、中村草田男が「降る雪や明治は遠くなりにけり」と詠ったのが、一九三一（昭和六）年で、明治の終焉（一九一二年）の一九年後である。そして、今や平成二七年、小熊英二によって六〇〇ページ近い『平成史【増補新版】』（河出書房新社）が編まれるまでになった。一九七〇年代に青年時代を送った研究者は、老境に近づきつつある。

本書が完成した今、何より感謝しなければならないのは、一九五五年からのSSM調査に関わったすべての方々（調査対象者も含む）である。この調査データなくして本書はなかった。データの使用をご許可くださった二〇〇五年SSM調査研究会をはじめ、関係各位には深甚なる謝意を述べさせていただく。また、本書の一部は橋本健二早稲田大学教授が主宰した「戦後日本社会形成史研究会」で報告し、参加者から有益なコメントをいただいた。さらに同研究会が東京大学社会科学研究所の助成を得て、二〇一二年と一三年の三月に行った課題公募型二次分析研究会成果報告会でも、本書の第1章と第2章の草稿を報告する機会を与えられ、ここでも貴重なご意見を賜った。一人ひとりのお名前は割愛するが、謝意を表したい。

この本のアイディアが胚胎《はいたい》したのは、一九八五年SSM調査のコーディング合宿の時である。この時の合宿は、静岡県沼津市の「駿海荘」（現在は改築されて「KKR沼津はまゆう」になっている）で行われた。私は、一九八五年SSM調査の研究代表者だった直井優大阪大学教授（当時）に指名され、同教授のもとで助手をされていた尾嶋史章さん（現・同志社大学教授）とともに「幹事」をしていた。「幹事」といっても、することは昼食の弁当の手配や、夜の宴会のための買い出しくらいのものであった。当時の尾嶋さんは、私と同じく、若者論やエリクソン理論に関心があったので、買い出しのため沼津市内に行った折に、そんな話をよくした。その時、SSM調査データを使っても若者論が書けると言い出したのは、尾嶋さんの方であったと記憶する。結局、そのアイディアは二〇年後に私が実現することになった。

そのためか、本書は、期せずして尾嶋さんの提唱する「計量的モノグラフ」となった。この「計量的モノグラフ」という研究スタイルは、尾嶋史章編『現代高校生の計量社会学』（ミネルヴァ書房）の「序論」で尾嶋さんによって提唱された。それは、無作為抽出標本をもとに統計的に現象を解明していく「仮説-検証型」の分析手法に対置される。それは計量的手法を使いながらも、フィールドワークのモノグラフと同様に「問題発見的な視点を持ちつつ、得られた経験的知見を整序化し、統合化していく試み」であり、それによって「歴史的過程」を正確に把握していくものとされた（同書、一〇ページ）。本書で用いたSSM調査は全国規模の無作為抽出標本にもとづく調査であるが、本書でめざしたのは、そのなかからその時代を代表する若者をとり出し、場合によっては他の世代（コーホート）と比較することによって、その時代の「歴史過程」を記述し、そのリアリティを再構成することであった。この点で、本書は「計量的モノグラフ」の一つのあり方となっているはずである。

本書の編集は当初、ミネルヴァ書房の田引勝二氏が担当されたが、途中から東寿浩氏に代わった。それだけ本書の執筆に時間がかかったという証左であるが、とくに若い東氏には何度も督促を頂き、また原稿の手直しの段階でお世話になった。また、このシリーズの一冊を書くよう慫慂《しょうよう》してくださったのは、盛山和夫先生であった。盛山先生とはその後、縁あって「社会階層と健康」をテーマにした調査研究でご一緒させていただいているが、あの時の約束を果たせて安堵している。

私が計量分析の道に入った契機は、一九八三（昭和五八）年に東北大学文学部に新設された行動科学研究室の助手になったことである。同研究室には初代教授として、日本の数理・計量社会学の草分けの一人ともいえる西田春彦先生が大阪大学から赴任された。西田先生は、ここに数理・計量社会学の拠点を作る心づもりであったようで、その翌年には関西学院大学から海野道郎先生を招聘されている。私はそれまでエリクソンやコールバーグの理論を研究の中心としていたので、計量社会学の知識はほとんどなかった。仕方がないので独学で統計学を学ぶ一方、西田先生の授業を学部生に交じって聴講した（当時、先生は電卓を使ってログリニア分析を教えておられた）。この時の西田先生の教えがなければ、私が計量社会学の道に入ることもなければ、本書を書くこともなかったであろう。その意味で、満腔《まんこう》の感謝を込めて本書を西田先生の御霊に捧げたいと思う。

二〇一五年七月

片瀬一男

叢書・現代社会学

編集委員
金子　勇　佐藤俊樹
盛山和夫　三隅一人

＊社会分析	金子　勇
＊社会学とは何か	盛山和夫
＊社会関係資本	三隅一人
＊社会学の方法	佐藤俊樹
社会的ジレンマ	海野道郎
都市	松本　康
社会意識	佐藤健二
メディア	北田暁大
比較社会学	野宮大志郎
ボランティア	似田貝香門
アイデンティティ	浅野智彦
ジェンダー／セクシュアリティ	加藤秀一
貧困の社会学	西澤晃彦
社会学の論理（ロジック）	太郎丸博
＊仕事と生活	前田信彦
＊若者の戦後史	片瀬一男
福祉	藤村正之
社会システム	徳安　彰
＊グローバリゼーション・インパクト	厚東洋輔
現代宗教社会学	櫻井義秀

（＊は既刊）

《著者紹介》

片瀬　一男（かたせ・かずお）

1956年　長野県生まれ。

1983年　東北大学大学院文学研究科博士後期課程中退。

現　在　東北学院大学教養学部教授。

主　著　『社会統計学ベイシック』（共著）ミネルヴァ書房，2015年。

『ライフ・イベントの社会学[新版]』世界思想社，2013年。

『日本の社会階層とそのメカニズム――不平等を問い直す』（共著）白桃書房，2011年。

『<失われた時代>の高校生の意識』有斐閣（共著），2008年。

『夢の行方――高校生の教育・職業アスピレーションの変容』東北大学出版会，2005年。

叢書・現代社会学⑦

若者の戦後史

――軍国少年からロスジェネまで――

2015年9月30日　初版第1刷発行　〈検印省略〉

定価はカバーに
表示しています

著　者　片瀬一男

発行者　杉田啓三

印刷者　藤森英夫

発行所　株式会社　ミネルヴァ書房

607-8494　京都市山科区日ノ岡堤谷町1

電話代表　(075)581-5191

振替口座　01020-0-8076

亜細亜印刷・新生製本

ISBN978-4-623-07291-0

Printed in Japan

人名索引

あ 行

か 行

さ 行

た　行

な　行

は　行

ま　行

や　行

ら　行

わ　行

事項索引

あ 行

か 行

さ行

た 行

な　行

は　行

ま　行

や　行

ら　行

わ　行

引用文献

Adorno, Thedor et al, 1950, *The Authoritarian Personality*. Harper & Brothers.（=1980，田中義久・矢澤修次郎・小林修一訳，『権威主義的パーソナリティ』青木書店.）

間場寿一，1971，「青年の政治意識——大量棄権を視点に置いて」『社会学評論』22（2）：15-30.

逢沢明，1991，『情報新人類の挑戦——コンピューター社会の成熟へ向けて』光文社.

雨宮処凛，2007，『プレカリアート——デジタル日雇い世代の不安な生き方』洋泉社.

新井克弥，1993，「情報化と若者の描かれ方——80年代後半の若者論を検討する」小谷敏編『若者論を読む』世界思想社：169-203.

————・岩佐淳一・守弘仁志，1990，「若者におけるビデオ視聴——ビデオ視聴を通してみた若者像の実証的分析」『年報社会学論集』3：119-130.

————・————・————，1993，「虚構としての新人類論——実証データからの批判的検討」小谷敏編『若者論を読む』世界思想社：204-230.

荒川章二，2006，「兵士たちの男性史——軍隊社会の男性性」阿部恒久・大日方純夫・天野正子編『男性史　2　モダニズムから総力戦へ』日本経済評論社：114-141.

Arentd, Hannah, 1973, *Origins of Totalitarianism : 3 : Totalitarianism*. Harvest Book.（=1974，大久保 和郎・大島 かおり訳『全体主義の起源　3　全体主義』みすず書房.）

朝日新聞「変転経済」取材班，2009，『失われた〈20年〉』岩波書店.

浅倉むつ子・神野直彦・西谷敏・野村正實，2006，「新たな労働政策が人

間らしい生き方を支える」『世界』753：192-206.

浅野智彦，2009a，「若者とアイデンティティ　序論」浅野智彦編『リーディングス日本の教育と社会　⑱　若者とアイデンティティ』日本図書センター：3-19.

―――，2009b，「労働とアイデンティティ　解説」浅野智彦編『リーディングス日本の教育と社会　⑱　若者とアイデンティティ』日本図書センター：253-258.

―――，2013，『「若者」とは誰か――アイデンティティの30年』河出書房新社.

飛鳥井雅道，1984，「青年像の転換――「壮士」の終焉と知識人の任務，中江兆民，徳富蘇峰そして若き幸徳秋水」『世界』459：273-288.

東浩紀，2001，『動物化するポストモダン――オタクから見た日本社会』講談社.

Bauman, Zygmunt, 2005, *Work, Consumerism and the New Poor*, 2nd Ed. Open University Press.（=2008，伊藤茂訳『新しい貧困――労働，消費主義，ニュープア』青土社.

―――. 2004, *Identity*. Polity Press.（=2007，伊藤茂訳『アイデンティティ』日本経済評論社）.

Baudrillard, Jean, 1970, *La société de consommation: ses myths, ses structures*. SAGE Publications.（=1995，今村仁司・塚原史訳『消費社会の神話と構造』紀伊國屋書店）

Bellah, Robert. N. , R. Madsen, W. M. Sullivan, A. Swidlerand S. M. Tipton, 1985, *Habits of the Heart : Individualism and Commitment in American Life*. University of California Press.（=1991，島薗進・中村圭志訳『心の習慣――アメリカ個人主義のゆくえ』みすず書房.）

Bourdieu, Pierre, 1979. "Les trois etats du capital culturel." *Actes de la Recherche en Science Sociales*. 30.（= 1986，福井憲彦訳「文化資本の三つの姿」『アクト』1：18-28.）

———, 1980, *Le sens pratique*, Édition de Minuit.（=1988，今村仁司・港道隆訳『実践感覚 I』みすず書房.）

Cooley, Charles, H. 1902, *Human Nature and the Social Order*, Charles Scribner's Sons.（=1921，納武津訳『人間性と社会秩序』日本評論社.）

土井隆義，2004，『「個性」を煽られる子どもたち——親密圏の変容を考える』岩波書店.

———，2008，『友だち地獄——「空気を読む」世代のサバイバル』筑摩書房.

Durkhaim, Emile., 1897, *Le suicide : Étude de sociologie*. Press Universitaires de France.（=1968，宮島喬訳「自殺論」尾高邦雄責任編集『世界の名著　デュルケーム・ジンメル』中央公論社：49-379.）

Ehrenreich, Barbara, 1989, *Fear of Falling : The Inner Life of the Middle Class*, Charlotte Sheedy Library Agency Inc.（=1995，中江桂子訳『「中流」という階級』晶文社.）

遠藤薫，1998，「情報コンシャスネスと社会階層——情報化社会のライフスタイル」今田孝俊編『社会階層の新次元を求めて（1995年SSM調査シリーズ20）』1995年SSM調査研究会：119-168.

———，1999，「オルトエリート（alt. elite）——再帰的自己創出システムとしての大衆電子社会」『社会情報学研究』3：25-34.

———，2000，「情報コンシャスネスとオルトエリート」今田高俊編『日本の階層システム　5　社会階層のポストモダン』東京大学出版会：111-148.

———，2011，『間メディア社会における〈世論〉と〈選挙〉——日米政権交代に見るメディア・ポリティクス』東京電機大学出版局.

———，2012，『メディアは大震災・原発事故をどう語ったか——報道・ネット・ドキュメタリーを検証する』東京電機大学出版局.

遠藤由美，1989，「集団就職追跡研究に関する覚書」『名古屋大学教育学部

紀要（教育学科）』36：255-267.
遠藤芳信，1994，『近代日本軍隊教育史研究』青木書店.
Erikson, Erik, H., 1950,（=1963 rev. ed.） *Childhood and Society*. W. W. Norton.（=1977，仁科弥生訳『幼児期と社会 I』みすず書房.）
――――, 1958, *Young Man Luther*, W.W. Norton.（=2002，西平直訳『青年ルター 1』みすず書房.）
――――, 1968, *Identity : Youth and Crisis*. W.W. Norton.（=1973，岩瀬庸理訳『アイデンティティ――青年と危機』金沢文庫.）
――――, 1975, *Life History and Historical Moments*, W.W. Norton.
――――, 1977, *Toys and Reasons*, W.W. Norton.（=1981，近藤邦夫訳『玩具と理性――経験の儀式化の諸段階』みすず書房.）
――――, Joan Erikson and Helen Q. Kivnick, 1994, *Vital Involvement in Older Age*. W.W. Norton.（=1997，朝長正徳・朝長梨枝子訳『老年期――生き生きしたかかわりあい』みすず書房.）
Foucault, Michel, 1975, *Surveiller et punir : naissance de la prison*. Éditions Gallimard.（=1977，田村俶訳『監獄の誕生――監視と処罰』新潮社.）
Fraser, Nancy and Axcel Honneth, 2003, *Umverteiling oder Aner kenung?* Suhrkamp.（=2012，高畑祐人ほか訳『再配分か承認か？――政治・哲学論争』法政大学出版会.）
Freud, Anna, 1936, *Das Ich und Abwehrmechanismen*, Kindler.（=1958，外林大作訳『自我と防衛』誠信書房.）
Freud, Sigmund, 1923, *The Ego and the Id*. Stanford Edition. Vol. 19. Hogarth Press.（=1970，小此木啓吾訳「自我とエス」『フロイト著作集』6，人文書院.）
Fromm, Erich, 1941, *Escape from Freedom*. Rinehart.（=1951，日高六郎訳『自由からの逃走』東京創元社.）
古市憲寿，2010，『希望難民ご一行様――ピースボートと「承認の共同体」

幻想』光文社.

———, 2011, 『絶望の国の幸福な若者たち』講談社.

玄田有史, 2005, 『働く過剰——大人のための若年読本』ＮＴＴ出版.

———・曲沼恵美子, 2004, 『ニート——フリーターでも失業者でもなく』幻冬舎.

Giddens, Anthony, 1991, *Modernity and Self-Identity : Self and Society in Late Modern Age.* Polty Press. (=2005, 秋吉美都ほか訳『モダニティと自己アイデンティティ——後期近代における自己と社会』ハーベスト社.)

Granovetter, Mark, 1973,"The Strength of Weak Ties" *American Journal of Sociology*, 78 (6) : 1360-1380. (=2006, 野沢慎司編監訳『リーディングス　ネットワーク論——家族・コミュニティ・社会関係資本』勁草書房.)

———, 1995, *Getting a Job.* (2nd ed.). The University of Chicago Press. (=1996, 渡辺深訳『転職——ネットワークとキャリアの研究』ミネルヴァ書房.)

後藤和智, 2006, 「「言説」——「ニート」論を検証する」本田由紀・内藤朝雄・後藤和智『「ニート」って言うな！』光文社 : 219-303.

Habermas, Jürgen, 1962 [1990], *Steukturwandel der Öffentrichkeit,* Suhrkamp. (=1994, 細谷貞雄・山田正行訳『公共性の構造転換——市民社会の一カテゴリーについての探究　第二版』未来社.)

原純輔, 1990, 「序論——階層意識研究の課題」原純輔編『現代日本の階層構造　②　階層意識の動態』東京大学出版会 : 1-21.

———, 1993, 『SSM 職業分類（改訂版）』(文部科学省科研費（総合研究 A「非定型データの処理・分析法に関する基礎的研究」成果報告書).

———・今田高俊, 1979, 「社会的地位の一貫性と非一貫性」富永健一編『日本の階層構造』東京大学出版会 : 161-197.

Hartman, Hinz, 1958, *Ego Psychology and the Problem of Adaptation.*

International University Press.
橋本健二, 2006, 「アンダークラス化する若年層——近代的階級構造の変貌」『社会学年報』35：19-46.
————, 2011, 「労働者階級はどこから来てどこへ行くのか」石田浩・近藤博之・中尾啓子編『現代の階層社会　2　階層と移動の構造』東京大学出版会：53-65.
————, 2013, 『「格差」の戦後史——階級社会　日本の履歴書［増補新版］』河出書房新社.
橋本毅彦・栗山茂久, 2001, 『遅刻の誕生——近代日本における時間意識の形成』三元社.
橋元良明, 1997, 「情報行動倫理観の要因分析」総務庁青少年対策本部編『情報化社会と青少年——第3回情報化社会と青少年に関する調査報告書』大蔵省印刷局：213-222.
Hesse, Hermann, 1906, *Unterm Rad*, Fischer（=1951, 高橋健二訳『車輪の下』新潮社）.
干川剛史, 2003, 『公共圏とデジタル・ネットワーキング』法律文化社.
平野秀秋・中野収, 1975, 『コピー体験の文化——孤独な群衆の後裔』時事通信社.
広田照幸, 1997, 『陸軍将校の教育社会史——立身出世と天皇制』世織書房.
本田由紀, 2006, 「「現実」——「ニート」論という奇妙な幻影」本田由紀・内藤朝雄・後藤和智『ニートって言うな！』光文社：15-112.
————, 2008, 「働く若者たちの間の分断は乗り越えられるのか」第81回日本社会学会大会報告.
————, 2009, 『教育の職業的意義——若者、学校、社会をつなぐ』筑摩書房.
————, 2010, 「解説, というか反論」古市憲寿『希望難民ご一行様——ピースボートと「承認の共同体」幻想』光文社：292-306.

――――・内藤朝雄・後藤和智，2006，『ニートって言うな！』光文社．

――――・川添誠・湯浅誠，2008，「「不器用さ」は排除されても仕方がないか――若者の「自立」をめぐって」湯浅誠・川添誠編『「生きづらさ」の臨界――“溜め”のある社会へ』旬報社：14-65．

Honneth, Axel, 1992,*Kampf um Anerkennung : Zur moralisghen Grammatik sozialer Konflikte*. Suhrkamp. (=2003，山本啓・直江清隆訳『承認をめぐる闘争――社会的コンフリクトの道徳的文法』法政大学出版局.)

――――, 2000, *Das Andere der Gerechtigkeit: Aufsätze zur praktische Philosophie*. Suhrkamp. (=2005，加藤泰史・日暮雅夫ほか訳『正義の他者――実践哲学論集』法政大学出版局.)

井本佳宏，2009，「看護師――その自給自足的養成体制のゆくえ」橋本鉱一編『専門職養成の日本的構造』玉川大学出版部：84-103．

稲増龍夫，1985，「メディア文化環境における新しい消費者」星野克美ほか『記号化社会の消費』ホルト・サウンダース・ジャパン：149-200．

Inglehart, Ronald, 1990, *Culture Shift in Advanced Industrial Society*. Princeton Univ. Press. (=1993，村山皓ほか訳『カルチャーシフトと政治変動』東洋経済新報社.)

井上理，1997，「パソコン・パープロの利用拡大と対人コミュニケーション」総務庁青少年対策本部編『情報化社会と青少年――第３回情報化社会と青少年に関する調査報告書』大蔵省印刷局：276-288．

井上俊，1971，「青年の文化と生活意識」『社会学評論』22（2）：31-47．

――――，1973，『死にがいの喪失』筑摩書房．

――――，1977，『遊びの社会学』世界思想社．

――――，1983，「文化の「日常性」について」『社会学評論』34（2）：30-37．

――――，1992，「日本文化の 100 年――「適応」「優越」「自省」のダイナミクス」『悪夢の選択』筑摩書房：81-108．

石原慎太郎，1956，『太陽の季節』新潮社．

岩木秀夫，2004，『ゆとり教育から個性浪費社会へ』筑摩書房．

岩佐淳一，1993，「社会学的青年論の視角」小谷敏編『若者論を読む』世界思想社：6-28．

岩澤美帆，2010，「社縁結婚の盛衰からみる良縁追求の隘路」佐藤博樹・永井暁子・三輪哲編著『結婚の壁――非婚・晩婚の構造』勁草書房：37-53．

自治労運動史編纂委員会，1999，『自治労運動史　第３巻』全日本自治団体労働組合．

河北新報社文芸部，2004，『大人になった新人類――三十代の自画像』河北新報社．

開高健，1982，『ずばり東京』文藝春秋．

苅谷剛彦，1995，『大衆教育社会のゆくえ――学歴主義と平等神話の戦後史』中央公論社．

――――，2000，「問題の提起と本研究の射程」苅谷剛彦・菅山真次・石田浩編『学校・職安と労働市場――戦後新規学卒市場の制度化過程』東京大学出版会：1-30．

――――，2008，『学力と階層――教育の綻びをどう修正するか』朝日新聞出版．

Kariya, Takehiko and James E. Rosenbaum, 1995, "Institutional Linkage between Education and Work as Quasi-Internal Labor Market" *Research in Social Stratification and Social Mobility*, 14：99-134.

苅谷剛彦・菅山真次・石田浩，2000，『学校・職安と労働市場――戦後新規学卒市場の制度化過程』東京大学出版会．

笠原嘉，1977，『青年期――精神病理学から』中央公論社．

――――，1984，『アパシー・シンドローム――高学歴社会の青年心理』岩波書店．

樫村愛子，2007，『ネオリベラリズムの精神分析――なぜ伝統や文化が求

められるのか』光文社.

加瀬和俊，1997，『集団就職の時代——高度成長のにない手たち』青木書店.

鹿嶋敬，2005，『雇用破壊——非正社員という生き方』岩波書店.

片桐新自，1988，「「新人類」たちの価値観——現代学生の社会意識」『桃山学院大学社会学部論集』21（2）：121-150.

————，2009，『不安定社会の中の若者たち——大学生調査から見るこの 20 年』世界思想社.

————，2014，『不透明社会の中の若者たち——大学生調査 25 年から見る過去・現在・未来』関西大学出版会.

片岡栄美，2000，「文化的寛容性と象徴的境界——現代の文化資本と階層再生産」今田高俊編『日本の階層システム　5　社会階層のポストモダン』東京大学出版会：181-220.

片瀬一男，1993，「発達理論のなかの青年像——エリクソンとコールバーグの理論を中心に」小谷敏編『若者論を読む』世界思想社：29-53.

————，2005，『夢の行方——高校生の教育・職業アスピレーションの変容』東北大学出版会.

————，2006，「フリーター・ニートという「物語」——つくられた若者たちの虚像」『ウラーノス』22：2-3.

————，2008a，「若年労働者のディストレス——労働時間・密度・努力／報酬不均衡」菅野剛編『階層と生活格差（2005 年ＳＳＭ調査シリーズ 10）』2005 年 SSM 調査研究会：43-58.

————，2008b，「仕事の条件と職業性ストレス」菅野剛編『階層と生活格差（2005 年ＳＳＭ調査シリーズ 10）』2005 年 SSM 調査研究会：79-92.

————，2011a，「中高年の労働条件とストレス」斎藤友里子・三隅一人編『現代の階層社会　3　流動化のなかの社会意識』東京大学出版会：159-172.

――――, 2011b,「日本型学歴社会の来歴と行方――高学歴社会における「学歴インフレ」」盛山和夫・片瀬一男・三輪哲・神林博史編『日本の社会階層とそのメカニズム――不平等を問い直す』白桃書房：61-84.
――――, 2012,「仕事特性と努力／報酬不均衡―― J-SHINE データによる分析」平成24年度文部科学省科学研究費新学術領域研究「現代社会の階層化の機構理解と格差の制御――社会科学と健康科学の融合」第5回定例研究交流会シンポジウム報告資料（2012年8月9日）.
――――, 2015a,「経済人の軍隊体験 ――教育機関としての軍隊」橋本健二編『戦後日本社会の誕生』弘文堂：177-208.
――――, 2015b,「若年労働者をめぐる「承認」と再配分」『東北学院大学教養学部論集』171：31-72.
――――・佐藤嘉倫, 2006,「若年労働市場の構造変動と若年労働者の二極化」『社会学年報』35：1-18.
――――・友枝敏雄, 1990,「価値意識――社会階層をめぐる価値志向の現在」原純輔編『現代日本の階層構造 ② 階層意識の動態』東京大学出版会：125-147.
――――・海野道郎, 2000,「無党派層は政治にどう関わるのか――無党派層の変貌と政治参加の行方」海野道郎編『日本の階層システム 2 公平感と政治意識』東京大学出版会：217-240.
加藤隆雄, 2005,「現代消費社会におけるモラトリアム――リミックスされたアイデンティティへ」渡部真編『モラトリアム青年肯定論』（『現代のエスプリ 460』）至文堂, 103-110.
加藤智大, 2012,『解』批評社.
――――, 2013,『解＋――秋葉原無差別殺傷事件の意味とそこから見えてくる真の事件対策』批評社.
――――, 2014,『東拘永夜抄』批評社.
河野仁, 1989a,「大正・昭和期における陸海軍将校の出身階層と地位達成

——父親の職業階層の検討と昇進の規定要因分析」『大阪大学教育社会学・教育計画論研究論集』7：53-65.

————，1989b,「近代日本における軍事エリートの選抜——軍隊社会の「学歴主義」」『教育社会学研究』45：161-180.

————，2001,『〈玉砕〉の軍隊、〈生還〉の軍隊——日米兵士が見た太平洋戦争』講談社.

————，2006,「アメリカ兵との遭遇」『岩波講座　アジア・太平洋戦争5　戦場の諸相』岩波書店：119-148.

河添誠・湯浅誠，2008,「反・貧困を軸とした運動を——希望は，連帯」『世界』775：136-142.

川人博，2014,『過労自殺　第二版』岩波書店.

香山リカ，2004『就職がこわい』講談社.

Keniston, Kenneth, 1971, *Youth and Dissent : The Rise of a New Opposition.* Harcourt Brace Jovanovich.（= 1977，高田昭彦・高田素子・草津攻訳『青年の異義申立て』東京創元社.）

木村直恵，1998,『〈青年〉の誕生——明治日本における政治的実践の転換』新曜社.

Kinmonth, Earl H., 1981, *The Self-Made Man in Meiji Japanese Thought: From Samurai to Salary Man,* University of California Press.（=1995，広田照幸ほか訳『立身出世の社会史——サムライからサラリーマンへ』玉川大学出版部.）

北田暁大，2002,『広告都市・東京——その誕生と死』廣済堂出版.

————，2008,「ケータイ・コミュニケーションは「閉じて」いるのか——携帯メールと若者のコミュニケーション空間」第81回日本社会学会大会報告.

北川隆吉，1970,「青年の問題——問題接近の視角を中心に」『社会学評論』22（2）：6-14.

北村三子，1998,『青年と近代——青年と青年をめぐる言説の系譜学』世織書

房.
清原慶子，2002，「ディジタル時代の青少年のメディア利用行動と意識に関する社会的対応の在り方」内閣府政策統括官編『情報化社会と青少年——第 4 回情報化社会と青少年に関する調査報告書』財務省印刷局：241-264.
桐野夏生，2007，『メタボラ』朝日新聞社.
小林久高，2000，「政治イデオロギーは政治参加にどう影響するのか——現代日本における参加と平等のイデオロギー」海野道郎編『日本の階層システム　2　公平感と政治意識』東京大学出版会：173-193.
小松茂夫，1958a，「日本軍国主義と一般国民の意識（上）」『思想』410：30-34.
————，1958b，「日本軍国主義と一般国民の意識（下）」『思想』411：105-120.
小杉礼子，2002a，「学校と職業社会の接続——増加するフリーター経由への移行」『教育社会学研究』70：59-73.
————，2002b，「若者の就業行動は問題か——研究の意味と範囲」小杉礼子編『自由の代償／フリーター——現代若者の就業意識と行動』日本労働研究機構：1-14.
————，2002c，「学校から職業への移行の現状と問題」小杉礼子編『自由の代償／フリーター』日本労働研究機構：37-54.
————，2005a，「若年無業・失業・フリーターの増加」『フリーターとニート』勁草書房：1-20.
————，2005b，「変わる若年労働市場」矢島正見・耳塚寛明編『変わる若者と職業世界——トランジッションの社会学　第二版』学文社：23-38.
小谷敏，1993a，「はじめに」小谷敏編『若者論を読む』世界思想社：i-iv.
————，1993b，「「異議申し立て」の嵐が過ぎ去ったあとに」小谷敏編『若者論を読む』世界思想社：2-5.

――――，1993c,「モラトリアム・若者・社会」小谷敏編『若者論を読む』世界思想社：54-79.

――――，1993d,「消費社会の到来と「総ノリ」現象――80年代の社会と若者（1）」小谷敏編『若者論を読む』世界思想社：82-85.

――――，1998,『若者たちの変貌――世代をめぐる社会学的物語』世界思想社.

――――，2008「若者は再び政治化するか」第81回日本社会学会大会報告.

――――・土井隆義・芳賀学・浅野智彦編，2010,『若者の現在　労働』日本図書センター.

――――・――――・――――・――――，2011,『若者の現在　政治』日本図書センター.

――――・――――・――――・――――，2012,『若者の現在　文化』日本図書センター.

厚生労働省，2006,『平成18年版　厚生労働白書』ぎょうせい.

――――2013,『平成25年版　労働経済の分析』ぎょうせい.

小谷野敦，1995,『夏目漱石を江戸から読む――新しい女と古い男』中央公論社.

久木元真吾，2003,「「やりたいこと」という論理――フリーターの語りとその意図せざる帰結」『ソシオロジ』48（2）：73-89.

熊谷達也，2004,『邂逅の森』文藝春秋.

――――，2010,『モラトリアムな季節』光文社.

熊沢誠，2006,『若者が働くとき――「使い捨てられ」も「燃えつき」もせず』ミネルヴァ書房.

――――，2010,『働きすぎに斃れて――過労死・過労自殺の語る労働史』岩波書店.

倉沢進，1968,『日本の都市社会』福村出版.

栗原彬，1981,『やさしさのゆくえ――現代青年論』筑摩書房.

Lifton, Robert, J. 1970 *Boundaries : Psychological Man in Revolution,* Random House. (=1971, 外林大作訳『誰が生き残るか――プロテウス的人間』誠信書房.)

Lipset, Seymour, M., 1955, "Social Mobility and Urbanization" *Rural Sociology*, 20 (3) : 220-228. (=1965, 中村正夫訳「社会的移動と都市化」鈴木広訳編『都市化の社会学』誠信書房 : 151-164.)

———— and Richard Bendix, 1959, *Social Mobility in Industrial Society,* Heinemann. (=1969, 鈴木広訳『産業社会の構造』サイマル出版会.)

真木悠介, 1981,『時間の比較社会学』岩波書店.

正高信男, 2003,『ケータイを持ったサル――「人間らしさ」の崩壊』中央公論新社.

松谷創一郎, 2008,「〈オタク〉問題の四半世紀――〈オタク〉はどのように〈問題視〉されてきたのか」『どこか〈問題化〉される若者たち』恒星社厚生閣 : 113-140.

松浦孝作・菊池美代志, 1968,「新規学卒勤労青少年における定着性の条件分析――集団就職者の追跡調査中間報告」『東京学芸大学紀要 第3部門』20 : 47-85.

Mead, George, H., 1934. *Mind, Self and Society*. The University of Chicago Press. (=1973, 稲葉三千男・滝沢正樹・中野収訳『精神・自我・社会』青木書店.)

Merton, Robert. K., 1957, *Social Theory and Social Structure.* (revised edition) The Free Press. (=1961, 森東吾・森好夫・金沢実・中島竜太郎訳『社会理論と社会構造』みすず書房.)

Meyer, John,W.,1977,"The effect of Education as an Institution" *American Journal of Sociology*, 83 : 55-77.

美馬のゆり, 1997,「青少年におけるコンピュータの利用行動と情報教育のあり方」総務庁青少年対策本部編『情報化社会と青少年――第3回情報化社会と青少年に関する調査報告書』大蔵省印刷局 : 244-260.

三田誠広，1977，『僕って何』河出書房新社．
見田宗介，1965，『現代日本の精神構造』弘文堂．（＝1984，『新版　現代日本の精神構造』弘文堂.）
————，1968，『現代の青年像』講談社．
————，1984，「現代青年の意識の変貌」『新版　現代日本の精神構造』弘文堂：202-228.（初出：日本放送協会放送世論調査所，1980，『第2　日本人の意識』至誠堂.）
————，1971，「「立身出世主義」の構造——日本近代の価値体系と信念体系」『現代日本の心情と論理』筑摩書房：185-215.（初出：『潮』1967年11月号.）
————，1979，「まなざしの地獄——現代社会の実存構造」『現代社会の社会意識』弘文堂：1-57.（＝見田宗介，2008，『まなざしの地獄——尽きなく生きることの社会学』河出書房新社.（初出『展望』1973年5月号.）
————，1995，『現代日本の感覚と思想』講談社．
————，2001，「親密性の構造転換」『思想』925：2-6.
————，2008，『朝日新聞』12月31日．
————，2012，『現代社会はどこへ向かうか——《生きるリアリティの崩壊と再生》』弦書房．
三浦雅士，2001，『青春の終焉』講談社．
宮台真司，1994，『制服少女たちの選択』講談社．（＝2006『制服少年たちの選択—— After 10 Years』朝日新聞出版．）
三宅一郎・木下冨雄・間場寿一，1967，『異なるレベルの選挙における投票行動の研究』創文社．
宮本みち子，2002，『若者が〈社会的弱者〉に転落する』洋泉社．
水上英徳，2004，「再配分をめぐる闘争と承認をめぐる闘争——フレイザー／ホネット論争の問題提起」『社会学研究』76：29-54．
————，2005，「労働と承認——ホネット承認論の視角から」『社会学研

究』78：73-94.
守弘仁志，1993，「情報新人類論の考察」小谷敏編『若者論を読む』世界思想社：142-168.
森岡清美，1993，『決死の世代と遺書――太平洋戦争末期の若者の生と死 増補版』吉川弘文館.
――――，2011，『若き特攻隊員と太平洋戦争――その手記と群像』吉川弘文館.
森岡孝二，2005a，『働きすぎの時代』岩波書店.
――――，2005b「『フリーター資本主義』と公共性――森岡孝二さんに聞く」『経済』123：69-79.
――――，2011，『就職とは何か――〈まともな働き方〉の条件』岩波書店.
村上泰亮，1975，『産業社会の病理』中央公論社.
長松奈美江，2008，「長時間労働と仕事における自律性――「強いられたもの」としての長時間労働」阿形健司編『働き方とキャリア形成（2005年ＳＳＭ調査シリーズ４）』2005年SSM調査研究会：103-125.
――――，2011，「長時間労働をもたらす「不平等」な条件」佐藤嘉倫・尾嶋史章編『現代の階層社会　1　格差と多様性』東京大学出版会：97-111.
内閣府，2003，『平成15年版　国民生活白書』ぎょうせい.
内藤朝雄，2006，「社会の憎悪のメカニズム」本田由紀・内藤朝雄・後藤和智『「ニート」って言うな！』光文社：113-218.
中島梓，1991，『コミュニケーション不全症候群』筑摩書房.
中島岳志，2011，『秋葉原事件――加藤智大の軌跡』朝日新聞出版社.
中森明夫，1989，「僕が「おたく」の名付親になった事情」『別冊　宝島104　おたくの本』JICC出版局：89-100.
中村隆英，1986，『昭和経済史』岩波書店.
中村雅子，2002，「青少年（12歳～18歳）の情報行動・社会意識に対する

親の影響」内閣府政策統括官編『情報化社会と青少年――第４回情報化社会と青少年に関する調査報告書』財務省印刷局：314-335.
中村真由美・佐藤博樹，2010,「なぜ恋人にめぐりあえないのか?――経済的要因・出会いの経路・対人関係能力の側面から」佐藤博樹・永井暁子・三輪哲編『結婚の壁――非婚・晩婚の構造』勁草書房：54-73.
中西祐子，1998,『ジェンダー・トラック――青年期女性の進路形成と教育組織の社会学』東洋館出版社.
中野独人，2004,『電車男』新潮社.
中野収，1985,『まるで異星人――現代若者考』有斐閣.
――――，1996,「若者像の変遷」井上俊ほか編『岩波講座　現代社会学９　ライフコースの社会学』岩波書店：51-74.
中山慶子・小島秀夫，1979,「教育アスピレーションと職業アスピレーション」富永健一編『日本の階層構造』東京大学出版会：293-328.
中安定子，1965,「農業出身者の就業形態」.（=1995,『中安定子論文集Ⅰ　労働力流出と農業構造』農林統計協会.）
――――，1978,『今日の農業問題Ⅰ　農業の生産組織』家の光協会.
成田康昭，1986,『「高感度人間」を解読する』講談社.
夏目漱石，1948,『それから』新潮社.
日本経済新聞社編，2004,『私の履歴書　経済人編』日本経済新聞社.
野田正彰，1987,『コンピュータ新人類の研究』文藝春秋.
小渕高志，2002,「不況下の労働市場における若年層の雇用問題――フリーターという〈自己実現〉の隘路」『ソシオロジスト』武蔵大学社会学部，4：1-24.
尾高邦雄，1953,『新稿　職業社会學』福村書店.
小川利夫・高沢武司，1967,『集団就職――その追跡研究』明治図書出版.（= 2001,『日本現代教育基本文献叢書　社会・障害教育文献Ⅳ　32』日本図書センター：1-191.）
小熊英二，2009a,『1968〈上〉――若者たちの叛乱とその背景』新曜社.

――, 2009b『1968〈下〉――叛乱の終焉とその遺産』新曜社.
小倉一哉, 2007,『エンドレス・ワーカーズ――働きすぎ日本人の実像』日本経済新聞出版社.
尾嶋史章, 2000,「序論」尾嶋史章編『現代高校生の計量社会学――進路・生活・世代』ミネルヴァ書房：1-17.
――――, 2002,「社会階層と進路形成の変容――90年代の変化を考える」『教育社会学研究』70：125-142.
岡部恒治・戸瀬信之・西村和雄編, 1999,『分数ができない大学生――21世紀の日本が危ない』東洋経済新報社.
岡和田常忠, 1967,「青年論と世代論――明治期におけるその政治的背景」『思想』514：37-57.
小此木啓吾, 1978,『モラトリアム人間の時代』中央公論社.
奥田英朗, 2008,『オリンピックの身代金』角川書店.
大澤真幸, 2008a,「世界の中心で神を呼ぶ」大澤真幸編『アキハバラ発――〈00〉年代への問い』岩波書店：134-155.
――――, 2008b,「解説」見田宗介『まなざしの地獄――尽きなく生きることの社会学』河出書房新社：99-122.
――――, 2008c,『不可能性の時代』岩波書店.
――――・平野啓一郎・本田由紀, 2008,「〈承認〉を渇望する時代の中で」大澤真幸編『アキハバラ発――〈00年代〉への問い』岩波書店：212-234.
大澤新平, 2009,「不平等な若者の自立――貧困研究から見る若者と家族」湯浅誠・冨樫匡孝・上間陽子・仁平典宏編『若者と貧困――いま、ここからの希望を』明石書店：118-138.
太田清, 2006,「若年層の所得格差は97年以降に拡大していた」『エコノミスト』2006年3月28日号：28-29.
大内裕和, 2002,「「国民」教育の時代」小森陽一ほか編『岩波講座　近代日本の文化史8　感情・記憶・戦争　1935-1955年　2』岩波書店：

93-124.

Parsons, Talcott, 1964, *Social Structure and Personality*, The Free Press.（=2011, 武田良三監訳『[新装版] 社会構造とパーソナリティ』新泉社.）

Petersen, Anders and Rasmus Willing, 2002, "An Interview with Axel Honneth : The Role of Sociology in the Theory of Recognition" *European Journal of Social Theory*, 5(2) : 265-277.

Plath, David, W. 1980, *Long Engagements: Maturity in Modern Japan*. Stanford University Press.（=1985, 井上俊・杉野目康子訳『日本人の生き方――現代における成熟のドラマ』岩波書店.）

Riesman, David, 1961, *The Lonely Crowd: A Study of the Changing American Character*. Yale University Press.（=1964, 加藤秀俊訳『孤独な群衆』みすず書房.）

斎藤環, 2013,『承認をめぐる病』日本評論社.

作田啓一, 1972,『価値の社会学』岩波書店.

佐藤博樹, 2002,「非典型労働に従事する人々」岩井紀子・佐藤博樹編『日本人の姿――ＪＧＳＳにみる意識と行動』有斐閣 : 80-87.

佐藤（粒来）香, 2004,『社会移動の歴史社会学――生業《なりわい》/職業/学校』東洋館出版社.

佐藤香, 2008,「若年層のライフチャンスにおける非正規雇用の影響――初職と現職を中心に」太郎丸博編『若年層の社会移動と階層化（2005年ＳＳＭ調査シリーズ 11)』2005年SSM調査研究会 : 67-79.

――――, 2011,「学校から職業への移行とライフチャンス」佐藤嘉倫・尾嶋史章編『現代の階層社会　1　格差と多様性』東京大学出版会 : 65-96.

佐藤忠男, 2007,『草の根の軍国主義』平凡社.

佐藤卓己, 2004,『言論統制――情報官・鈴木庫三と教育の国防国家』中央公論社.

佐藤嘉倫, 2000,「高度経済成長の光と影」原純輔編『日本の階層システム　1　近代化と社会階層』東京大学出版会：137-160.
Sen, Amartya k., 1999,*Development as Freedom*. Alfred A. Knopf（=2000, 石塚雅彦訳『自由と経済開発』日本経済新聞出版.）
千石保, 1991,『「まじめ」の崩壊——平成日本の若者たち』サイマル出版会.
————, 1997,『「モラル」の復権——情報消費社会の若者たち』サイマル出版会.
Sennet, Richard, 2006, *The Calture of the New Capitalism*. Yale University Press.（=2008, 森田典正訳『不安な経済／漂流する個人——新しい資本主義の労働・消費文化』大月書店.）
瀬戸環・小島裕子編, 2004,『むかし、みんな軍国少年だった——小二から中学生まで二十二人が見た８・15』G.B.
塩原勉, 1971,「青年問題への視角」『社会学評論』22（2）：2-5.
柴田翔, 1964,『されどわれらが日々——』文藝春秋.
Siegrist, Johannes, 1996, "Adverse Health Effects of High-Effort/Low-Reward Conditions," *Journal of Occupational Health Psychology*, 1（1）：27-41.
島田雅彦, 1983,『優しいサヨクのための嬉遊曲』福武書店.
下村英雄, 2002,「フリーターの職業意識とその形成過程——「やりたいこと志向」の虚実」小杉礼子編『自由の代償/フリーター——現代若者の就業意識と行動』日本労働研究機構：75-99.
庄司薫, 1969,『赤頭巾ちゃん気をつけて』中央公論社.
新・日本的経営システム等研究プロジェクト編, 1995,『新時代の「日本的経営」——挑戦すべき方向とその具体策』日本経営者団体連盟広報部.
新谷康浩, 2004,「フリーター対策は妥当か？——高卒無業者の歴史的相対化を手がかりにして」『横浜国立大学教育人間科学部紀要Ｉ』教育

科学(6)：13-22.

Smelser, Neil J. and Erik H. Erikson 1980 *Themes of Work and Love in Adulthood*. Harvard University Press.

Stiegler, Bernard, 2004a, *De la misère symbolique1*, L'époque hyperindut-rielle, Éditions Galilée. (=2006, ガブリエル・メレランベルジェ・メレランベルジェ眞紀訳『象徴の貧困――ハイパーインダストリアル時代』新評論.)

――――, 2004b, *Philosopher par accident*, entretiens avec *Élieu During*, Éditiona Galilée. (=2009, 浅井幸夫訳『偶有《アクシデント》からの哲学――技術と記憶と意識の話』新評論.)

総務省, 2004,『平成16年版　情報通信白書』ぎょうせい.

総務省統計局, 2014a,『平成24年版　就業構造基本調査』日本統計協会.

――――, 2014b,『労働力調査（詳細集計）平成25年（2013年）平均（速報）結果の要約』.

(http://www.stat.go.jp/data/roudou/sokuhou/nen/dt/pdf/index1.pdf)

総務庁青少年対策本部, 1997,『情報化社会と青少年――第3回情報化と青少年に関する調査報告書』大蔵省印刷局.

総務省青少年対策本部, 2002,『情報化社会と青少年――第4回情報化と青少年に関する調査報告書』大蔵省印刷局.

Stouffer, Samuel A., E. A. Suchman, L. C. DeVinney, S. A. Star and R. M. Williams, Jr., 1949. *The American Soldier : Adustment during Army Life*. Volume I. Princeton University Press.

菅山真次, 2000,「現在に生きる「集団就職」――「就社」社会の歴史的起源」『UP』29 (6)：34-38.

――――, 2011,『「就社」社会の誕生――ホワイトカラーからブルーカラーへ』名古屋大学出版会.

――――・西村幸満, 2000,「職業安定行政の展開と広域紹介」苅谷剛彦・菅山真次・石田浩編『学校・職安と労働市場――戦後新規学卒市

場の制度化過程』東京大学出版会：65-112.
――――・石田浩・苅谷剛彦，2000，「結論」苅谷剛彦・菅山真次・石田浩編『学校・職安と労働市場――戦後新規学卒市場の制度化過程』東京大学出版会：265-298.
週刊朝日編，1995，『戦後値段史年表』朝日新聞社.
鈴木謙介，2008，『サブカル・ニッポンの新自由主義――既得権批判が若者を追い込む』筑摩書房.
鈴木貴，2002，「陸海軍少年（志望）兵徴募体制の確立過程――静岡県磐田郡の事例を中心として」『日本の教育史学』45：123-141.
高田里惠子，2005，『グロテスクな教養』筑摩書房.
――――，2008a，『学歴・階級・軍隊――高学歴兵士たちの憂鬱な日常』中央公論新社.
――――，2008b，『男の子のための軍隊学習のススメ』筑摩書房.
武石典史，2010，「陸軍将校の選抜・昇進構造――陸幼組と中学組という二つの集団」『教育社会学研究』87：25-44.
竹内洋，1999，『学歴貴族の栄光と挫折』中央公論新社.
――――，2003，『教養主義の没落――変わりゆくエリート学生文化』中央公論新社.
――――，2005，『立身出世主義――近代日本のロマンと欲望　増補版』世界思想社.
田中康夫，1981，『なんとなく，クリスタル』河出書房新社.
轟亮，2001，「職業観と学校生活感――若者の『まじめ』は崩壊したか」尾嶋史章編『現代高校生の計量社会学』ミネルヴァ書房：129-158.
豊泉周治，2010，『若者のための社会学――希望の足場をかける』はるか書房.
豊澤登・平澤薫編，1953，『青年社会學』朝倉書店.
津田大介，2012，『動員の革命――ソーシャルメディアは何を変えたのか』中央公論新社.

筒井清忠，1995，『「日本型」教養主義の運命——歴史社会学的考察』岩波書店.

UFJ 総合研究所，2005，『増加する中高年フリーター——少子化の隠れた一因に』UFJ 総合研究所調査レポート 05/02.

氏原正治郎・高梨晶，1971，『日本労働市場分析（上）』東京大学出版会.

海上知明，2009，「日本の遅れてきた市民革命——「新人類」の文明的意義を考える」『金融財政 business』（10042）：18-21.

潮木守一，1978，『学歴社会の転換』東京大学出版会.

渡辺栄・羽田新編，1977，『出稼ぎ労働と農村の生活』東京大学出版会.

————・————編，1987，『出稼ぎの総合的研究』東京大学出版会.

綿矢りさ，2001，『インストール』河出書房新社.

和崎光太郎，2012，「近代日本における「煩悶青年」の再検討」—— 1900 年代における〈青年〉の変容過程」『日本の教育史学——教育史学会紀要』（55）：19-30.

Willis, Paul, 1977, *Learning to Labour : How Working Class Kids Get Working Class Jobs*. Aldershot.（=1985，熊沢誠・山田潤『ハマータウンの野郎ども——学校への反抗・労働への順応』筑摩書房.）

山口一男，2009，『ワークライフバランス——実証と政策提言』日本経済新聞出版社.

山口覚，2004，「人身売買から集団就職へ——「一九五四年青森発、戦後最初の就職列車」をめぐって」『関西学院史学』31：122-151.

山田真茂留，2009，『〈普通〉という希望』青弓社.

山田昌弘，1999，『パラサイト・シングルの時代』筑摩書房.

安田三郎，1971，『社会移動の研究』東京大学出版会.

米澤彰純，2008，「高等教育システムの拡大・分化と教育達成」米澤彰純編『教育達成の構造（2005 年 SSM 調査シリーズ 5）』2005 年 SSM 調査研究会：113-140.

吉田秋生，1997，『BANANA　FISH』小学館.

吉田純，2000，『インターネット空間の社会学――情報ネットワーク社会と公共圏』世界思想社.
吉田崇，2004，「初期キャリアにおけるモビリティ――高度経済成長期の若者たち」『評論社会科学』73：1-23.
吉田裕，2002，『日本の軍隊――兵士たちの近代史』岩波書店.
四元正弘，2000，『デジタルデバイド――情報格差』エイチアンドアイ.
湯浅誠，2008，『反貧困――「すべり台社会」からの脱出』岩波書店.
――――，仁平典宏，2007，「若年ホームレス――「意欲の貧困」が提起する問い」本田由紀編『若者の労働と生活世界』大月書店：329-362.
郵政省，2000，『平成 17 年版　通信白書』ぎょうせい.